Daniela Trauthwein

Thüringer Wald

Wandern für die Seele

20 Wohlfühlwege

Droste Verlag

ALLE WANDERUNGEN AUF EINEN BLICK

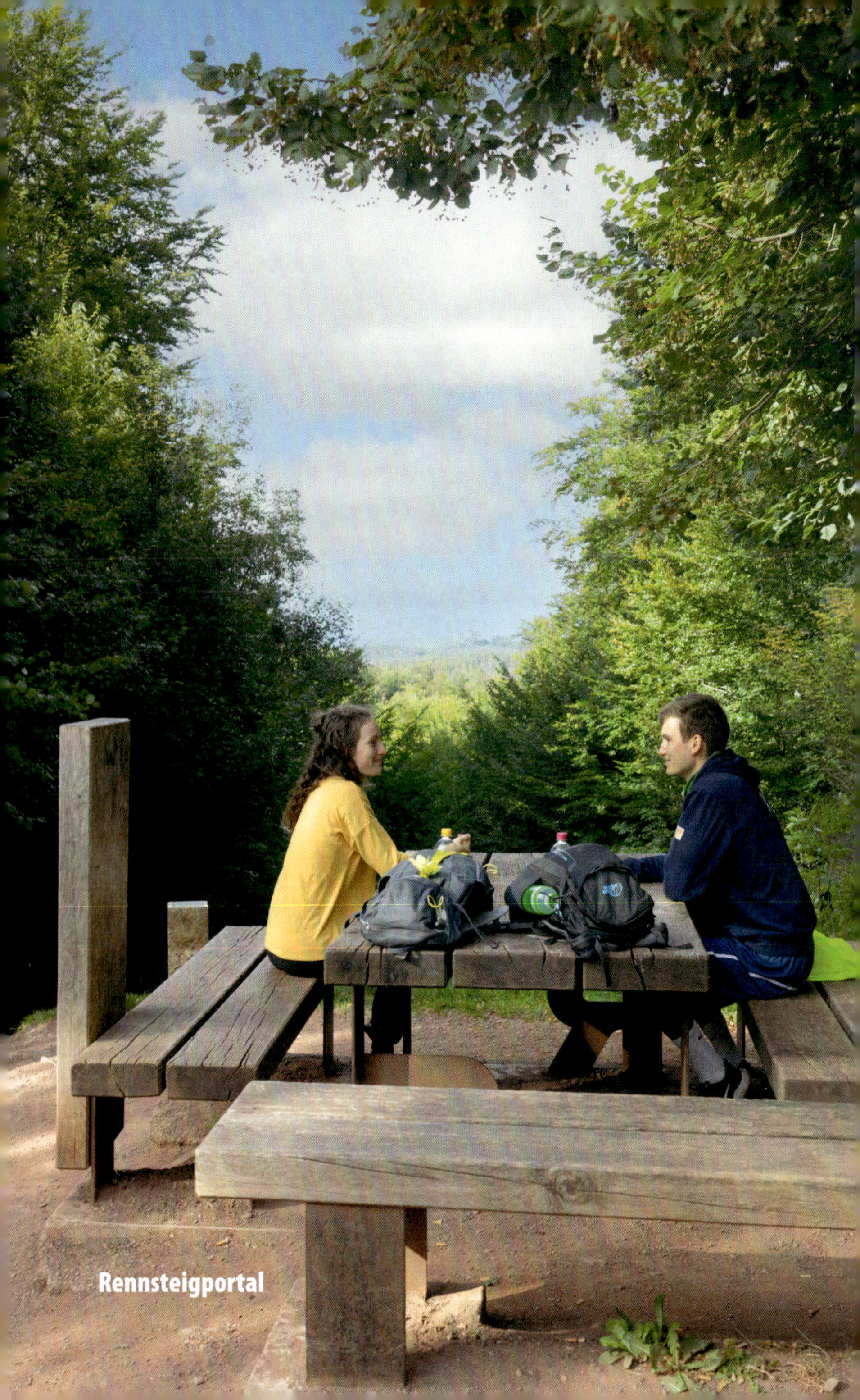

Rennsteigportal

Liebe Freundinnen und Freunde von Deutschlands grünem Herzen,

wenn ich an meine erste Wanderung im Thüringer Wald denke, sehe ich vor meinem geistigen Auge prachtvolle Fichten, die ihre ausladenden Äste über mich ausbreiten. Damals bin ich mehrere Etappen auf dem Rennsteig gewandert und habe mich Hals über Kopf in die mystischen Wälder und die blühenden Bergwiesen verliebt. Meine Liebe zum Thüringer Wald ist mit jeder neuen Wanderung gewachsen, ist mit jeder neuen Region, die ich entdeckt und erwandert habe, tiefer geworden.

Ich bin eingetaucht in tiefe Bachgründe und aufgestiegen zu den höchsten Gipfeln, ich bin über duftige Bergwiesen geschlendert und habe großartige Ausblicke entdeckt, bin auf den Spuren großer Dichter und Denker gewandert und habe bedeutende Kulturschätze kennengelernt. So ist dieses Buch entstanden, mit 20 Seelenwanderungen, die mich beglückt haben und die auch Ihnen den Thüringer Wald schrittweise näherbringen werden. Meine liebsten Plätze und meine schönsten Wandertouren sind in diesem Band versammelt. Mögen sie Ihnen Glücksmomente schenken und Ihre Seele berühren.

Ich wünsche Ihnen viel Freude und wunderschöne Wandererlebnisse im Thüringer Wald!

Ihre Daniela Trauthwein

NATUR-INFO

KULTUR-INFO

TOUREN-/EVENT-INFO

GENUSS-INFO

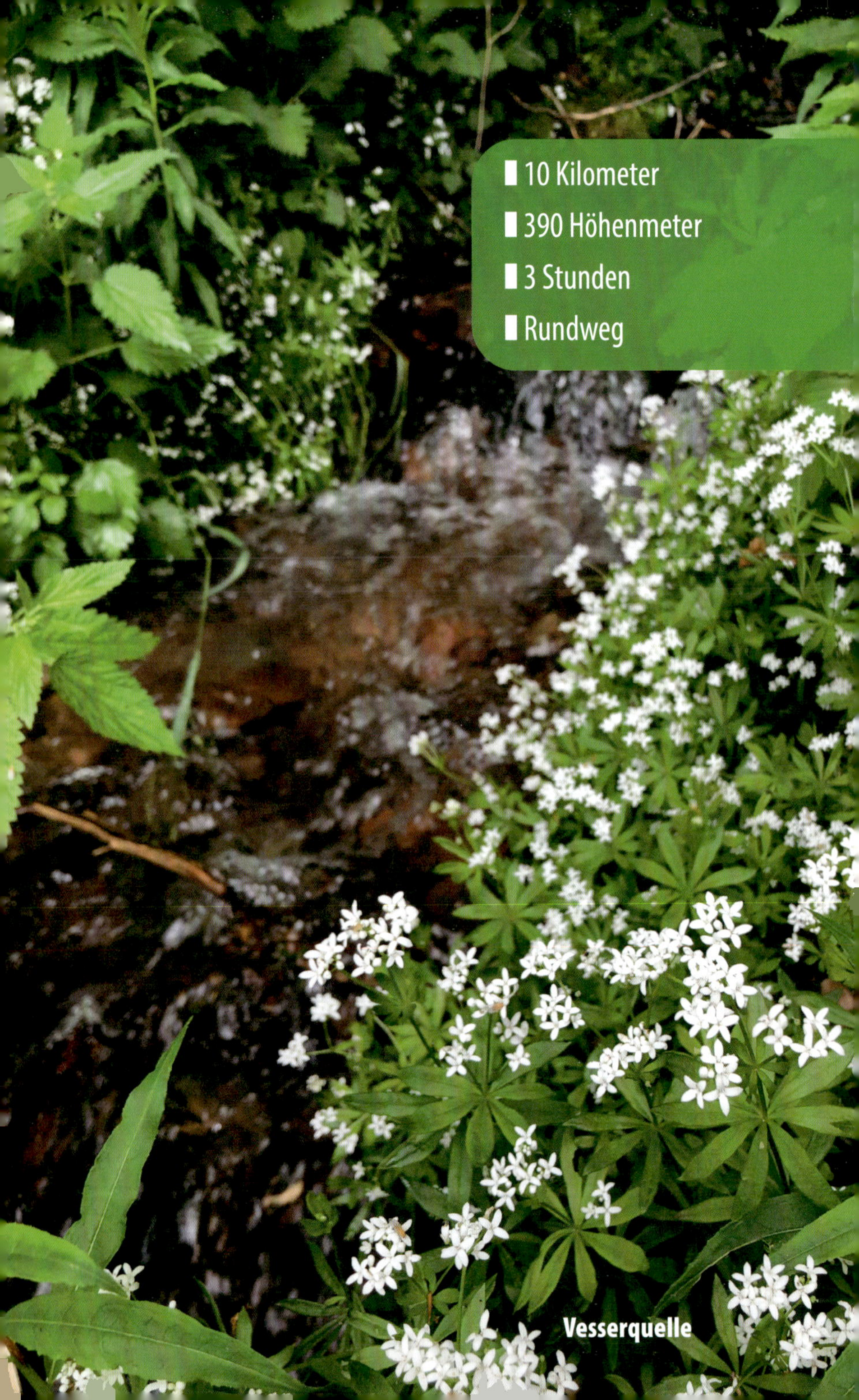

- 10 Kilometer
- 390 Höhenmeter
- 3 Stunden
- Rundweg

Vesserquelle

Glück auf!

Schwarze Crux im Vessertal

Am Wanderparkplatz an der Suhler Chaussee in Schmiedefeld am Rennsteig starten wir unsere etwa 10 Kilometer lange Wanderung. Direkt an der Wandertafel überqueren wir die Straße und laufen auf einem schmalen Waldweg in ein Fichtenwäldchen hinein. Ein Schilderbaum zu Beginn des Weges gibt uns die Richtung zum **Vessertal-Rundwanderweg** an, in die wir nun – der Markierung **grüner Punkt** folgend – wandern werden. Der Duft des Nadelwalds umhüllt uns und stimmt uns auf das Kommende ein. Ab jetzt können wir loslassen und uns ganz der Verführung der Natur hingeben.

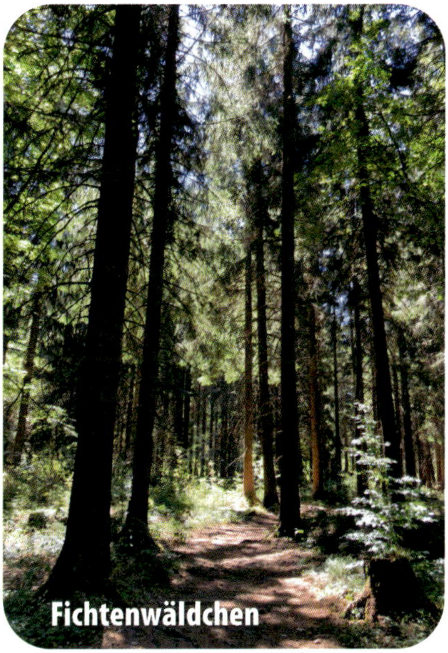
Fichtenwäldchen

Nach einer Biegung stoßen wir auf einen quer verlaufenden Weg, ein Wegweiser lotst uns nach rechts Richtung Vessertal. Parallel zu unserer Wegmarkierung grüner Punkt verläuft hier auch der Naturlehrpfad.

Am nächsten Wegweiser angekommen, folgen wir dem grünen Punkt weiter geradeaus und wandern auf einem breiteren Waldweg durch einen hohen Mischwald. Einen sanften Anstieg bewältigen wir ohne große Mühe. Nach wenigen Gehminuten erreichen wir eine Wegkreuzung. Hier verabschieden wir uns von der Markierung grüner Punkt, die nach links weist. Wir wandern geradeaus auf einem breiten, fein geschotterten Waldweg Richtung **Vesserquelle,** die wir laut Beschilderung in etwa 2,5 Kilometern erreichen werden. Kurz darauf finden wir rechts am Wegesrand einen Holzpfosten mit dem Hinweis, dass wir uns auf dem **Bergbaupfad Crux-Zechen** befinden. Das Symbol mit zwei **gekreuzten Hämmern** begleitet uns als Wegmarkierung. Nach etwa 300 Metern bleiben wir kurz an einer großen Informationstafel stehen und erfahren etwas über den ehemaligen Stollen **„Neue Hoffnung" ❶**, in dem Eisenerz abgebaut wurde. Lediglich ein paar Hügel im Wald lassen noch auf die Geschichte dieses Ortes schließen. Auf dem weiteren Weg passieren wir das **Grubenfeld „Blauer Crux" ❷**. Ein großes Schild mit einer Skizze des Areals informiert uns, wo sich die einzelnen Mundlöcher zu den Stollen und die Kohlenmeiler befanden. Alte Fichten thronen majestätisch links und rechts am Wegesrand. Nach insgesamt etwa 20 Minuten entspannter Wanderzeit erreichen wir die **Zehn Teiche ❸**.

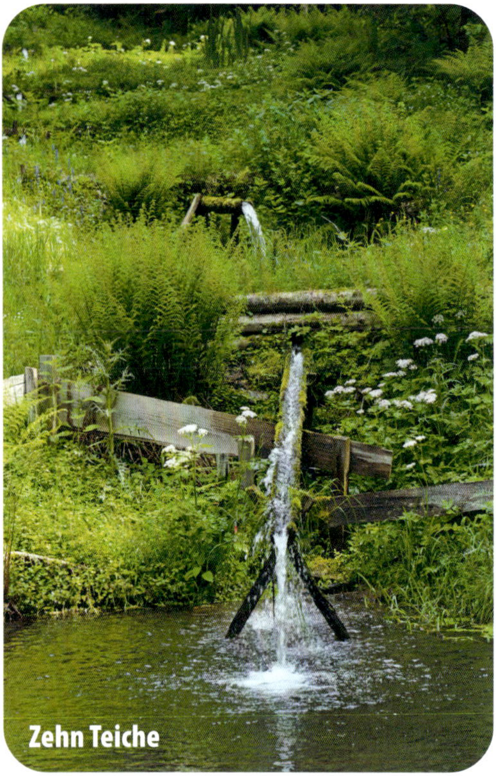

*Die terrassenförmig angelegte Landschaft der **Zehn Teiche** beherbergt eine kleine Forellenzucht. Historisch gesehen sind die Teiche auf das Köhlerhandwerk zurückzuführen. Sie wurden vermutlich als Löschwasserteiche angelegt.*

Ein Wegweiser auf der rechten Seite lotst uns nach links, auf einen absteigenden Pfad, der an den Teichen entlangführt. Unter Schatten spendenden Bäumen finden wir in unmittelbarer Wassernähe einen Rastplatz mit einer Schutzhütte, der uns zu einer Pause verführt. Entspannt lauschen wir dem Wasser, das in kleinen Kaskaden von Teich zu Teich plätschert.

Gefüllt mit neuer Energie setzen wir unseren Weg fort, laufen am letzten Teich vorbei die Holzstufen hi-

Für die Seele

Wir lauschen entspannt dem Plätschern der Vesserquelle und spüren, wie sich die energetische Kraft dieses idyllischen Sehnsuchtsortes auf uns überträgt.

nab und biegen nach rechts ab Richtung **Vesserquelle.** Wir befinden uns nun wieder auf dem **Vessertal-Rundwanderweg,** dessen Markierung **grüner Punkt** wir bereits kennen. Parallel zur Vesser durchqueren wir hohen Mischwald. Dann öffnet sich der Wald, und wir haben offene Sicht auf eine duftige Wiese. An der kommenden Weggabelung halten wir uns links und folgen dem Wegweiser zur **Vesserquelle,** der mit dem Symbol **gelbes Dreieck** gekennzeichnet ist. Von jetzt an geht es stetig bergauf. Nach nicht ganz einem Wanderkilometer leitet uns das gelbe Dreieck in einer Kehre nach

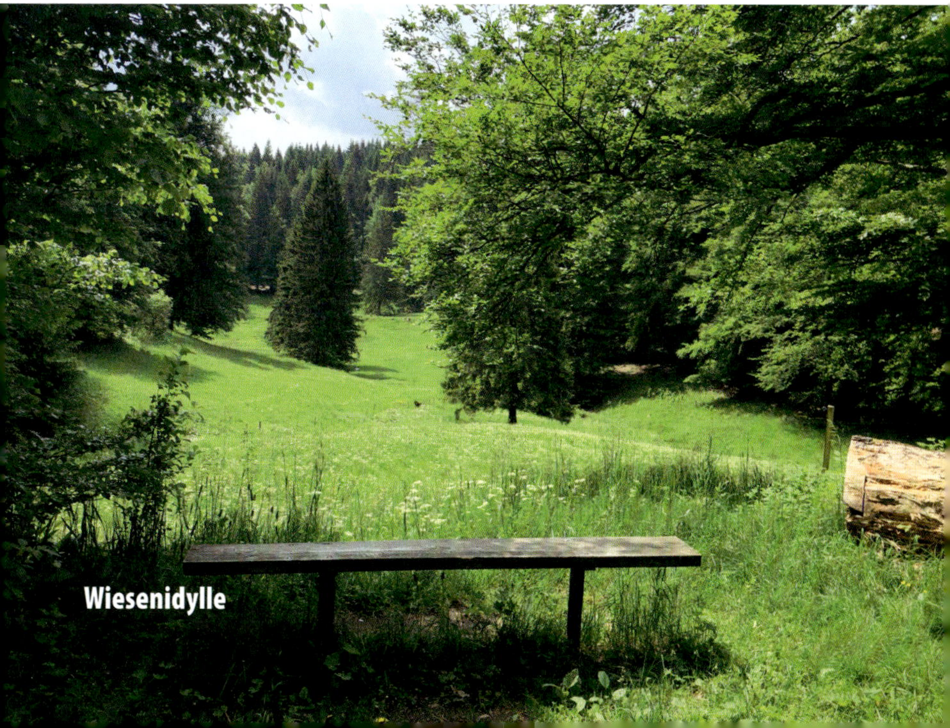

Wiesenidylle

rechts, Richtung **Oberes Vessertal.** Auch der Vessertal-Rundwanderweg (grüner Punkt) verläuft auf dieser Route. Zur Quelle sind es von hier aus nur noch etwa 300 Meter und somit wenige Gehminuten bergan. Am Ende des Aufstiegs sehen wir links etwas erhöht die **Vesserquellhütte.** Bevor wir an dieser Schutzhütte eine gemütliche Rast einlegen, gehen wir über einen kurzen Stichweg rechts hinunter, zu einem idyllisch gelegenen Seelenplatz an der **Vesserquelle 4.** Dort lassen wir uns im Herzen der Natur auf einer der Sitzbänke nieder und genießen unsere Auszeit vom Alltag.

Nachdem wir unsere Kraft- und Energiereserven am Wasser aufgefüllt haben, begeben wir uns zurück auf den Wanderweg, der eine scharfe Biegung nach links macht und uns zur Raststelle an der **Vesserquellhütte** führt. Bewegung in der Natur macht hungrig, und so legen wir an der Hütte eine kurze Brotzeit ein.

Auf einem angenehm zu laufenden, mit Gras bewachsenen Waldweg setzen wir anschließend unsere Wanderung leicht bergauf Richtung **Wegscheide** fort.

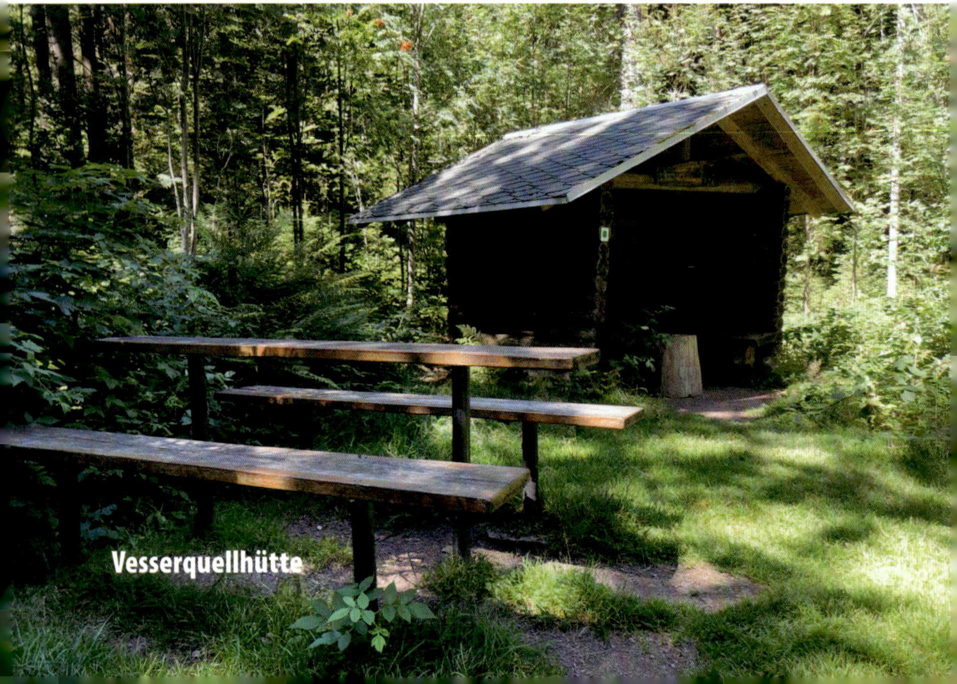

Vesserquellhütte

Links, am Stamm einer dicken Fichte, entdecken wir zur Bestätigung die Markierung **grüner Punkt** und leicht verwittert auch das **gelbe Dreieck.** Wir laufen etwa 700 Meter geradeaus, bis wir an einen Querweg stoßen. Nach rechts geht es zur Wegscheide, wir biegen aber nach links auf einen unmarkierten Weg ab. Sanft absteigend wandern wir auf einem befestigten Sand-Schotter-Weg, bis wir zur Wegkreuzung an der **Hubertushütte** kommen. Wir laufen geradeaus an der Hütte vorbei Richtung **Vesser**. Es geht stetig bergab, und wir brauchen nichts weiter tun, als dem Weg zu folgen und uns von der wilden Natur um uns herum verzaubern zu lassen.

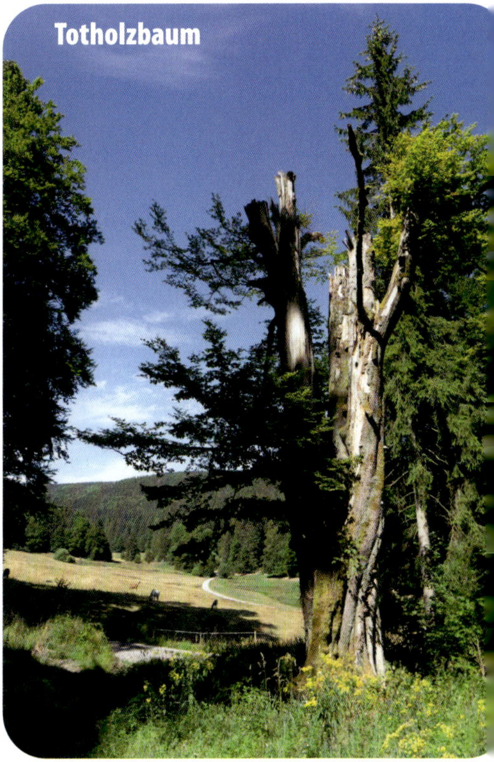

Totholzbaum

Gemütliche 20 Minuten später öffnet sich der Wald und eine traumhafte Bergwiesenlandschaft liegt vor uns. Eine lebendige Mischung aus Grillenzirpen und Bienensummen dringt an unser Ohr. Am Wegesrand werden wir auf einen riesigen, mit Moos bewachsenen Totholzstamm aufmerksam. Wenige Gehminuten später gelangen wir zur **Pfälzer Hütte ⑤,** die leicht erhöht oberhalb des Weges liegt. Mit Blick auf die Wiesen gönnen wir uns eine Ruhepause und beobachten die gemütlich grasenden Pferde.

Ausgeglichen machen wir uns wieder auf den Weg und biegen am Schilderbaum unterhalb der Hütte links ab. Unser nächstes Ziel ist das **Besucherbergwerk Schwarze Crux.** Der Wiesenweg macht gute Laune, und wir atmen den wohltuenden Duft der Blumen, Gräser und Kräuter ein. Wir folgen dem Weg um eine Kurve, über-

*Das **Besucherbergwerk Schwarze Crux** ist weltweit der einzige Crux-Magnetit-Stollen, der besichtigt werden kann. Die besondere Luftqualität im Gloria-Schacht hat nachgewiesen heilende Wirkung, etwa bei Atemwegserkrankungen, Allergien und Hautkrankheiten.*

queren dabei ein letztes Mal die Vesser und kommen zu einem **Grillplatz.** Dort begegnet uns wieder das Symbol der **gekreuzten Hämmer,** die Markierung des Bergbaupfads Crux-Zechen. Dieser folgen wir nach rechts zurück in den Wald. In sanftem Anstieg laufen wir einen geschotterten Forstweg entlang bis zu einer Weggabelung. Hier halten wir uns links, auf dem Bergbaupfad zum **Besucherbergwerk Schwarze Crux ❻.** Die Schwarze Crux ist vor über 500 Millionen Jahren durch Tiefseevulkane („Black Smoker") entstanden. Ihr Name stammt vom schwarzen Magneteisenstein. Insgesamt gibt es auf der ganzen Welt nur drei solcher Vorkommen.

Vom Parkplatz der Schwarzen Crux folgen wir einem breiten Fahrweg, um nach wenigen Metern rechts abzubiegen. Gleich darauf leitet uns ein Wegweiser nach links bergab Richtung **Schmiedefeld** (Markierung **grüner Querbalken).** Auf weichem Waldboden wandern wir zwischen Rotbuchen und Fichten. Wir passieren einen alten Stollen, der zum **Grubenfeld „Roter Crux"** gehörte. Deutlich ist der Stollengraben zu erkennen, in dem sich einst das Mundloch – der Stolleneingang – befand.

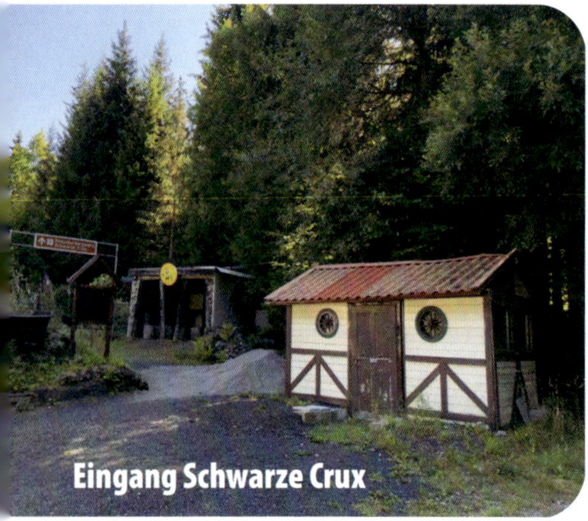

Eingang Schwarze Crux

Es folgt eine Weggabelung, an der wir uns links halten. Wir verlassen den Bergbaupfad und erhaschen nach wenigen Gehminuten einen ersten Blick auf das im Wald liegende Freibad von Schmiedefeld. Jetzt müssen wir nur noch einmal links abbiegen, dann haben wir das von Quellwasser gespeiste **Waldschwimmbad Schmiedefeld ❼** erreicht, wo wir uns eine Abkühlung gönnen.

Entspannt machen wir uns zurück auf den Weg nach Schmiedefeld. Mit dem Rücken zum Schwimmbad gehen wir nach rechts und biegen gleich darauf

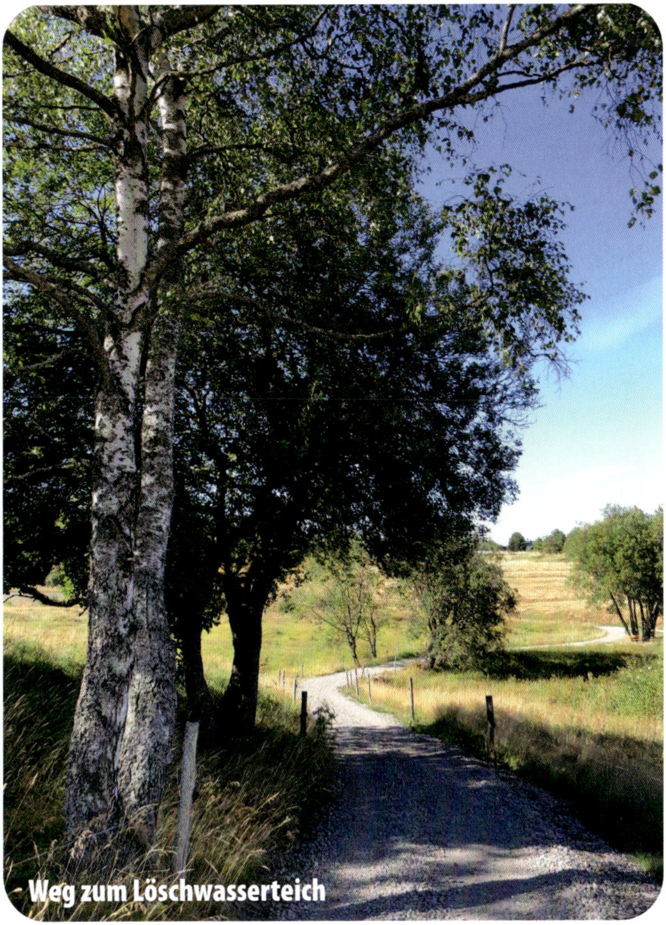

Weg zum Löschwasserteich

links auf einen Schotterweg ab. Diesem folgen wir leicht bergauf, immer geradeaus. Schon bald können wir die ersten Häuser von Schmiedefeld sehen. Der breite Waldweg endet auf der **Cruxstraße,** an der wir bis zur kreuzenden **Gartenstraße** entlanglaufen. Diese überqueren wir und folgen ihr auf dem Bürgersteig nach links, gehen an der **Bushaltestelle** vorbei bis hinunter zur **Suhler Chaussee.** Linker Hand sehen wir bereits das Restaurant Blickfang auf der anderen Straßenseite. Nachdem wir achtsam die Chaussee überquert

*Die artenreichen **Bergwiesen** sind der jahrhundertelangen Nutzung durch die Menschen zu verdanken, die einst den Wald rodeten, um Weideflächen für ihr Vieh zu gewinnen.*

haben, sind es noch etwa 50 Meter zum **Restaurant Blickfang ❽,** wo wir uns ein Stück hausgemachten Kuchen gönnen. Vom Restaurant aus laufen wir über den Parkplatz und entdecken ein schmales asphaltiertes Straßenstück, das nach rechts unten führt. Wir folgen ihm und gelangen auf einen fein geschotterten **Rad- und Fußweg.** An einer Weggabelung mit Holzbank können wir ein letztes Mal eine Sinnespause machen und unsere Blicke über die Bergwiesen schweifen lassen. Anschließend wenden wir uns nach links und laufen am **Löschwasserteich ❾** vorbei. Am oberen Teichende werden wir nach links auf den **Naturlehrpfad** geleitet, der uns an den **Bergwiesen** entlangführt, zurück zum Parkplatz, dem Ausgangspunkt unserer Wanderung.

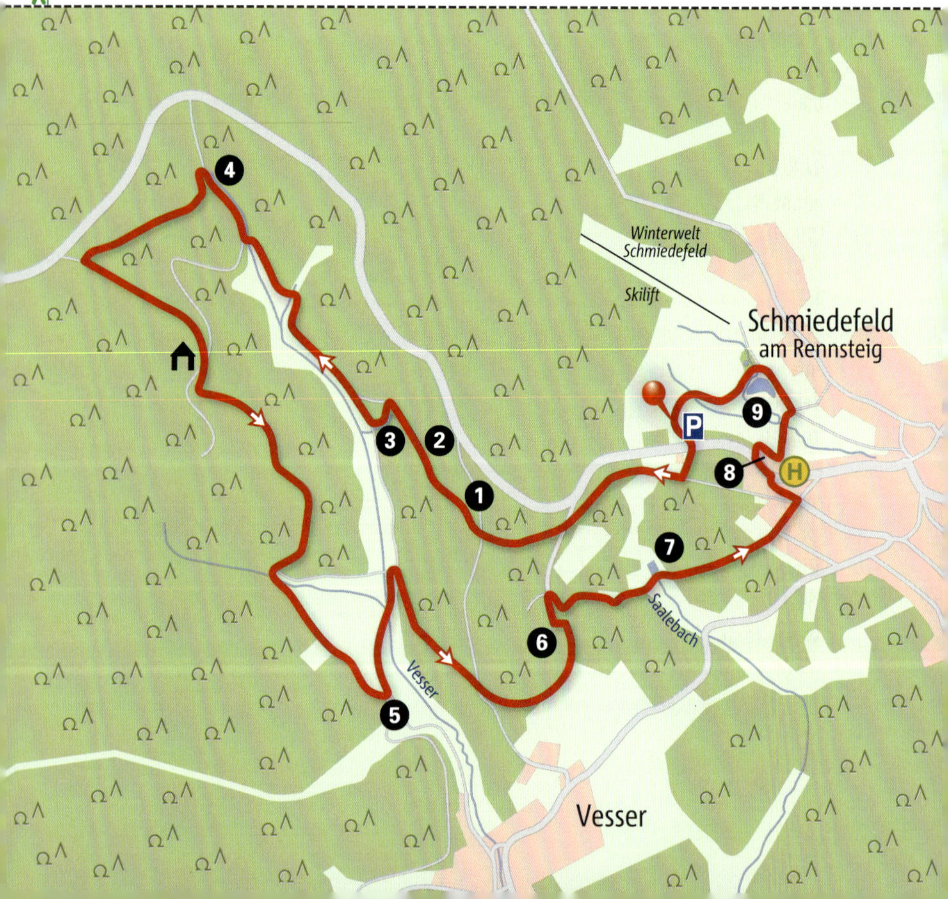

Entspannung ✱✱✱✱✱
Genuss ✱✱✱✱
Romantik ✱✱✱✱

WIE & WANN:
Breite und schmale Waldwege, befestigte Schotterwege, innerorts asphaltierte Straßen. Ganzjährig schön, besonders zur Bergwiesenblüte von Mai bis Juli.

HIN & WEG:
Auto: Parkplatz an der Suhler Chaussee (kostenpflichtig), 98711 Schmiedefeld am Rennsteig (GPS: 50.609301, 10.800092)
ÖPNV: Ab Suhl Bf Bus 200 (Richtung Busbf Hildburghausen) bis Schleusingen, von dort Bus 202 bis Schmiedefeld Gartenstraße; zu Fuß bis Suhler Chaussee, dort nach links am Restaurant Blickfang vorbei, weiter an der Straße entlang bis zum Ausgangspunkt

ESSEN & ENTSPANNEN:
Restaurant Blickfang ❽ Suhler Chaussee 50, 98528 Suhl/Schmiedefeld am Rennsteig, Tel. (0 15 12) 0 20 33 21, www.restaurant-blickfang.business.site

ENTDECKEN & ERLEBEN:
Stollen „Neue Hoffnung" ❶
Grubenfeld „Blauer Crux" ❷
Zehn Teiche ❸
Vesserquelle mit Vesserquellhütte ❹
Pfälzer Hütte ❺
Besucherbergwerk Schwarze Crux ❻ Crux-Straße 1, 98711 Suhl/Vesser, Tel. (03 67 82) 6 06 06, www.schwarzer-Crux.com
Waldschwimmbad Schmiedefeld ❼ 98528 Schmiedefeld/Suhl, www.thueringen.info/waldschwimmbad-schmiedefeld (nur Juni bis August bei schönem Wetter geöffnet)
Löschwasserteich ❾

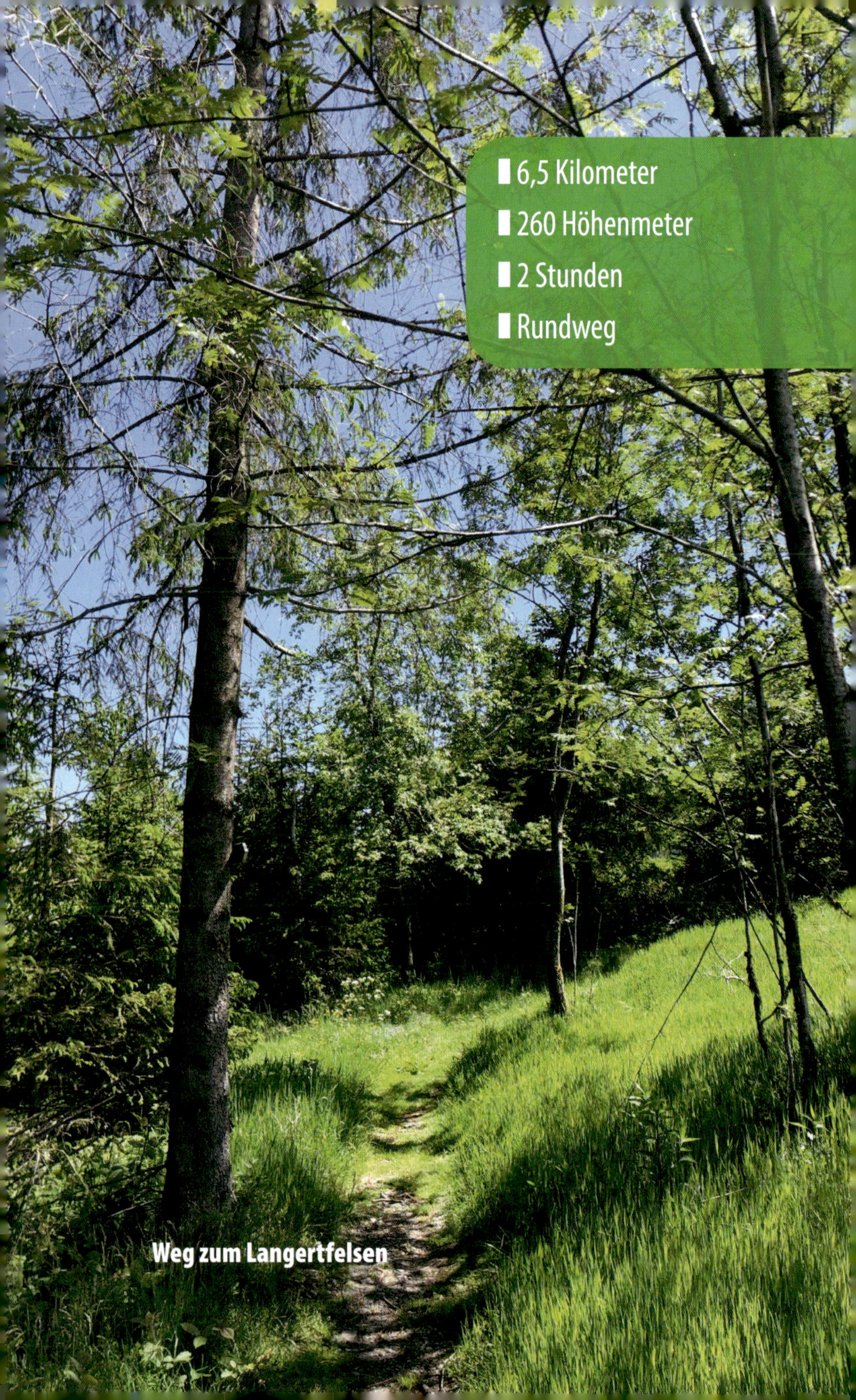

- 6,5 Kilometer
- 260 Höhenmeter
- 2 Stunden
- Rundweg

Weg zum Langertfelsen

Felsentrio

Naturlehrpfad Gießübler Schweiz

Vom Parkplatz vor dem Kulturhaus Gießübel starten wir unsere Rundwandertour, die größtenteils auf dem **Naturlehrpfad Gießübler Schweiz** verläuft. Nachdem wir die Masserberger Straße überquert haben, wenden wir uns am Schilderbaum nach rechts und gehen die **Löffelbergstraße** hinauf. An der Weggabelung Löffelbergstraße/Am Einweg finden wir einen Wegweiser des **Naturlehrpfads (grüner Schrägbalken).** Wir halten uns rechts. Nach wenigen Metern zweigt der Naturlehrpfad links ab. Nun geht es auf einem Grasweg steil bergauf. Anstrengende 5 Minuten später erreichen wir eine Bergkuppe und das hübsche **Löffelberghüttchen ❶,** das uns zu einer kurzen Verschnaufpause einlädt. Wir blicken auf die historischen Terrassenfelder an den gegenüberliegenden Berghängen. Eine Informationstafel klärt uns über die Entstehungsgeschichte dieser Kulturlandschaft auf.

*Die **Terrassenfelder** wurden einst von Dorfbewohnern angelegt, um den Bedarf an Nahrungsmitteln zu sichern und um Pferde zu halten, die für Transport und Forstwirtschaft eingesetzt wurden. Ausgewaschene Trampelpfade dienten als Aufstiegswege.*

In einem Bogen wandern wir weiter auf dem Naturlehrpfad, der nun leicht bergab in den Wald führt. Steile Berghänge umgeben uns, es herrscht angenehme Ruhe. Ab und zu finden wir links am Wegesrand ein Hinweisschild zu einer heimischen Baum- oder Pflanzenart. Auf einer großen Tafel werden wir über die geologische Besonderheit unseres Standorts informiert.

__Gießübel__ liegt auf der Verwerfung zwischen dem Rotliegendem und dem Schiefergebirge. Dadurch weist die Landschaft eine abwechslungsreiche Geomorphologie auf. Verwitterung und Abtragung haben bizarre Felsformen modelliert.

Wir passieren eine Windwurffläche und folgen einem breiten Waldweg durch angenehm kühlen Buchenwald. Zur rechten Seite öffnet sich der Blick auf die Schleusegrund-Wiesen, durch die der Dachsbach fließt.

Nach einer Wegbiegung steht bei einer Fichtengruppe eine Holzbank. Wir verweilen dort für einen Moment, lauschen dem Wald und lassen den Blick über weiche, grüne Moosteppiche schweifen.

Wenige Gehminuten später passieren wir die **Steinwand** und kommen an eine Weggabelung. Hier verlassen wir die Hauptroute des Naturlehrpfads und biegen nach links auf einen ansteigenden Waldweg ab. Der Wegweiser **Naturlehrpfad – kleine Route über Neuntal-Wasserfall** leitet uns am Dachsbach entlang. Zuerst laufen wir auf der linken Bachseite, dann wechseln wir auf die rechte Seite und steigen stetig bergauf.

Am **Neuntal-Wasserfall** ❷ bleiben wir für einen Augenblick stehen und tanken eine Portion Wasserenergie.

Wir folgen dem Pfad weiter aufwärts und kommen an die **alte Meilerstätte „Im Neuntal"** ❸. In früherer Zeit befand sich hier ein Kohlenmeiler zur Gewinnung von Holzkohle.

In Serpentinen windet sich unser Wanderweg den Berg hinauf. Schroffe Felsen ragen aus dem Hang. Unsere Hände streichen über das weiche Moos, das auf den Felsen wächst.

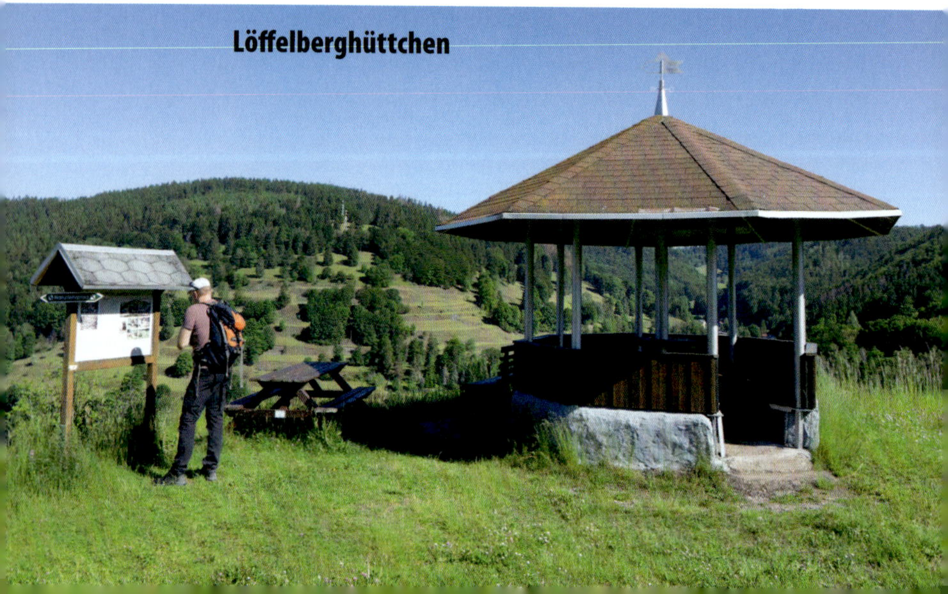

Löffelberghüttchen

Für die Seele

Neugierig bestaunen wir ein Zeugnis der Erdgeschichte: das „Nadelöhr". Wer hindurchschlüpft, hat einen Wunsch frei. Ob sich unserer erfüllen wird?

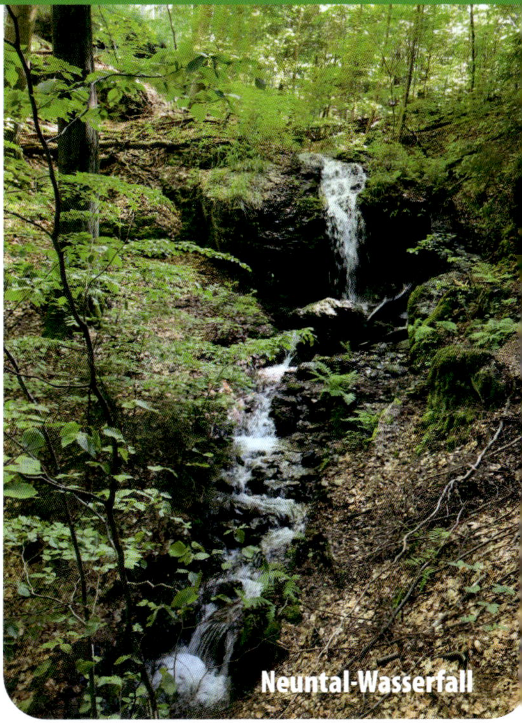

Neuntal-Wasserfall

Unser Pfad trifft wieder auf die Route des **Naturlehrpfads,** der wir nach links folgen, Richtung **Schröderfelsen.** Ein Holzgeländer lädt uns zu einem kurzen Stopp ein und lenkt unsere Aufmerksamkeit auf die wilde Natur, die uns umgibt. Wir spüren ihre Lebendigkeit, ihre Fähigkeit, sich immer wieder von allein zu regulieren und neu zu erschaffen. Auf der Höhe des **Köhlersbergs** angelangt, sind wir begeistert von den Felsengebilden, die sich vor uns auftürmen. Kurz darauf überqueren wir ein weiteres Mal den Dachsbach. Nun liegt ein atemberaubender Wegabschnitt vor uns. Ein schmaler Pfad führt durch die bizarre Felsformation **Schröderfelsen ❹.** Immer wieder bleiben wir stehen, bestaunen und berühren die Felsen. Der Pfad bringt uns immer geradeaus in leichtem Anstieg nach wenigen Metern zum sogenannten **Nadelöhr ❺.** Wer durch dieses Loch im Felsen schlüpft, darf sich, wie man sagt, im Stillen etwas wünschen und darauf hoffen, dass der Wunsch in Erfüllung geht.

*Erosion durch Wasser und Frost ist verantwortlich für das „Loch" im **Geotop Nadelöhr.** In diesem Bereich war weniger hartes Gestein eingelagert und wurde über die Jahrtausende herausgelöst.*

Nach einer ausgedehnten Rast setzen wir unseren Weg fort und folgen dem Pfad weiter leicht bergauf, an einer Schutzhütte vorbei. Wir durchqueren einen

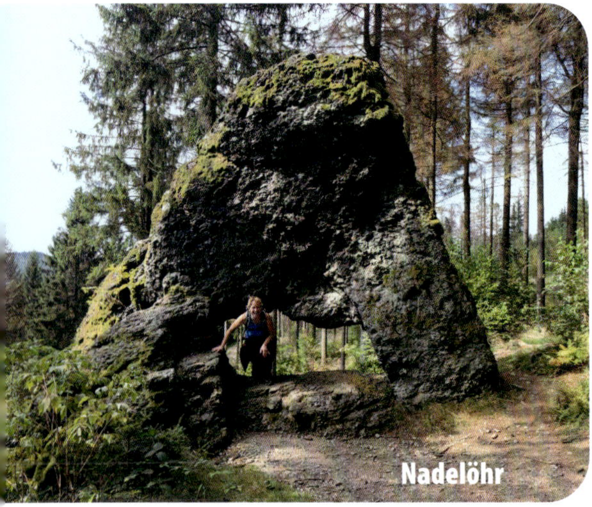
Nadelöhr

Waldabschnitt, der durch Borkenkäferschäden wie leer gefegt aussieht. Doch bei genauerer Betrachtung können wir neu entstehendes Leben erkennen.

Wir gelangen an eine Wegkreuzung. Hier werden wir nachher abbiegen und dem Naturlehrpfad weiter folgen. Doch nun gehen wir erst einmal geradeaus weiter, an der **Gemeinen Esche** vorbei (Infotafel) und überqueren die Straße. Ein schmaler Pfad führt uns durch einen reizenden Waldabschnitt zum **Langertfelsen ❻.** Dort angekommen, klettern wir die Eisenleiter nach oben auf die Aussichtskanzel und haben einen befreienden Weitblick auf den Mittleren Thüringer Wald. An der Schutzhütte legen wir eine kurze Pause ein und genießen die Stille.

Um zurück auf den Naturlehrpfad zu gelangen, laufen wir die gleiche Strecke wieder zurück, überqueren erneut die Straße und biegen an der Wegkreuzung bei der **Gemeinen Esche** nach rechts ab. Nun sind wir wieder auf dem Lehrpfad und folgen dem **grünen Schrägbalken** leicht bergab. Wir schließen für einen Moment die Augen und schnuppern genussvoll den wohltuenden Duft des Fichtenwalds. Am **Wolfsloch** erinnert eine Gedenktafel daran, dass an dieser Stelle 1819 der letzte Wolf erlegt wurde.

Auf einem geschotterten Forstweg folgen wir weiter dem Naturlehrpfad Richtung Gießübel. Wenige Minuten später kommen wir zu einer alten **Schutzhütte,** an der wir mit dem grünen Schrägbalken nach links abbiegen. Wir finden uns in einem märchenhaf-

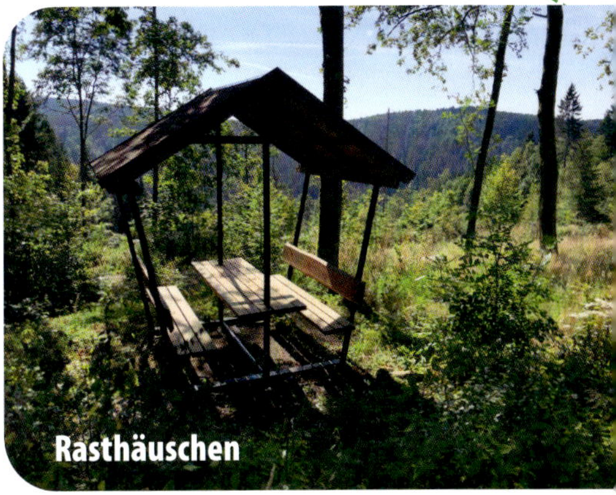

Rasthäuschen

ten Fichtenwald wieder. Der Waldboden ist mit einem weichen Moosteppich bedeckt. Im Weitergehen lenken wir unsere Aufmerksamkeit auf die kleinen Dinge, die am Waldboden entdeckt werden wollen.

An der nächsten **Weggabelung** fehlt die Beschilderung, hier biegen wir links ab und laufen auf einem breiten, geschotterten Forstweg weiter. Baumschäden haben eine Lichtung geschaffen, an der wir entlangwandern, bis wir zu einer weiteren Weggabelung kommen. Bevor wir hier nach rechts unten abbiegen, legen wir in dem hübschen **Rasthäuschen** am Wegesrand eine kurze Pause ein. Etwas unterhalb des Häuschens sehen wir einen Schilderbaum und setzen unsere Wanderung Richtung Gießübel fort **(gelbes Dreieck).** In einem weiten Bogen wandern wir auf dem breiten Waldweg um den Löffelberg. Aus der Ferne können wir bereits die ersten Geräusche aus dem Dorf

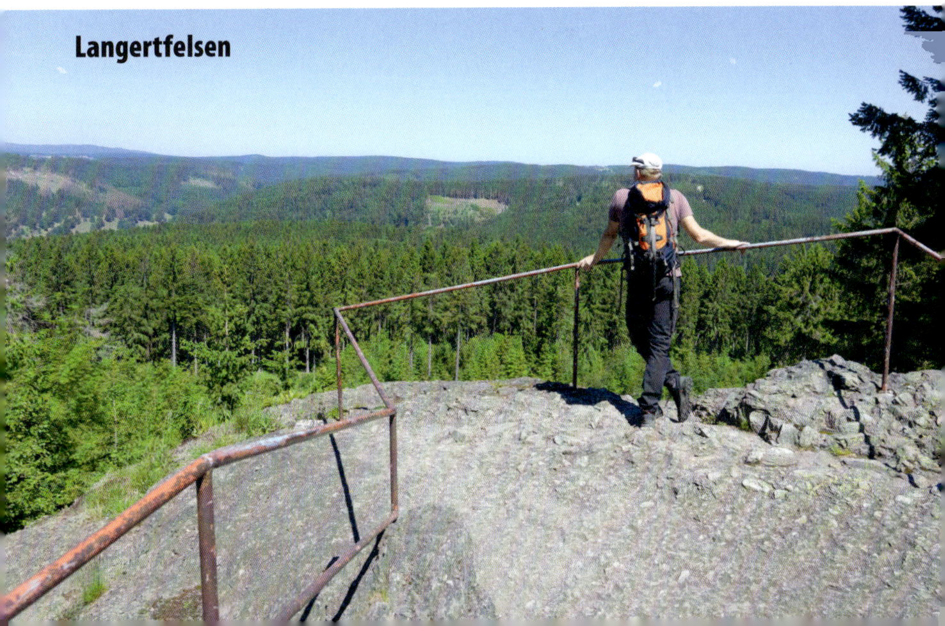

Langertfelsen

Auszeittour 2

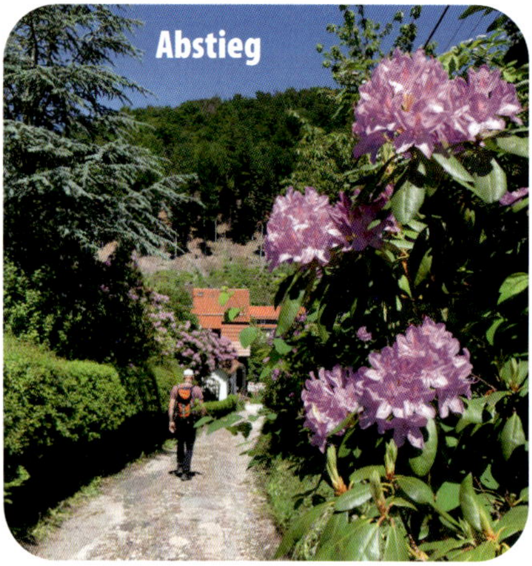

vernehmen. Auch die ersten Häuser sind bereits in Sicht. Wir bleiben auf dem Weg, bis wir an eine etwas zerfahrene Kreuzung kommen. Hier müssen wir links abbiegen. Nun erfolgt der Abstieg hinunter ins Dorf. Es ist steil und der Untergrund steinig, wir achten auf unsere Schritte. Schließlich endet unser Weg an der **Löffelbergstraße,** an der unsere Wanderung durch die Gießübler Schweiz ihren Anfang nahm. Entspannt und erfüllt von vielen Eindrücken machen wir uns auf den Heimweg.

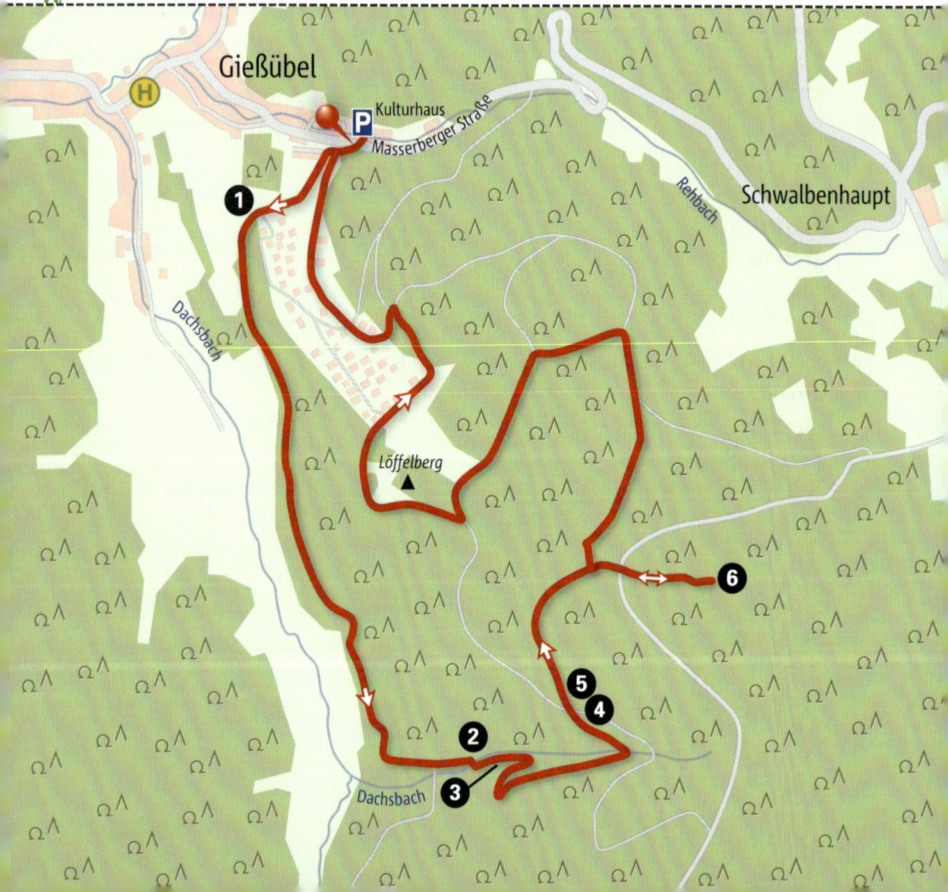

Entspannung ✱✱✱✱✱
Genuss ✱✱✱✱✱
Romantik ✱✱✱✱✱

WIE & WANN:
Überwiegend schmale Waldwege und Pfade, kurze Forstwegabschnitte, asphaltierte Straßen innerorts. Ganzjährig schön, Zustiege zu Felsen können bei Schnee und Eisglätte eingeschränkt sein.

HIN & WEG:
Auto: Parken vor dem Kulturhaus Gießübel, Masserberger Straße, 98667 Schleusegrund (Ortsausgang Richtung Masserberg) (GPS: 50.534583, 10.925111)
ÖPNV: Bus 203 bis Gießübel, Schleusegrund; zu Fuß durch Neubrunnstraße bis Hausnummer 65, dort rechts abbiegen auf Masserberger Straße; der Straße folgen bis zum Parkplatz vor dem Kulturhaus

ESSEN & ENTSPANNEN:
Keine Einkehrmöglichkeit unterwegs; Rucksackverpflegung mitnehmen – einige schöne Rastplätze laden zu einem Picknick in der Natur ein.

ENTDECKEN & ERLEBEN:
Löffelberghüttchen ❶
Neuntal-Wasserfall ❷
Alte Meilerstätte „Im Neuntal" ❸
Schröderfelsen ❹
Nadelöhr ❺
Langertfelsen ❻

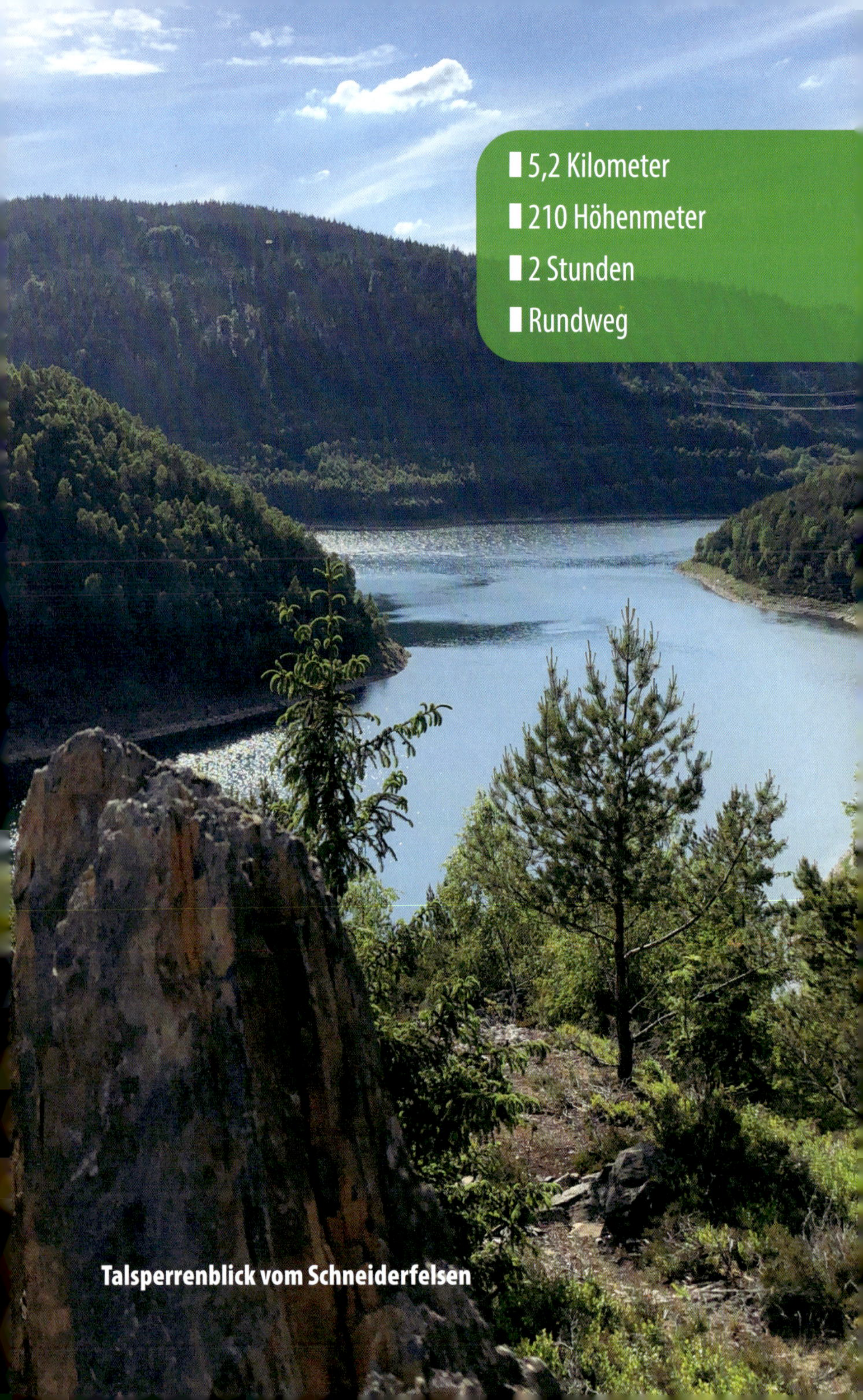

- 5,2 Kilometer
- 210 Höhenmeter
- 2 Stunden
- Rundweg

Talsperrenblick vom Schneiderfelsen

Urzeitgestein

Zu den Meurasteinen

Wanderstart ist am Parkplatz auf dem Festplatz hinter dem Haflinger-Gestüt Meura. Wir wenden uns dort nach links und laufen am Straßenrand der **L 2654** am Feuerwehrhaus mit der **Bushaltestelle** vorbei. Ab dann folgen wir nach links dem Verlauf der breiten **Ortsstraße,** die in einem weiten Bogen nach rund 500 Metern aus Meura hinausführt. Weiter geht es in einer anspruchsvollen Steigung zum **Rastplatz Lärchenrondell ❶.** Hier finden wir eine Informationstafel zum geologischen Naturdenkmal Meurasteine und einen Wegweiser, der uns die Richtung anzeigt. Als begleitende Markierung merken wir uns das **blaue Dreieck.** Auf einem angenehmen Waldweg gelangen wir in wenigen Gehminuten zur **Ruhebank am Schlagetalblick ❷.** Um voll und ganz in der Natur anzukommen, gönnen wir uns eine kurze Atempause und lassen unsere Augen auf Entdeckungsreise gehen.

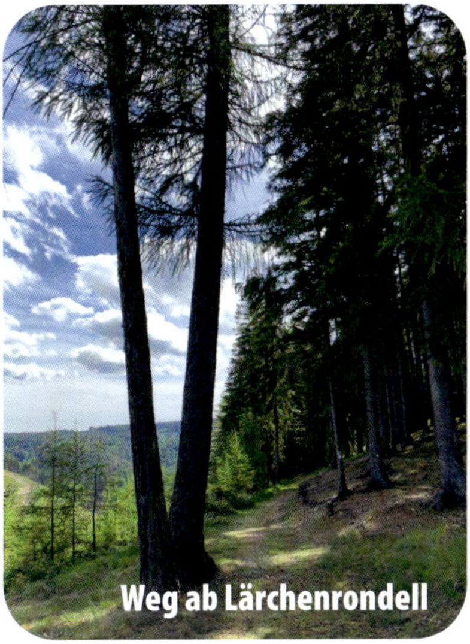

Weg ab Lärchenrondell

Ein steiniger Pfad führt uns anschließend hinunter zu den Felsen des geologischen **Naturdenkmals Meurasteine ❸.**

Wir folgen weiter dem Pfad und schlendern an beeindruckenden Felsgebilden entlang, von denen manche ein schachbrettartiges Verwitterungsmuster aufweisen. Einer der Felsen sieht aus wie eine Steintreppe, die ins Nirgendwo führt. Vor einer steilen, mauerartigen Felsformation steht eine meterlange steinerne

*Die Felsformationen der **Meurasteine** sind beeindruckende Geotope aus 450 Millionen Jahre altem Phycodenschiefer, einem typischen Gestein des Thüringer Schiefergebirges, das sich aus Ablagerungen eines Urzeitmeers herausgebildet hat.*

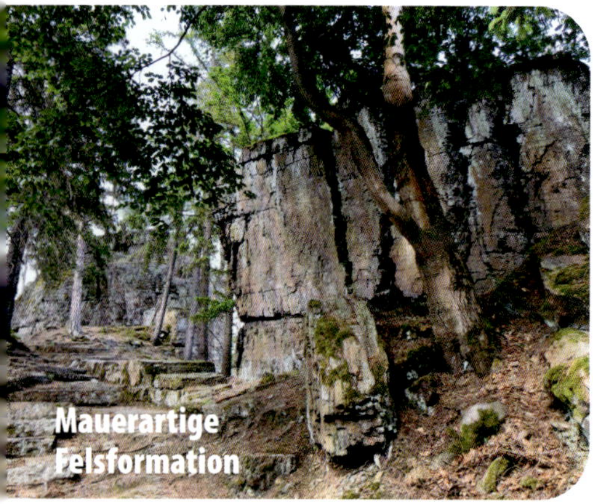

Mauerartige Felsformation

Bank. Wie fühlt es sich an, im Schutze dieser riesigen Felsenmauer zu sitzen? Wir probieren es aus.

Der Pfad führt uns zu einem letzten großen Felsmassiv, auf dessen Plateau eine pavillonähnliche **Schutzhütte 4** steht. Über Steinstufen gelangen wir hinauf und legen auf der Holzbank vor der Hütte eine kurze Sinnespause ein.

Ausgeruht steigen wir vom Plateau ab. Rechts unterhalb des Weges sehen wir einen Wegweiser zum **Talsperren-Rundweg** und das **blaue Dreieck.** In steilen Kehren wandern wir bergab und verabschieden uns von der bizarren Felsenwelt. Ein weicher Waldweg führt uns immer tiefer ins Tal. Angenehme Kühle und Frische umgibt uns. Ausgedehnte Moosteppiche bedecken den Berghang. Wir streichen über das weiche Grün und nehmen Verbindung zur Natur auf.

Der Abstieg endet auf dem **Rast- und Grillplatz am Meurasteinsbrückchen 5** direkt am Schlagebach. Das

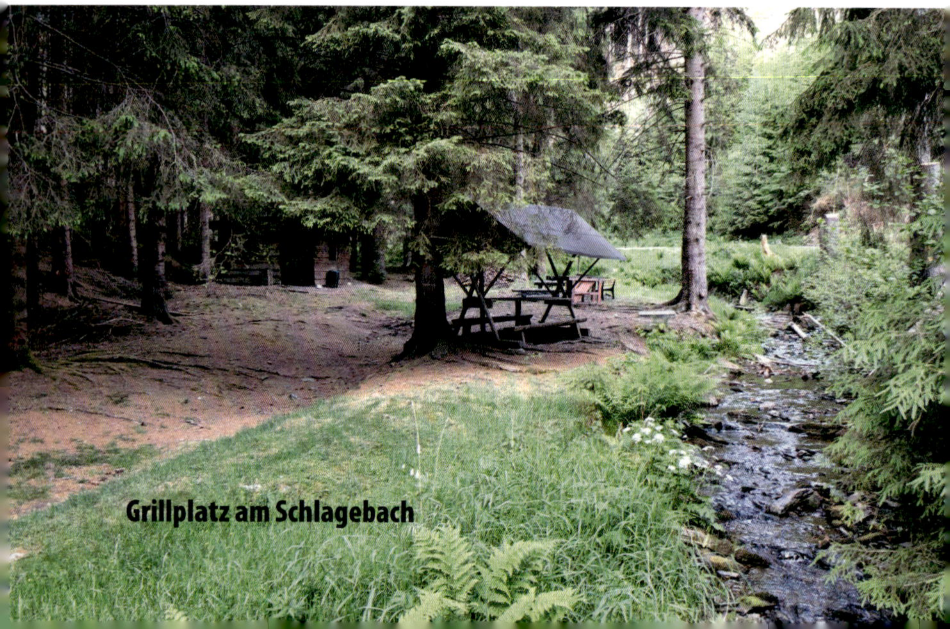

Grillplatz am Schlagebach

Für die Seele

Wir genießen Pausen auf sonnenwarmen Felsen, lauschen Waldgeräuschen und nehmen den süßlichen Duft des Nadelwalds wahr.

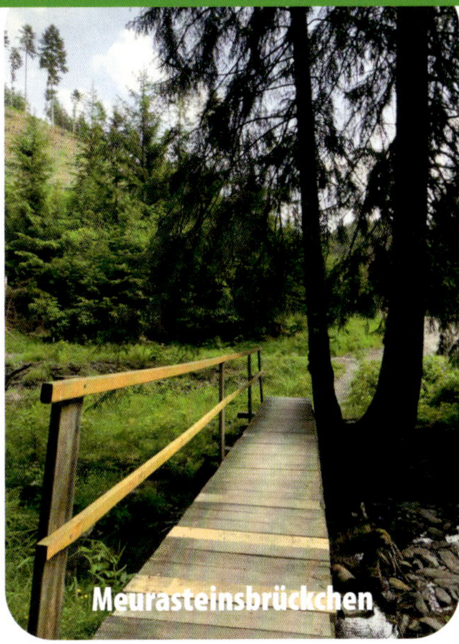

Meurasteinsbrückchen

Idyll verführt uns zu einem Fußbad. Herrlich kalt ist das Wasser, und wir spüren ein vitalisierendes Kribbeln in den Füßen.

Unser Weg führt über eine Holzbrücke und dann nach rechts, am Schlagebach entlang. Auf einem breiten Waldweg wandern wir immer der Markierung nach Richtung **Talsperre.** Ab und zu haben wir freie Sicht nach oben auf die Meurasteine und tiefer liegende Felsgebilde.

Wir passieren eine Schranke und folgen einer asphaltierten Straße nach rechts. Der Schlagebach fließt links von uns durch einen Kanal. Nun ist die Talsperre nicht mehr weit, und schon bald können wir einen ersten Blick auf den Stausee werfen. In leichtem Anstieg laufen wir auf der Straße an der **Trinkwassertalsperre Leibis-Lichte** entlang. Nach etwa 800 Metern kommen wir linker Hand über einen Stichweg zur **Schutzhütte auf dem Schneiderfelsen** ❻ mit einem sensationellen Blick auf die Talsperre. Auf der Bank vor der Hütte lassen wir uns genüsslich von den Sonnenstrahlen kitzeln und genießen das süße Nichtstun.

Um unsere Wanderung fortzusetzen, müssen wir den Stichweg wieder zur Straße zurücklaufen. Am **Mondscheinpaar,** einem etwa 2 Meter hohen Holzfigurenpaar am Straßenrand, gehen wir vorbei, biegen um eine Kurve und sehen einen Schilderbaum. Wir folgen

Auszeittour 3

dem Wegweiser nach rechts Richtung **Meura** und laufen auf einem Asphaltweg bergauf.

Nach 800 Metern versperrt das Werkstor der Trinkwassertalsperre die Straße. Über ein Trampelpfädchen können wir das Tor rechts umgehen. Immer der Straße nach wandern wir durch eine herrliche Wiesenlandschaft, an den Pferdekoppeln des Haflinger-Gestüts entlang. Schon tauchen die ersten Gebäude vor uns auf, und bald treffen wir wieder auf die **Ortsstraße.** Wir halten uns links, folgen der Landstraße etwa 100 Meter um eine Kurve und befinden uns wieder auf dem Parkplatz. Zum Abschluss unserer Wanderung besuchen wir das **Haflinger-Gestüt Meura** 7 und kehren in der dortigen Cafeteria ein.

*Das **Haflinger-Gestüt Meura** ist das größte Gestüt Europas für Haflinger und Edelbluthaflinger. Seit über 50 Jahren wird in Thüringen diese Pferderasse gezüchtet.*

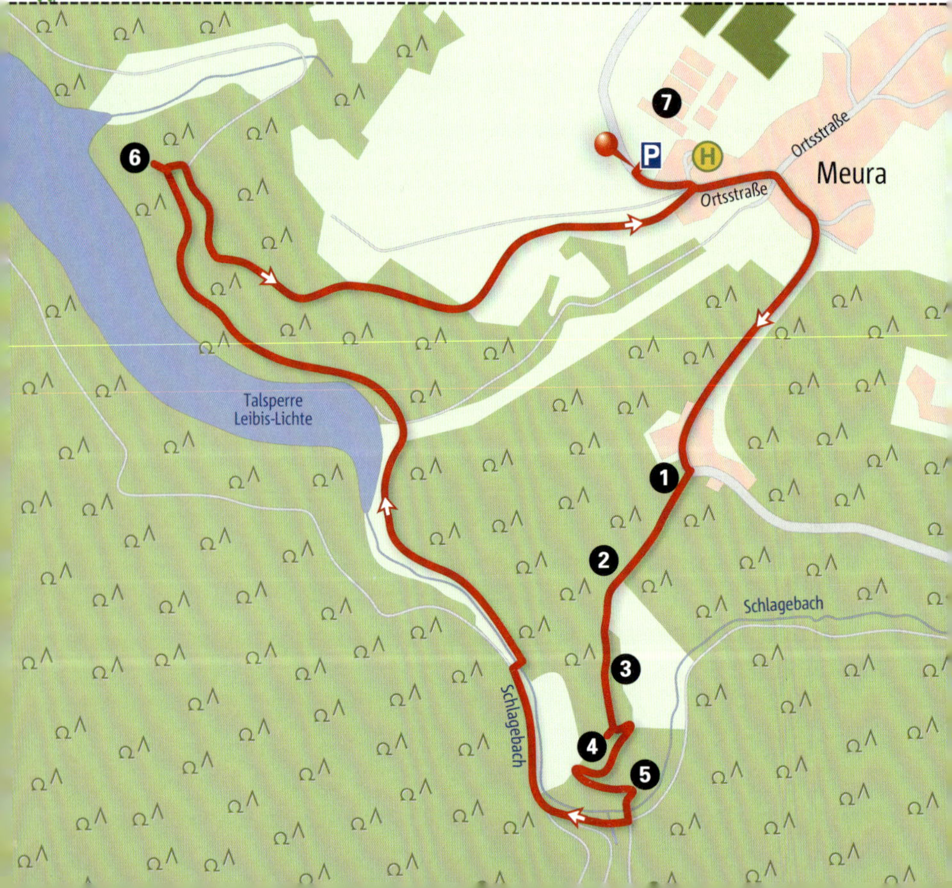

Entspannung ✱✱✱✱✱
Genuss ✱✱✱✱✱
Romantik ✱✱✱✱✱

WIE & WANN:
Breite Waldwege und schmale Pfade, stellenweise befestigte Schotterwege; Asphaltwege entlang der Talsperre und in Meura. Beste Zeit März bis Oktober.

HIN & WEG:
Auto: Parkplatz am Festplatz (hinter dem Haflinger-Gestüt), L 2654 (Ortsstraße), 98744 Meura (GPS: 50.583317, 11.202593)
ÖPNV: Von Bad Blankenburg Bf Bus 302 (Richtung Parkplatz Sitzendorf) bis Meura. Oder ab Parkplatz Sitzendorf Bus 303 bis Meura

ESSEN & ENTSPANNEN:
Erst am Ende der Wanderung gibt es eine Einkehrmöglichkeit, zusätzliche Rucksackverpflegung empfehlenswert!

Cafeteria im Haflinger-Gestüt Meura ❼ siehe ENTDECKEN & ERLEBEN

ENTDECKEN & ERLEBEN:
Rastplatz Lärchenrondell ❶
Ruhebank am Schlagetalblick ❷
Geologisches Naturdenkmal Meurasteine ❸
Schutzhütte ❹
Rast- und Grillplatz am Meurasteinsbrückchen ❺
Schutzhütte auf dem Schneiderfelsen ❻
Haflinger-Gestüt Meura ❼ Ortsstraße 116, 98744 Meura, Tel. (03 67 01) 3 11 51, www.haflinger-in-meura.de

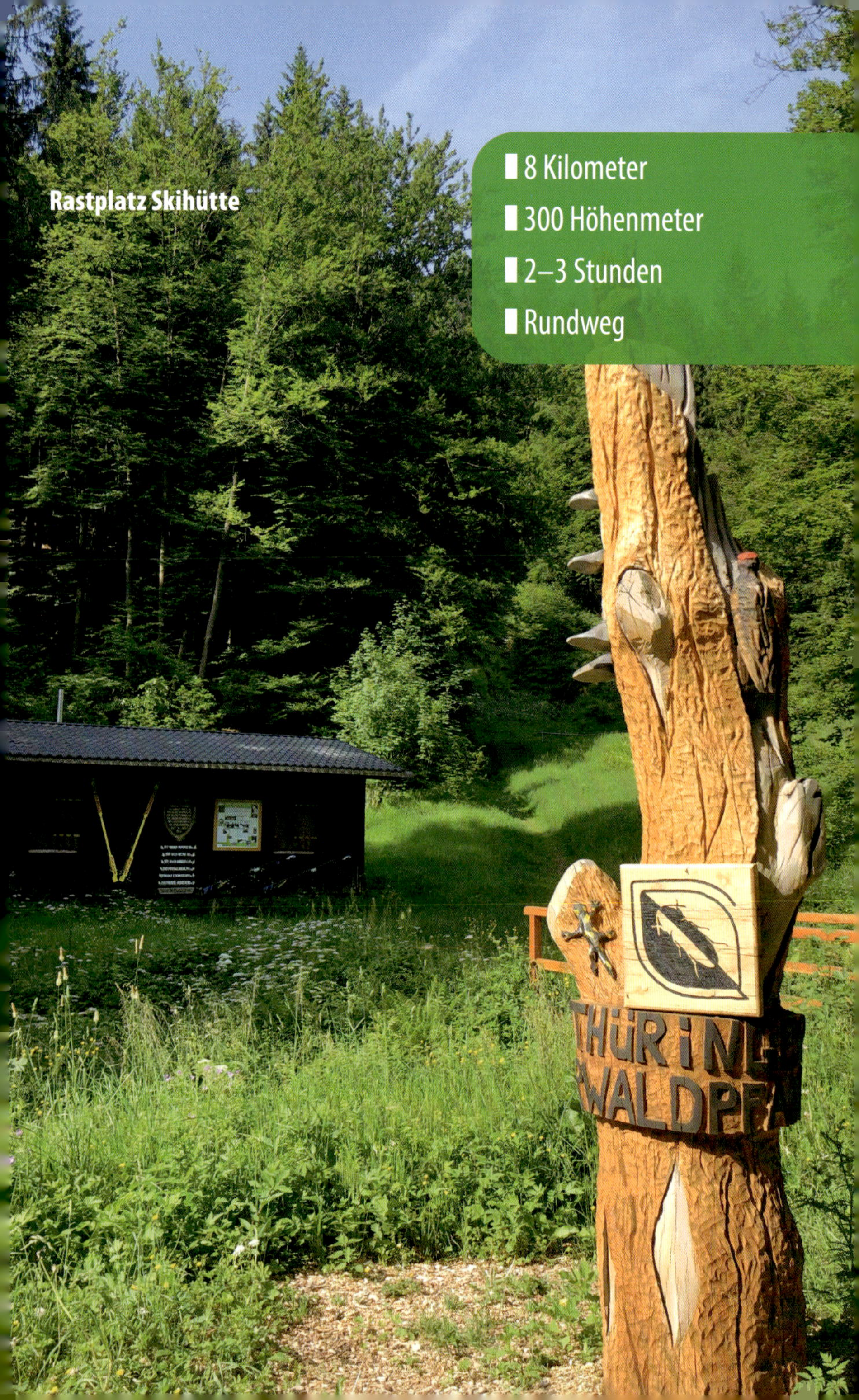

Rastplatz Skihütte

- 8 Kilometer
- 300 Höhenmeter
- 2–3 Stunden
- Rundweg

Natur pur

Im wildromantischen Vessertal

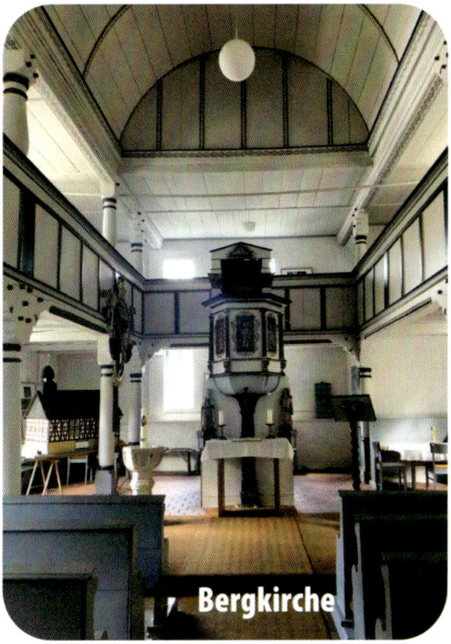
Bergkirche

Ausgangspunkt unserer Wanderung ist der Wanderparkplatz am Kulturzentrum Offenstall. Von hier laufen wir hinunter auf die Straße **Roter Crux.** Direkt in der Kurve sehen wir einen Schilderbaum. Wir folgen der Wegmarkierung **gelber Punkt** Richtung **Sprungschanze** bis zur **Schmiedefelder Straße,** in die wir rechts einbiegen. Zur Bestätigung sehen wir einen weiteren Wegweiser Richtung Sprungschanze. Es geht über Kopfsteinpflaster bergab durch die Schmiedefelder Straße. Am Rastplatz gegenüber der Herbert-Roth-Ausstellung halten wir uns links und laufen auf der **Breitenbacher Straße** weiter bergab. Rechts von uns fließt munter plätschernd die Vesser. Wenige Minuten später gelangen wir an eine hübsche **Bergkirche** ❶ im Fachwerkstil. Gespannt darauf, wie sie im Inneren aussieht, nehmen wir uns die Zeit für eine Besichtigung.

*Die **Bergkirche** in Vesser gehört zum evangelischen Pfarrbereich Schmiedefeld-Frauenwald. Erbaut wurde das schmucke Gotteshaus 1711 als Filialkirche von Frauenwald, es ist mit Emporen und Taufstein ausgestattet.*

Zurück auf der Breitenbacher Straße, folgen wir dem Straßenverlauf an der Vesser entlang, bis wir die letzten Häuser hinter uns gelassen haben. Nun wandern wir in unmittelbarer Nähe des Bachs. Sein sanftes Plätschern streichelt unsere Seele. Schritt für Schritt nähern wir uns dem Wald. Eine gelbe Tafel mit dem schwarzen Symbol der **Waldohreule** weist uns darauf hin, dass wir ein Biosphärenreservat betreten. Das Vessertal als ältestes Waldbiosphärenreservat

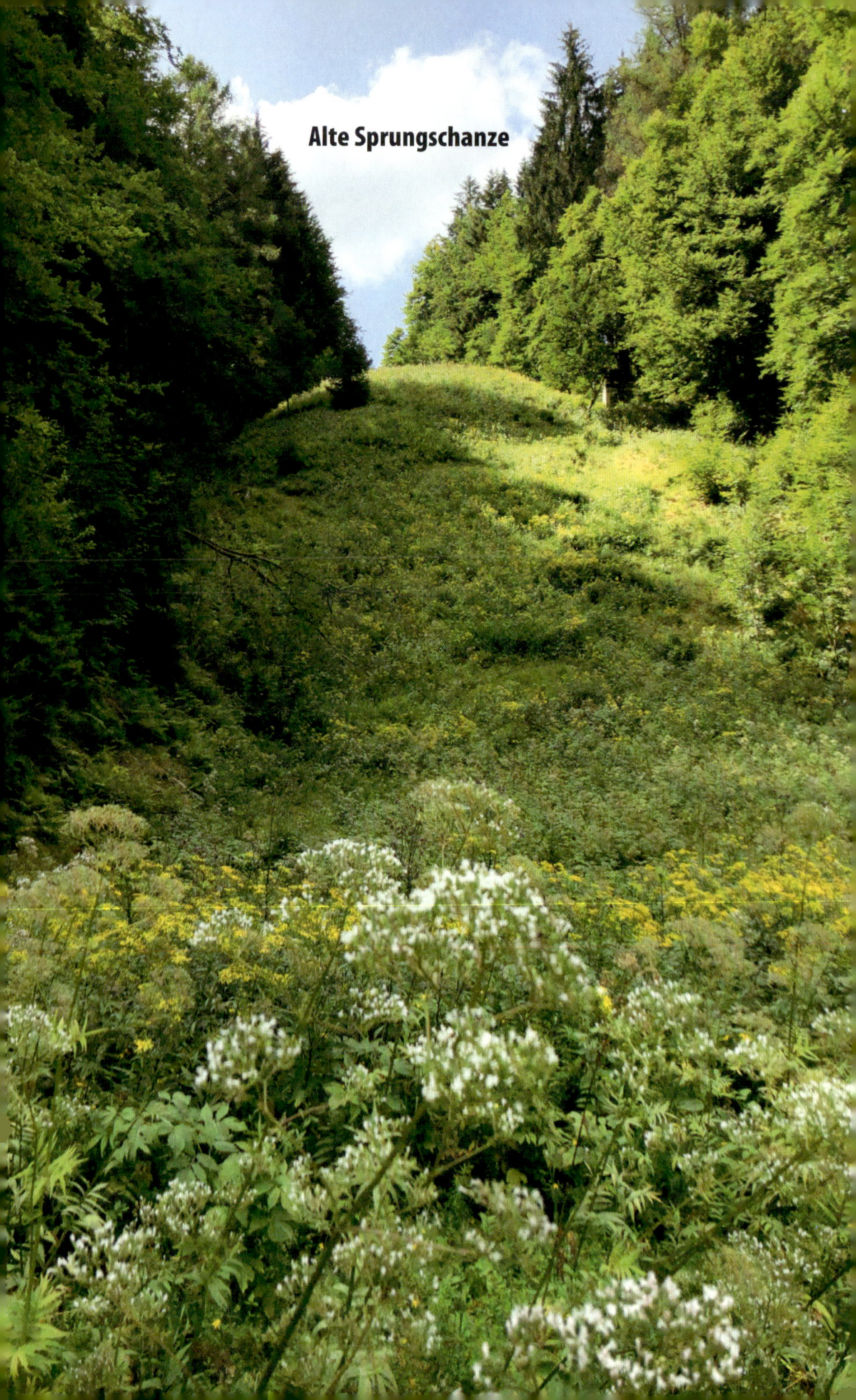
Alte Sprungschanze

Für die Seele

Unsere Aufmerksamkeit ist auf das fließende Wasser der Bäche gerichtet. Ihr stetes Rauschen entspannt und lässt uns den Alltag vergessen.

Deutschlands ist das Herzstück des Biosphärenreservats Thüringer Wald.

Auf einem breiten Waldweg gelangen wir in einen Mischwald. Wir werden auf eine riesige Fichte am Wegesrand aufmerksam, die laut Infotafel mit etwa 50 Metern die **höchste Fichte im Vessertal** ist. Hin und wieder finden wir Informationsschilder des Naturlehrpfads, die uns über Fauna und Flora aufklären. Mittlerweile ist das plätschernde Bächlein zu einem breiten, sprudelnden Gebirgsbach geworden. Der breite Hauptweg führt uns immer tiefer in den Wald hinein. Links von uns ragen aufgetürmte Felsgebilde aus dem Berghang. Rotbuchen mit ihrem dichten Blätterdach, durch das nur wenig Licht dringt, verleihen diesem Waldabschnitt eine mystische Atmosphäre.

Nach einer Unterführung erreichen wir einen **Rastplatz an der alten Skihütte ❷.**

Ab hier befinden wir uns auf einem der drei **Thüringer Urwaldpfade.** Über eine Brücke gelangen wir zur Hütte, neben der ein schmaler Fußweg hinauf zur ehemaligen **Walter-Ulbricht-Schanze ❸** führt. Der Absprunghügel ist noch deutlich zu sehen.

Zurück an der Hütte, laufen wir rechts an einer hundertjährigen Kastanie vorbei, die in der Mitte einer Wegspinne steht, und überqueren eine Brücke. An der Weggabelung nehmen wir links den **Vessertal-Rundwanderweg (grüner Punkt**) und betreten die **Kernzone des UNESCO-Biosphärenreservats Thüringer Wald ❹.** Wie anders ein Wald aussieht und wirkt, wenn die Bäume auf natürliche Art altern dürfen! Fasziniert

*Naturschützer in der DDR haben das **Symbol der schwarzen Waldohreule** auf fünfeckigem gelben Grund erfunden. Seit 1950 kennzeichnet es Naturschutzgebiete, Naturdenkmale oder Landschaftsschutzgebiete.*

*Wintersport hat im Thüringer Wald Tradition. 1951 entstand unter der Schirmherrschaft von Walter Ulbricht auf dem Großen Herrenhügel im Vessertal eine **Großschanze,** auf der Frank Ludwig 2002 mit 99 Metern einen Schanzenrekord aufstellte.*

*In der **Kernzone des UNESCO-Biosphärenreservats Thüringer Wald** darf sich die Natur ohne menschliche Eingriffe entfalten. Stehendes Totholz und umgestürzte Bäume nehmen eine tragende Funktion im Ökosystem ein.*

begeben wir uns auf den Weg durch dieses lebendige Naturchaos.

Rechts vom Bach wandern wir zunächst auf einem befestigten Waldweg, dann folgt eine kurze Wiesenpassage. Von Juni bis August begrüßen uns Schmetterlinge, die munter von Blüte zu Blüte flattern. Am Ende der Wiese nimmt uns wieder der Wald auf. Linker Hand entdecken wir eine zauberhafte Wasserwelt. Riesige Wurzelteller gefallener Bäume ragen aus dem Bachbett und verändern den Bachlauf.

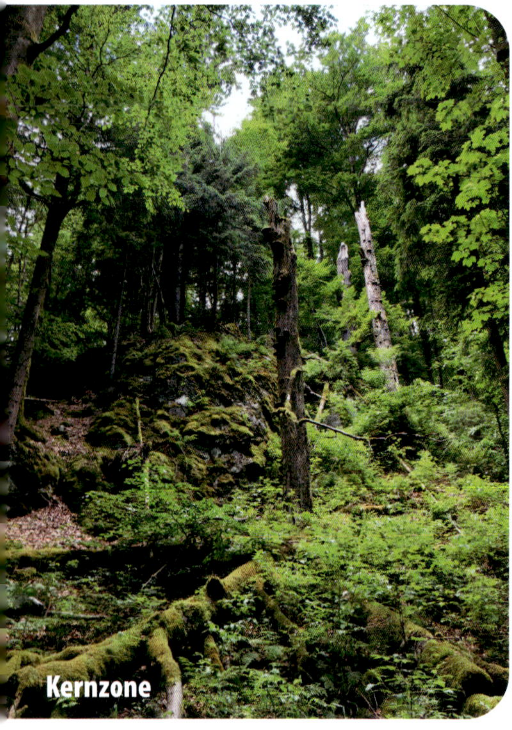
Kernzone

Im Genussmodus schlendern wir an der Vesser entlang, bis wir zur **Glasbachhütte** kommen. Hier verlassen wir den Urwaldpfad und biegen nach rechts auf einen schmalen, unmarkierten Pfad ab. In leichtem Aufstieg wandern wir nun am Glasbach entlang. Der Pfad geht in einen schmalen Grasweg über, auf dem wir eine kleine Bergwiese überqueren. Oben am Ende der Wiese angelangt, werden wir in einem Halbbogen über den Glasbach zurück in den Wald geleitet. Von der idyllischen Wasserwildnis kommen wir in einen anmutigen **Buchenwald ❺.** Schlank, mit silbrig-grau schimmernden Rinden, ragen die Rotbuchen in den Himmel und bilden ein schützendes Blätterdach über uns. Überall am Boden wächst Waldmeister, Baumstämme liegen kreuz und quer, teilweise sind sie mit Moos bewachsen. Junge Buchenbäumchen stehen am Wegesrand Spalier. Wir folgen dem breiten Waldweg in stetigem Bergauf und kommen in einen Fichtenwaldabschnitt. An einer Wegscheide entdecken wir rechts das gelbe Schild des **Biosphärenreservats.** Von hier gehen zwei Wege links ab. Wir nehmen den oberen und wandern erneut bergauf. Drei uralte Rotbuchen stehen wie Wahrzeichen am Wegesrand. Schon nach wenigen Metern öffnet sich der Wald zur linken Seite und gibt den Blick frei auf eine geschwungene Bergwiesenlandschaft. Auf einem Grasweg wandern wir geradeaus bis zum **Berghotel Stutenhaus,** das wir bereits vom Weg aus sehen können.

Hier folgen wir einer asphaltierten Straße nach rechts, bergab Richtung **Vesser (grüner Querbalken),** bis wir zur Wegspinne an der **Schutzhütte am Runnebaumstein** kommen. Wir begeben uns links auf einen Sand-Schotter-Weg. Zur Bestätigung sehen wir einen Wegweiser, der uns die Richtung nach Vesser zeigt (grüner Balken). Der Weg bringt uns in leichtem Abstieg auf eine lang gezogene Bergwiese. In einem weiten Bogen wandern wir um die Wiese herum und gönnen uns an der **Schutzhütte Neue Wiese** 6 einen Moment der Stille. Unzählige Schmetterlinge und Insekten schwirren

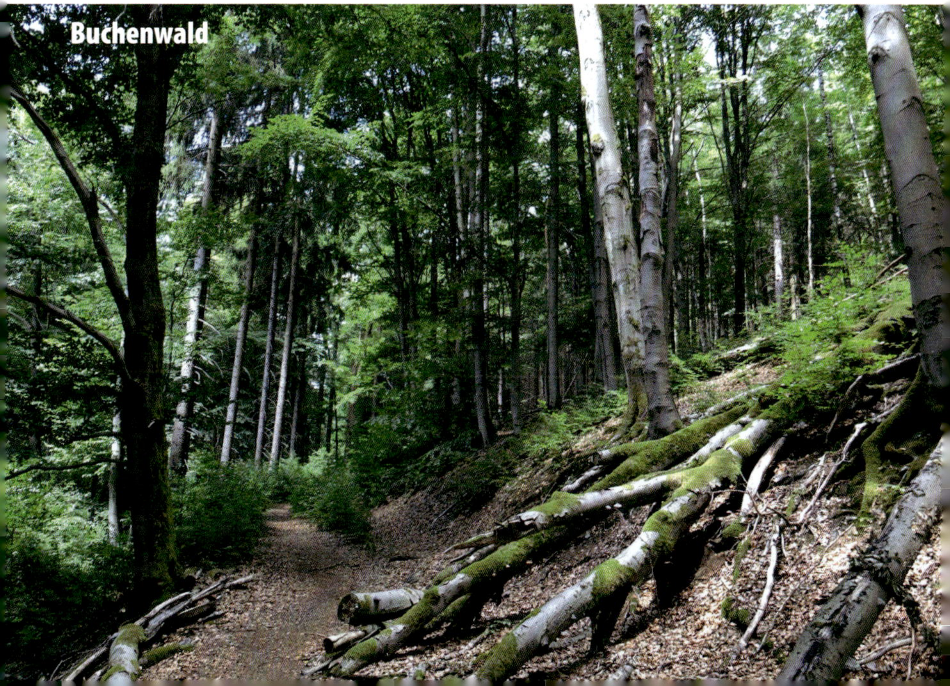
Buchenwald

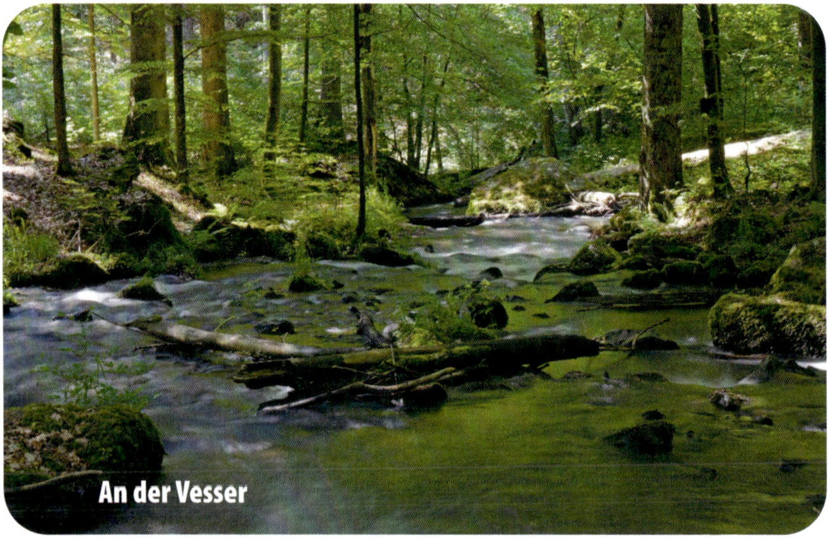

An der Vesser

umher, das Zirpen der Grillen beherrscht die Geräuschkulisse, begleitet vom Plätschern eines verborgenen Bächleins. Beschwingt vom Wiesenduft und der kurzen Auszeit folgen wir dem Wegverlauf weiter für ca. 800 Meter. Eine weitere Bergwiese liegt vor uns, auch sie durchqueren wir in einem Halbbogen.

Kurze Zeit später erreichen wir eine Weggabelung, an der wir nach rechts abbiegen und dem Wegweiser nach **Vesser** folgen **(gelbes Dreieck).** Direkt neben einer Informationstafel steht eine uralte Buche, deren Alter wir auf etwa 400 Jahre schätzen. Wir befinden uns wieder auf dem Naturlehrpfad, der uns die unterschiedlichsten Arten und Lebensbereiche der einheimischen Tier- und Pflanzenwelt näherbringt. Der Weg geht in eine asphaltierte Straße über und führt uns zurück nach Vesser. Für eine Einkehr im **Waldgasthof Zur Vesser 7** folgen

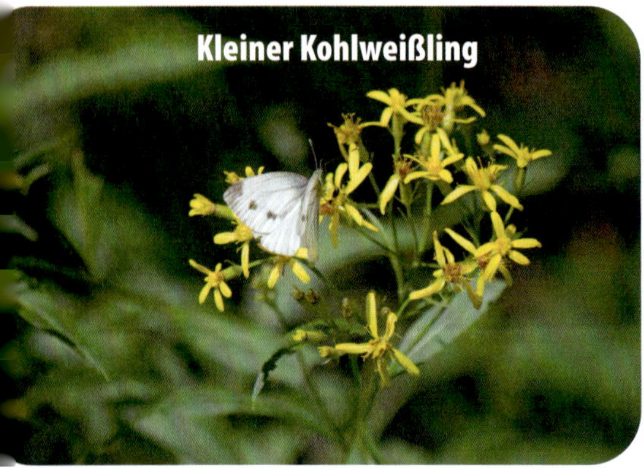

Kleiner Kohlweißling

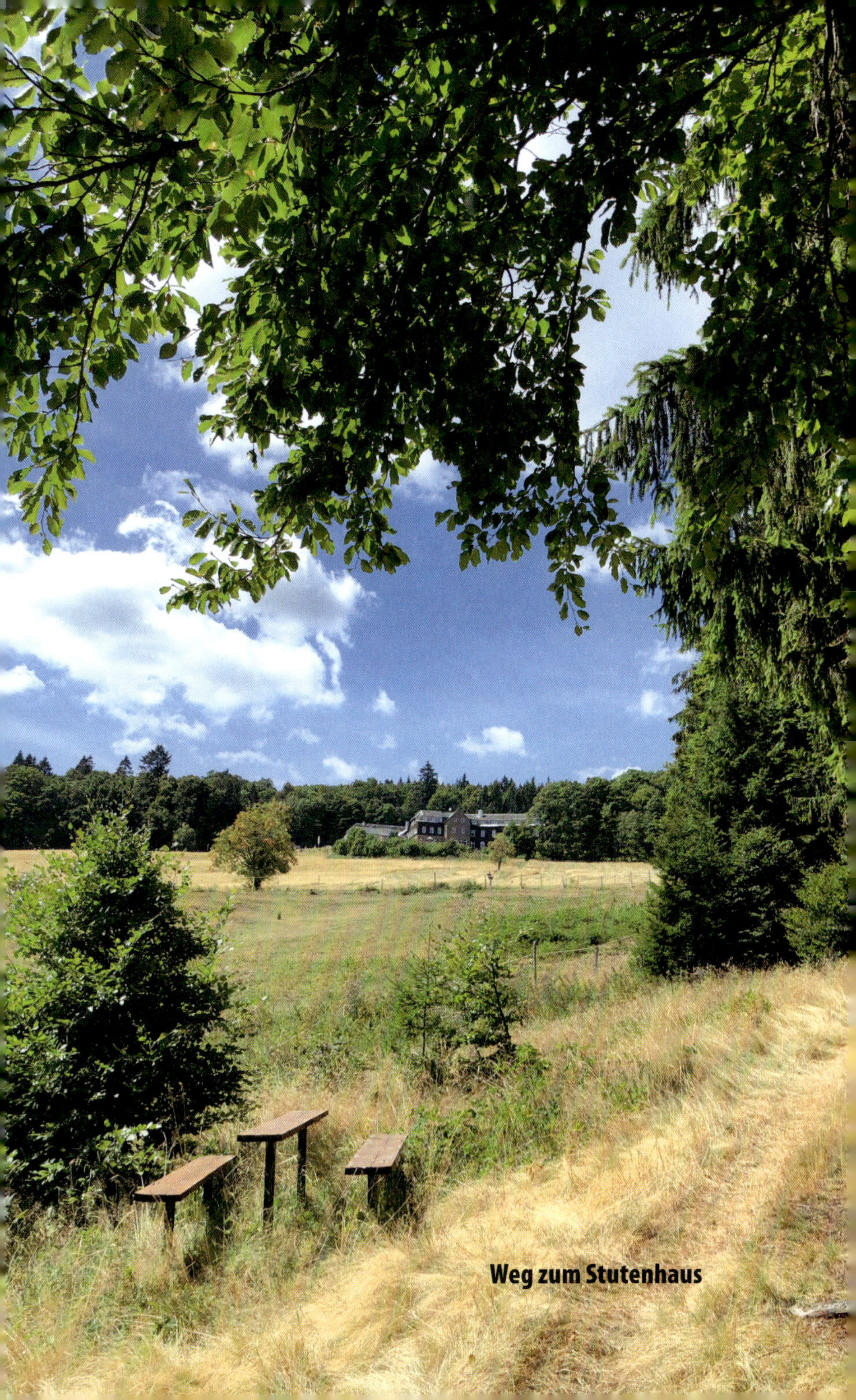

Weg zum Stutenhaus

Auszeittour 4

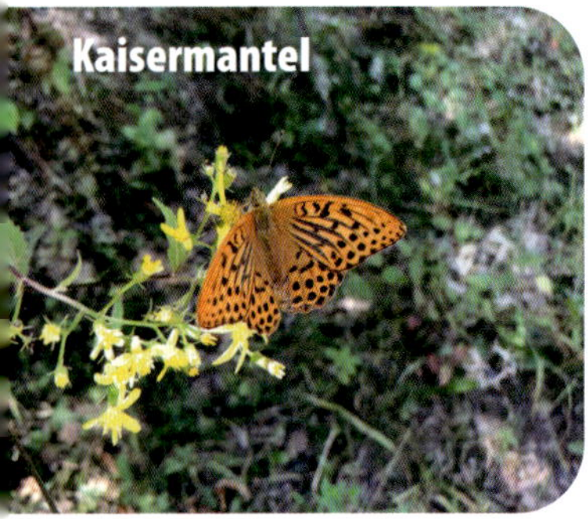

wir dem Suhler Weg geradeaus auf die Schmiedefelder Straße und weiter bis zur Kreuzung Schmiedefelder Straße/Stutenhausstraße. Dort biegen wir rechts in die Stutenhausstraße und erreichen in wenigen Minuten den Gasthof. Auf der Schmiedefelder Straße gelangen wir wieder zurück zum Wanderparkplatz.

Ohne Einkehr biegen wir, nachdem wir Fischteiche passiert haben, links auf einen Kiesweg und laufen über den kleinen Dorfplatz auf die **Schmiedefelder Straße.** Ihr folgen wir den Berg hinauf bis zum Abzweig **Roter Crux.** Nach links gelangen wir wieder zum Parkplatz, dem Ausgangspunkt unserer entspannenden Wandertour.

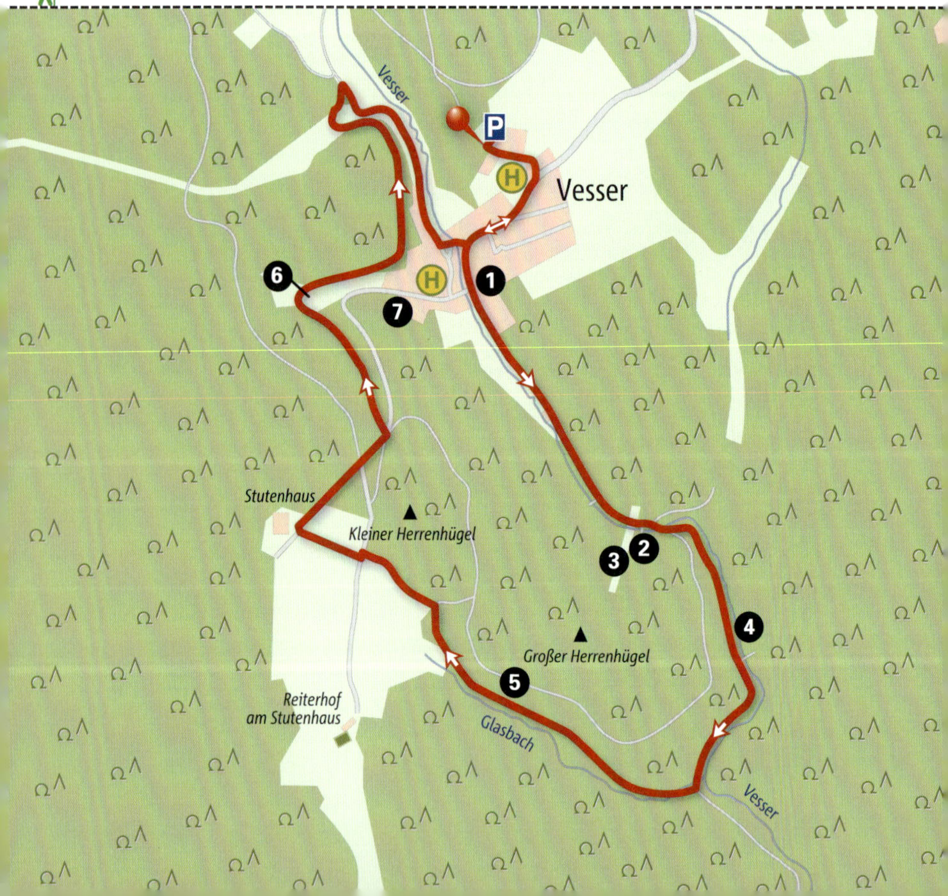

Entspannung ✱✱✱✱✱
Genuss ✱✱✱✱✱
Romantik ✱✱✱✱✱

WIE & WANN:
Breite Waldwege, schmale Pfade, asphaltierte Straßen in Vesser und am Stutenhaus. Beste Zeit März bis Ende Oktober.

HIN & WEG:
Auto: Wanderparkplatz am Kulturzentrum Offenstall, 98694 Suhl (GPS: 50.59886, 10.79177)
ÖPNV: Bus K bis Vesser oder (um die Asphaltstrecke zu reduzieren) bis Vesser Ort

ESSEN & ENTSPANNEN:
Waldgasthof Pension Zur Vesser ❼ Stutenhausstraße 8, 98528 Suhl-Vesser, Tel. (03 67 82) 6 13 75, www.pension-vessertal.de

ENTDECKEN & ERLEBEN:
Bergkirche ❶
Rastplatz an der alten Skihütte ❷
Walter-Ulbricht-Schanze ❸
Kernzone des UNESCO-Biosphärenreservats Thüringer Wald ❹
Buchenwald ❺
Schutzhütte Neue Wiese ❻

Aschenbergstein

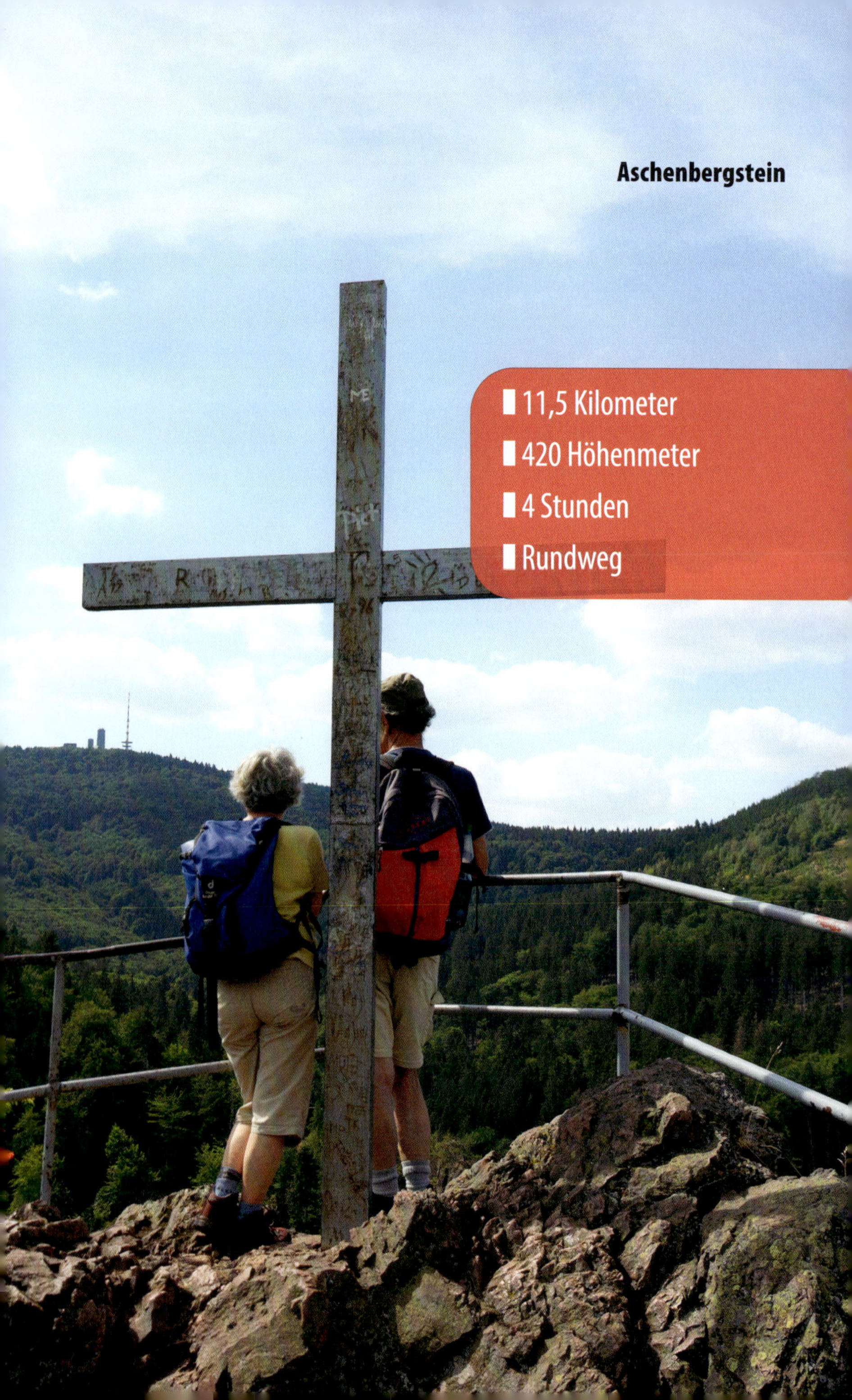

- 11,5 Kilometer
- 420 Höhenmeter
- 4 Stunden
- Rundweg

An der **Tourist-Information Bad Tabarz** (Ecke Reinhardsbrunner Straße/Waltershäuser Straße) beginnen wir unser Wanderabenteuer auf Deutschlands schönstem Wanderweg 2022. Wir gehen am **Caféhaus Spiegler** vorbei geradeaus in die **Zimmerbergstraße**, deren Verlauf wir für etwa 200 Meter auf der linken Straßenseite fol-

Im Felsenhimmel

Gipfelwanderung bei Bad Tabarz

gen. Begeistert betrachten wir die schmucken Häuserfassaden im Bäderstil. Unter einer Linde finden wir einen Wegweiser, der uns nach links auf einen Schotterweg Richtung **Zimmerberghütte** lenkt. Ab hier lassen wir uns von der Wegmarkierung des **Gipfel- und Aussichtswegs** (Nummer **1**) leiten. Der Schotterweg steigt leicht an und geht nahtlos in die **Hainstraße** über. An einer T-Kreuzung **(Hausnummer 24)** biegen wir rechts und wenige Meter später wieder nach links auf die **Friedrichrodaer Straße** ab. Wir orientieren uns an den verlässlichen Wegmarkierungen und Wegweisern weiter in Richtung **Zimmerberghütte,** biegen nach rechts auf den **Neuen Weg** ab und danach zweimal in Folge nach links. Auf einem ansteigenden Schotterweg lassen wir die Stadt hinter uns und tauchen in die Waldatmosphäre ein. Weich ist der Boden unter unseren Füßen. Junger Wald mit Buchen und Bergahornen umgibt uns. Schritt für Schritt kommen wir in der Natur mit ihren beruhigenden Geräuschen an.

Bad Tabarz liegt im ***UNESCO Global Geopark Thüringen Inselsberg-Drei Gleichen.*** *Ein Geopark gibt einen Einblick in die Erdgeschichte und die Entstehung einer Landschaft. In Deutschland gibt es 16 als Nationaler Geopark zertifizierte Gebiete.*

In einer spitzen Kehre werden wir nach rechts auf einen breiten Waldweg geleitet. Wir passieren eine Kahlfläche, die bereits von Gräsern und Hecken in

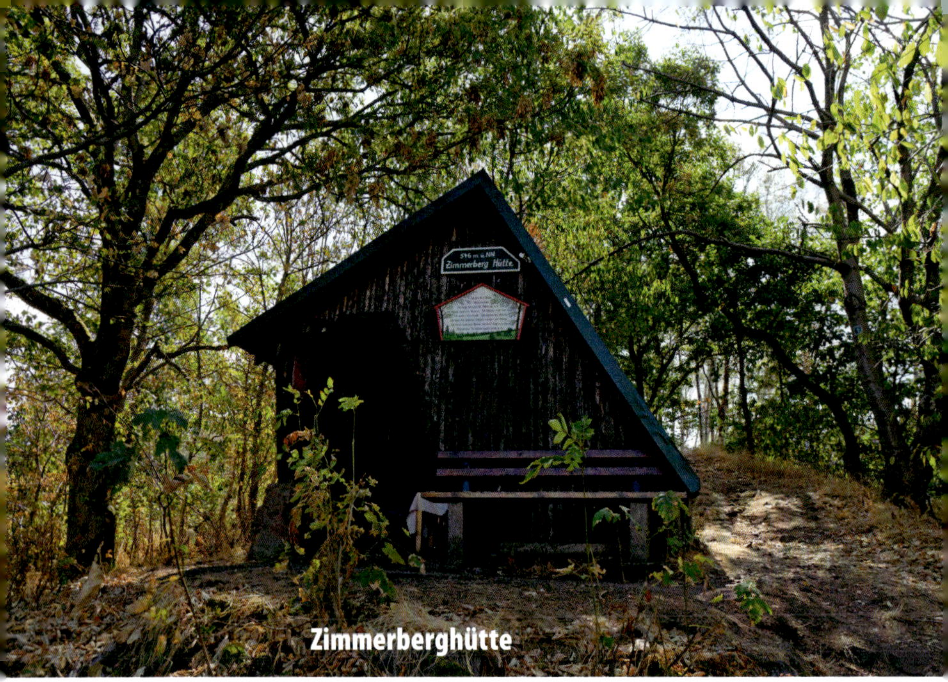
Zimmerberghütte

Der Große **Inselsberg** in Bad Tabarz mit seinem Aussichts- und Erlebnisturm ist die höchste Erhebung im westlichen Thüringer Wald. Er markiert seit über 1000 Jahren historische Grenzverläufe.

Beschlag genommen wird. Die Fernsicht, bis weit über Bad Tabarz hinaus, ist wahrhaft großartig – schon in ein paar Jahren werden junge Pionierbäume sie wieder verdecken.

Vor einer Kurve sehen wir eine Holzbank mit einem Wegweiser daneben. Über eingefasste Stufen geht es links neben der Bank hinauf zur **Zimmerberghütte 1**, wo uns ein traumhafter Ausblick auf Bad Tabarz und ins Emsetal erwartet. Auf der Holzbank vor der Hütte machen wir eine Verschnaufpause und gewinnen zunehmend Abstand zum Alltag.

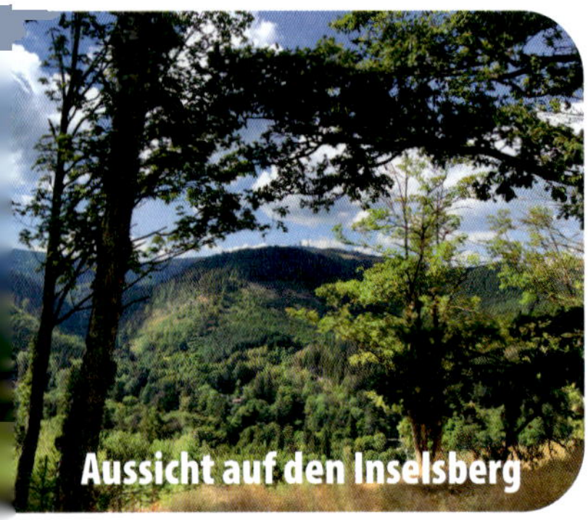
Aussicht auf den Inselsberg

Hinter der Hütte geht unsere Wanderung auf dem Bergkamm weiter, zunächst durch ein liebliches Birken-Eichen-Wäldchen, dann öffnet sich der Blick nach rechts auf den Großen Inselsberg.

An der folgenden Weggabelung werden wir nach links gelenkt, auf einen breiten, ansteigenden Naturweg. Unser Blick gleitet über die Baumkronen hinweg in die Weite der Landschaft. Etwas mehr als 1 Kilometer folgen wir der Markierung Nummer **1**, bis wir die **Schutzhütte Neuer Weg** erreichen. In der wohltuenden Waldesstille freuen wir uns auf eine erste ausgedehnte Rast.

Von der Hütte laufen wir nach rechts den Berg hinauf Richtung **Hexenbank.** Ein angenehmer Waldweg führt uns durch eine mystisch-wild anmutende Land-

Für die Seele

Am Roten Turm geben wir unserem kindlichen Entdeckungstrieb nach, betasten das spröde Gestein, schlüpfen durch einen Felsspalt, kraxeln herum.

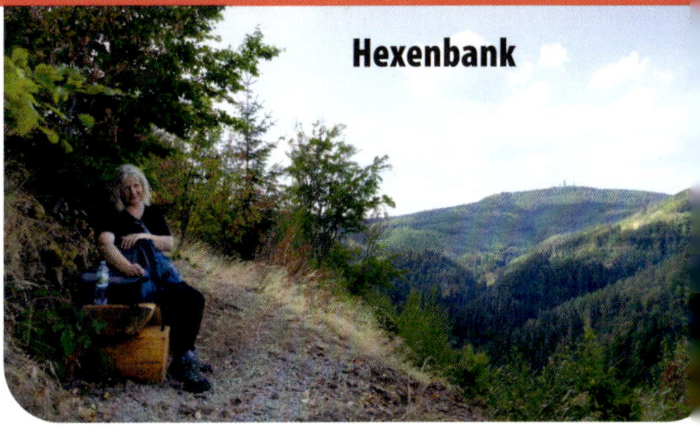
Hexenbank

schaft. Zahlreiche Fichten liegen quer am Hang, teilweise mit Moos bewachsen. Das wirre Geäst am Boden wirkt undurchdringlich. Im Stillen geben wir diesem Waldstück den Namen „Zauberwald“.

Linker Hand entdecken wir einen Schilderbaum, der uns abermals die Richtung zur Hexenbank weist. Wir nehmen den rechten schmalen Pfad, der am Hang entlangführt, und blicken auf das tief unter uns liegende Bad Tabarz. Am Fuß eines schroffen Felsens, der steil in die Höhe ragt, finden wir mehrere Sitzbänke vor, darunter die **Hexenbank** ❷. Von ihr genießen wir ein großartiges Panorama auf die Bergwelt um den Großen Inselsberg.

Auf schmalem Pfad setzen wir unsere Wanderung fort und laufen in einem Bogen um den Übelberg. Junge Birken säumen den Weg und verleihen mit ihrem zarten Blätterwerk diesem Abschnitt einen Hauch lieblicher Romantik. Lärchen, Ebereschen und Buchen ergänzen das hübsche Waldbild.

Die lückenlose Wegmarkierung führt uns zielsicher durch den Wald und an zwei aufeinanderfolgenden Kreuzungen nach rechts Richtung Gickelhahnsprung. An den nächsten zwei Weggabelungen geht es links ab, worauf wir auf einem steinigen Waldweg bergab zum Aussichtspunkt **Gickelhahnsprung** ❸ kommen. Dort erfahren wir die skurrile Geschichte zweier Mönche und was es mit dem Gickelhahnsprung auf sich hat, dem der Felsen seinen Namen verdankt.

Über eine steile Holztreppe klettern wir vom Felsvorsprung hinunter auf einen schmalen Waldweg, der an einer schroffen Felswand entlangführt, hinein in die vitalisierende Kühle des Fichtenwalds. Bereits wenige Gehminuten später stoßen wir auf die **Schutzhütte Fünfarmiger Wegweiser,** wo wir eine Brotzeit einlegen.

Nachdem wir uns gestärkt haben, laufen wir links an der Hütte vorbei, Richtung **Hirschstein,** unserem nächsten Ziel. Schnurgerade führt uns die Wegmarkierung (Nummer **1**) in den **Lauchagrund** ❹, der zu den

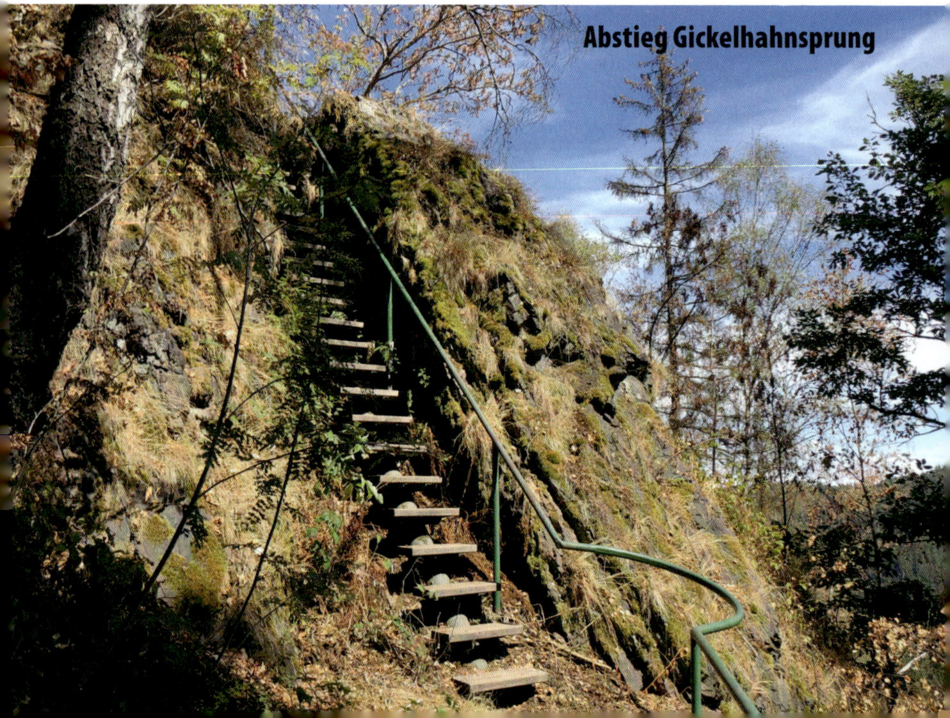

Abstieg Gickelhahnsprung

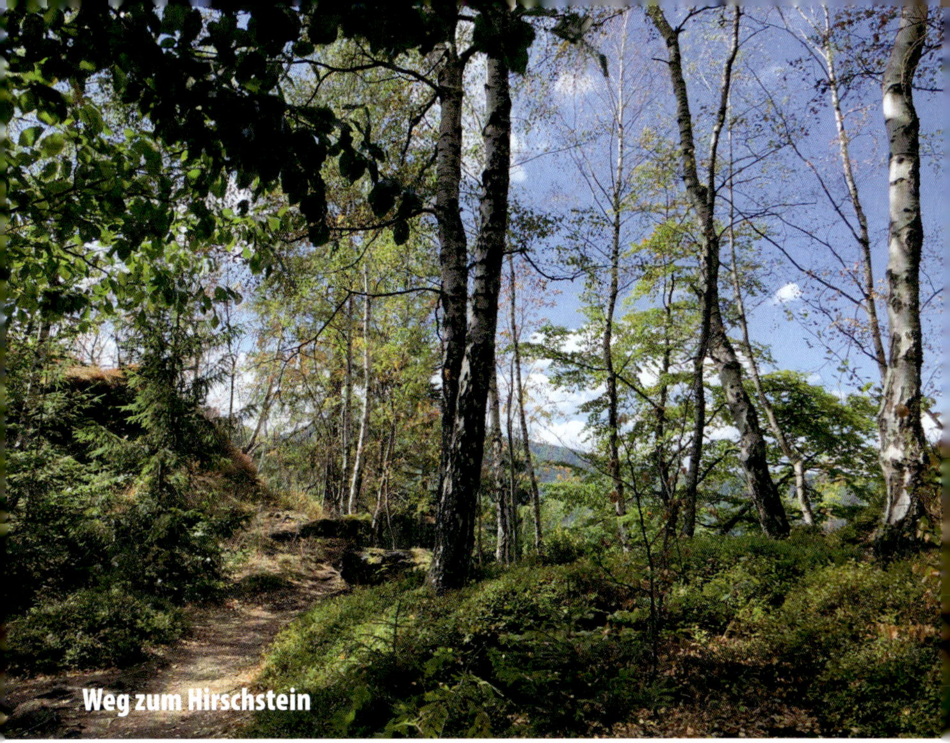

Weg zum Hirschstein

schönsten Felstälern Thüringens zählt. Parallel zu unserer Strecke verläuft die Georoute **Tabarzer Vulkansteig,** die am Wegesrand mit Informationstafeln zur Vulkanlandschaft der Rotliegend-Zeit aufwartet. Wir erfahren etwas über brodelnde Vulkane, die vor 270 Millionen Jahren das Bild der Region um Bad Tabarz prägten. Von dieser Beschilderung lassen wir uns leiten, bis wir vor dem großen Holzschild am **Hirschstein** 5 stehen. Ein kurzer Stichweg führt uns an den Felsen heran. Jetzt müssen wir nur noch die Metallleiter hinauf zur Aussichtskanzel steigen, um uns an der schönen Aussicht zu erfreuen. Nicht zu glauben, dass vor Urzeiten Vulkane das Landschaftsbild vor unseren Augen prägten.

Zurück auf dem Wanderweg, folgen wir dem Wegweiser **Roter Turm** und durchqueren einen Rotbuchenwald. Am Boden fallen uns

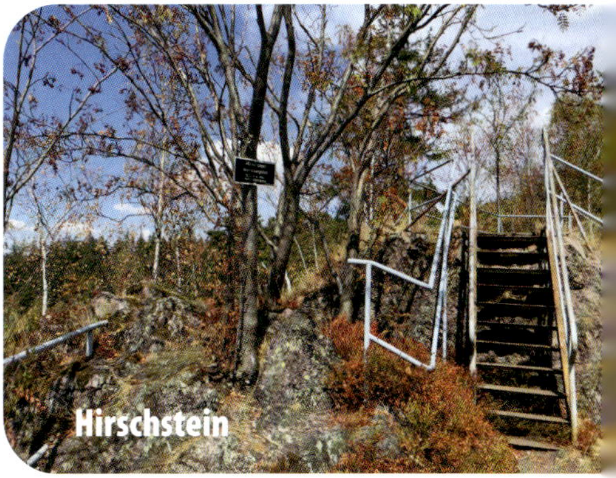

Hirschstein

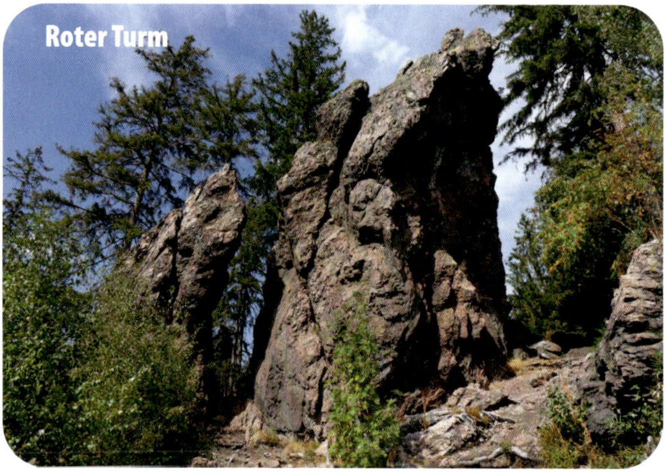

Steine auf, die rechts und links den Weg einfassen. Einmal müssen wir noch links abbiegen, dann laufen wir schnurstracks auf den Kletterfelsen **Roter Turm** 6 zu. Schon allein der Weg zu der beeindruckenden Felsformation ist ein Erlebnis, und wie wir den Felsenkoloss erreichen, sind wir von seinem Anblick überwältigt. Auf einem bodennahen Felsbrocken nehmen wir Platz und lassen die Umgebung auf uns wirken.

Durch einen riesigen Felsspalt führt unser Weg einmal um den Felsen herum. Kindliche Neugier erfasst uns. Was gibt es alles zu entdecken? Wie fühlt sich das Gestein an?

Gut gelaunt setzen wir unsere Wanderung fort und freuen uns schon auf das nächste kleine Abenteuer, das auf uns wartet. Nachdem wir den Felsspalt durchschritten haben, geht es nach rechts auf einen schmalen, abwärts führenden Pfad. In den Boden eingelassene Stufen erleichtern uns den Abstieg. Loses Gestein und Wurzelgeflecht auf dem Weg mahnen uns zur Achtsamkeit. Wozu sich eilen, wenn man auch langsam ans Ziel kommt?

Erstaunlich, wie schnell sich das Waldbild ändert. Eben befanden wir uns noch in einer mediterranen

Felslandschaft, nun steigen wir in die kühle und schattige Atmosphäre des Lauchagrunds hinab. Doch bevor wir uns in die Wildheit des Kerbtals begeben, machen wir an der Kreuzung am Bärenbruch noch einen Abstecher zum Aschenbergstein, einem großartigen Aussichtspunkt, etwa 300 Meter von unserem Standort entfernt. Ein Hinweisschild zeigt uns die Richtung an, wir brauchen nur der Nummer **1** den Berg hinauf zu folgen. Ein traumhafter Wegabschnitt liegt vor uns, wir lassen uns Zeit für den Aufstieg. Steinstufen führen hinauf zur Aussichtsplattform auf dem **Aschenbergstein 7.** Oben angekommen, sind wir begeistert von dem Bergpanorama. Wir gehen bis ganz nach vorne ans Gipfelkreuz und nehmen die befreiende Weite wahr.

Um wieder auf den Hauptweg zu kommen, müssen wir die 300 Meter zum Bärenbruch zurücklaufen. Von dort aus schlagen wir die Richtung zum **Tempelchen** ein und lassen uns von der Nummer **1** leiten, hinab in die wilde Natur des **Bärenbruchsgrunds 8.** Wir passieren schroffe Felsen, sehen gefallene Baumriesen und wirres

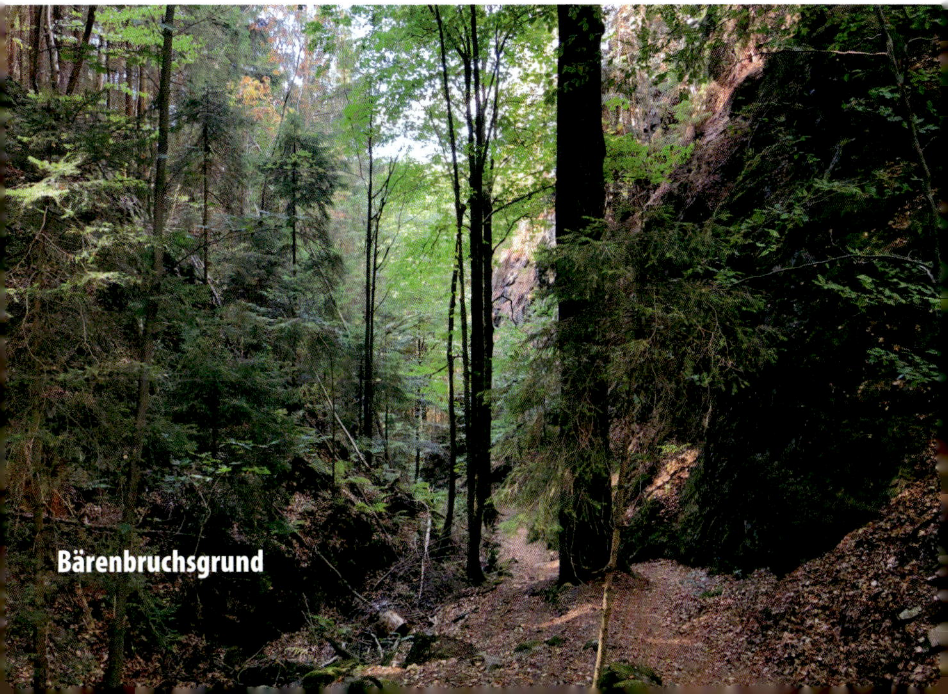

Bärenbruchsgrund

Gehölz und geben uns der Stille des Walds hin, in der lediglich das sanfte Geplätscher des Bachs zu hören ist. Stellenweise machen uns Stufen das Bergabgehen leichter. Abenteuerlich schlängelt sich der Pfad am Bachlauf entlang. Eine Sitzbank taucht vor uns auf, so ausgerichtet, dass wir in die Tiefe des Waldes blicken. Für uns ist sie eine willkommene Kraftoase, aus der wir neue Energie schöpfen.

In Serpentinen werden wir immer weiter ins Tal geführt. Fasziniert schauen wir uns um und sind bezaubert von der ungestümen Natur, die uns umgibt. Der Pfad endet auf einem Rastplatz an der Laucha, direkt daneben sehen wir die **Schutzhütte Am Tempelchen.** Wir nehmen uns einen Moment Zeit, um dem beruhigenden Rauschen des Wassers zu lauschen. Spontan haben wir die Idee, unsere Füße in dem kühlen Bachwasser zu erfrischen. Die Abkühlung tut gut, wir fühlen uns entspannt und ausgeglichen.

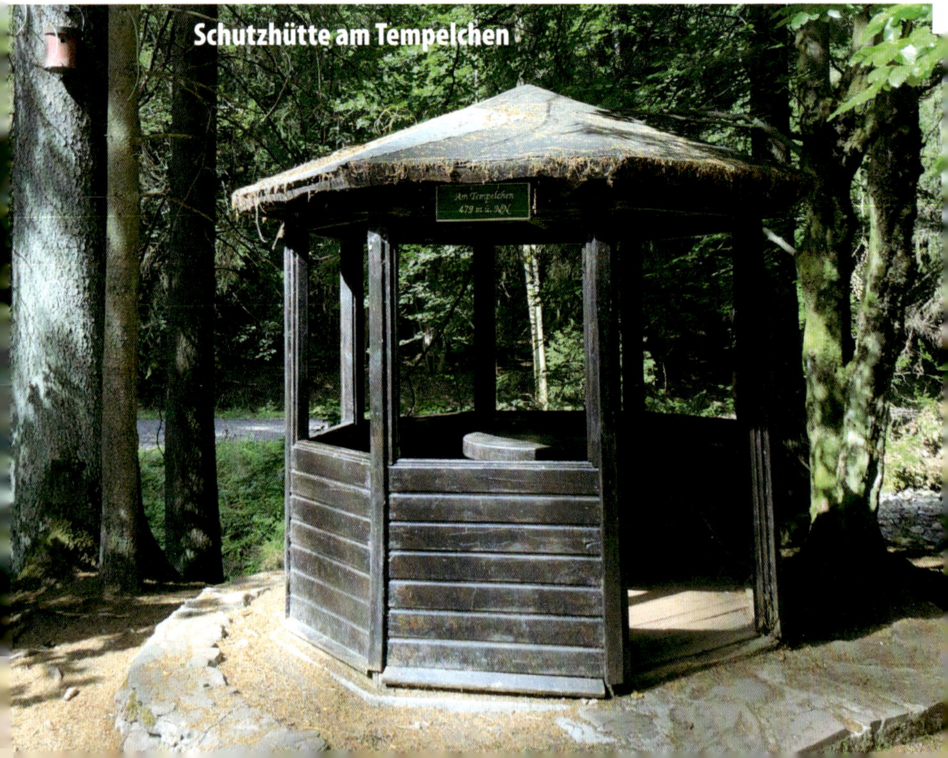

Schutzhütte am Tempelchen

Am Tempelchen laufen wir rechts vorbei und folgen auf feinem Kies der Laucha Richtung **Touristinfo Bad Tabarz.** Völlig überraschend entdecken wir unter einer alten Buche am Fuß der imposanten **Dreiherrenwand ❾** einen schönen Seelenplatz in unmittelbarer Nähe zum friedlich plätschernden Bach – ein wahrer Kraftort.

Etwa 500 Meter gehen wir noch an der Laucha entlang, dann erreichen wir an der **Massemühle** eine Weggabelung. Wir nehmen den linken Abzweig, vorbei an der Mühle über den dazugehörigen Parkplatz, und sehen auch schon die nächste Weggabelung. Dort verlassen wir den Weg Nummer 1 und biegen rechts ab auf den **Backofenloch-Rundweg** (Nummer 6) Richtung **Spindlereck.** Wir befinden uns auf einem leicht ansteigenden, fein geschotterten Waldweg. In regelmäßigen Abständen laden Sitzbänke zum Innehalten ein.

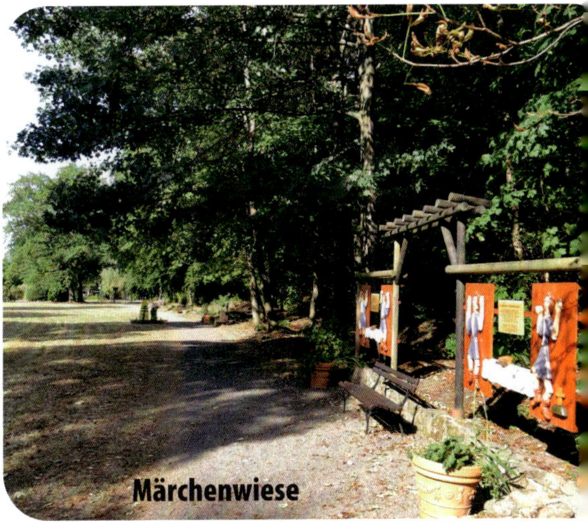

Märchenwiese

Unser Weg endet nach 500 Metern auf dem **Übelbergweg,** dem wir noch 200 Meter folgen, bis wir wieder auf die **Lauchagrundstraße** und somit auf unseren Wanderweg Nummer 1 stoßen. Wir biegen rechts ab und sind in wenigen Minuten am **Tabarzer Steinpark** angekommen, den wir gemütlich durchschlendern. Ansprechend gestaltete Schautafeln führen uns in die Gesteinskunde der Region ein. Über eine Brücke gelangen wir in den **Kneipp-Kurpark mit Arenarisquelle ❿.** Unsere Füße freuen sich auf eine erfrischende Runde im eiskalten Wasser. Danach fühlen wir uns wie neugeboren.

Wir laufen über die Brücke, durch die Parkanlage zurück zur Straße und sehen vor uns den Rastplatz

***Bad Tabarz,** Thüringens einziges Kneipp-Heilbad, liegt unterhalb des Großen Inselsbergs und zieht seit über 100 Jahren Kurgäste und Erholungssuchende an. Das reizarme, heilsame Klima in der Region um die charmante Kurstadt sorgt für Wohlbefinden.*

Panoramatour 5

Spindlereck. Richtung **Touristinformation** geht es links ab immer der **Lauchagrundstraße** nach. An einem Schilderbaum werden wir nach rechts durch das Struwwelpeter-Tor auf die **Märchenwiese ⑪** geleitet. Die liebevoll gestalteten Märchenstationen lassen Erinnerungen an unsere Kindertage wach werden. Am Rastplatz an der Teichanlage verlassen wir den Märchenpfad und kehren zurück auf die **Lauchagrundstraße.** Während wir an gründerzeitlichen Villen vorbeilaufen, fühlen wir uns wie auf einer herrschaftlichen Promenade. Geradeaus kommen wir direkt zum **Caféhaus Spiegler ⑫,** wo wir uns zum Abschluss unseres erlebnisreichen Wandertags ein Stück Kuchen mit einer dampfenden Tasse Kaffee gönnen.

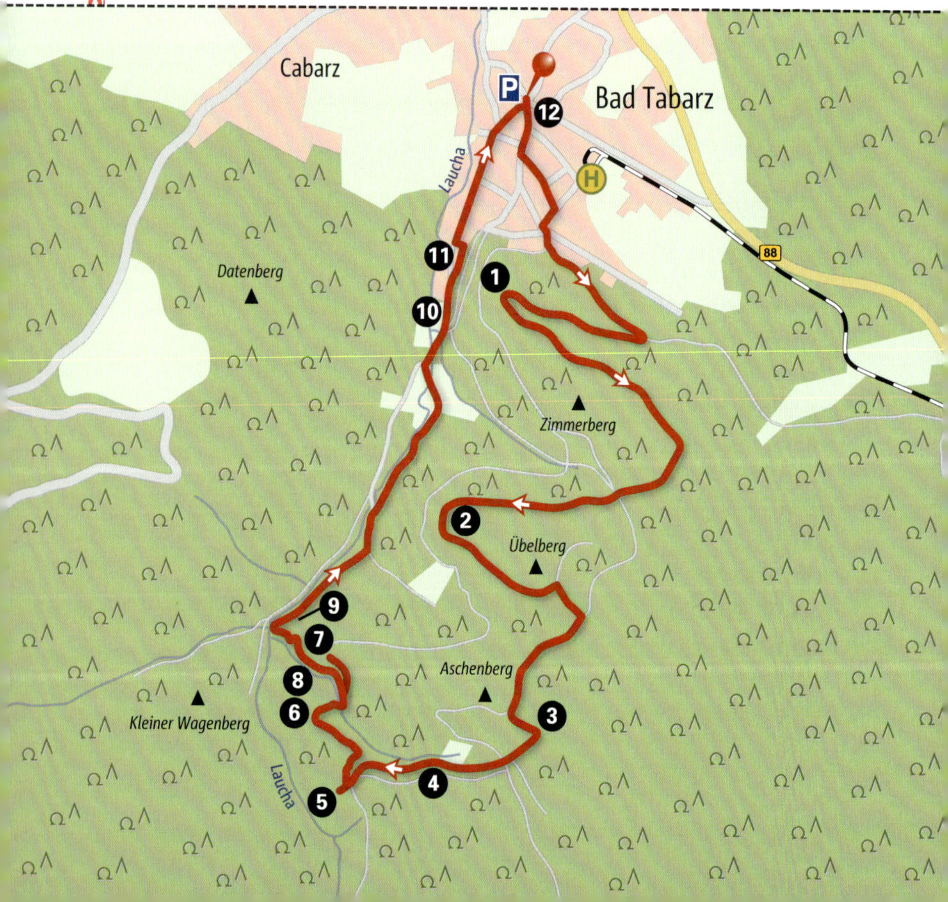

WIE & WANN:
Breite Waldwege, schmale Pfade, Asphaltwege in Bad Tabarz. Beste Zeit März bis Ende Oktober. Bei Schnee- und Eisglätte sind die Felsen nicht begehbar.

Entspannung ✱✱✱✱✱

Genuss ✱✱✱✱✱

Romantik ✱✱✱✱✱

HIN & WEG:
Auto: Parken hinter der Sparkasse, Reinhardsbrunner Straße 38/1 (gegenüber Torurist-Information), 99891 Bad Tabarz (GPS: 50.87631, 10.51607)
ÖPNV: Von Gotha Hbf Thüringerwaldbahn Linie 4 bis Bad Tabarz (Reinhardsbrunner Straße); zu Fuß auf der Reinhardsbrunner Straße ortseinwärts zum Ausgangspunkt

ESSEN & ENTSPANNEN:
Nur am Anfang/Ende der Tour gibt es eine Einkehrmöglichkeit, daher ist zusätzlich Rucksackverpflegung empfehlenswert!

Caféhaus Spiegler ⓬ Reinhardsbrunner Straße 41, 99891 Bad Tabarz, Tel. (03 62 59) 30 10 69, www.cafehaus-spiegler.de

ENTDECKEN & ERLEBEN:
Zimmerberghütte ❶ Hexenbank ❷
Gickelhahnsprung ❸ Lauchagrund ❹
Hirschstein ❺ Roter Turm ❻ Aschenbergstein ❼
Bärenbruchsgrund ❽ Dreiherrenwand ❾
Kneipp-Kurpark mit Arenarisquelle ❿
Märchenwiese ⓫

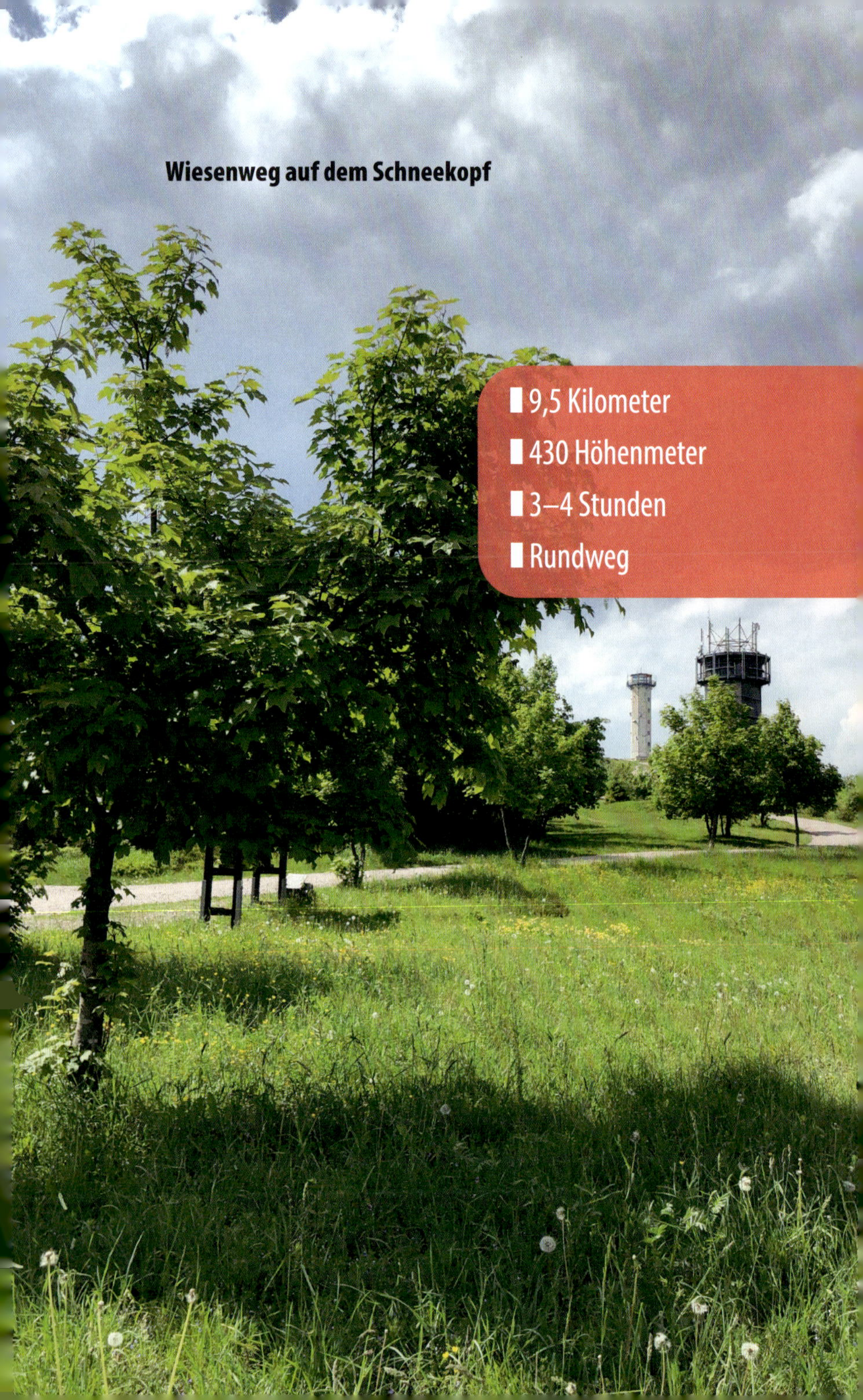

Wiesenweg auf dem Schneekopf

- 9,5 Kilometer
- 430 Höhenmeter
- 3–4 Stunden
- Rundweg

Am Wanderparkplatz Gehlberg, unterhalb des Schneekopfs, beginnt unsere Rundwanderung. Der erste Abschnitt der Tour verläuft auf dem legendären Rennsteig, parallel zur Landstraße. Wir überqueren die Straße und laufen ein paar Meter geradeaus in den Wald hinein, bis wir auf den Rennsteig treffen. Diesem

Gipfelstürmer

Beerberg und Schneekopf bei Suhl

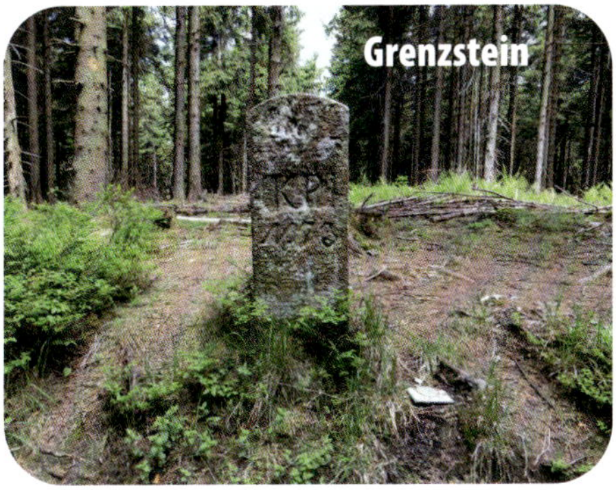

folgen wir nach rechts und lassen uns von der Rennsteig-Markierung (R) durch lichtoffenen Fichtenwald führen. Ursprünglich bedeckte Bergmischwald aus Bergfichten, Buchen, Tannen und Bergahornen das Mittelgebirge Thüringer Wald. Die heutige Dominanz der Fichte ist das Ergebnis von Wiederaufforstung nach Sturm- und Borkenkäferschäden sowie von Reparationsleistungen nach dem Zweiten Weltkrieg.

Bereits nach den ersten 500 Metern finden wir einen **Grenzstein** ❶ am Wegesrand. Der Rennsteig war sowohl Verbindungsweg zwischen alten Handelsstraßen als auch Grenze zwischen Thüringen und dem einstigen Herzogtum Franken.

Parallel zum Rennsteig verläuft hier der **Gipfelwanderweg (rotes Dreieck** auf weißem Grund).

Wir achten auf unsere Schritte, da der Weg mit losem Geröll durchsetzt ist. An der **Schutzhütte Adler**

*Der 30 Kilometer lange **Gipfelwanderweg** verbindet die höchsten Gipfel im Zentralmassiv des Thüringer Walds miteinander. All diese sieben Gipfel liegen über der 900-Meter-Marke.*

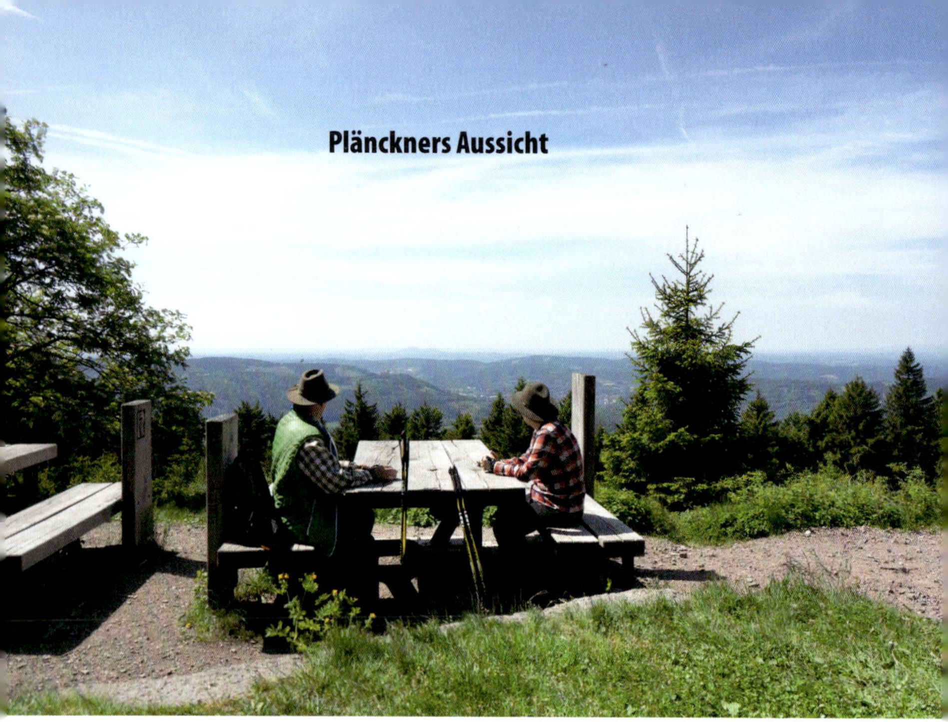

Plänckners Aussicht

gelangen wir an eine Wegkreuzung. Für uns geht es geradeaus auf dem Rennsteig weiter, Richtung **Plänckners Aussicht.** Ab hier wandern wir auf einem naturnahen Waldpfad. Wurzeln durchziehen den Boden und bilden Stolperfallen. Achtsam setzen wir unseren Weg fort. Nadelwaldaroma liegt in der Luft. Wo der Rennsteig breiter wird, finden wir linker Hand einen parallel verlaufenden schmalen Pfad, der angenehmer zu laufen ist. Auf einem breiten, fein geschotterten Weg endet der Pfad, wir folgen dem Rennsteig in leichtem Anstieg nach links. Schon nach wenigen Gehminuten erreichen wir **Plänckners Aussicht** ❷ auf dem **Großen Beerberg,** dem höchsten Berg des Thüringer Walds. Hinauf zum Aussichtsturm gelangen wir auf einem kurzen Stichweg, der vom Rennsteig abzweigt. Von der Plattform des Turms bietet sich ein großartiger Ausblick auf den „Kleinen Thüringer Wald" – das Berg- und Hügelland zwischen Suhl und Schleusingen. Bei guter Sicht können wir sogar bis in die Rhön schauen.

Vom Aussichtsturm laufen wir rechts den schmalen Pfad hinunter und folgen wieder dem Rennsteig. Nach

Julius von Plänckner *war ein Topograf, der 1829 als Erster den Rennsteig in einer Mehrtagestour bewandert und einen ausführlichen Bericht darüber verfasst hat. Seine Ausführungen bildeten die Grundlage für weitere Forschungen zum Rennsteig.*

wenigen Minuten kommen wir auf 973 Metern zum **höchsten Punkt des Rennsteigs ❸.** Dieser Wegabschnitt verläuft entlang der Kernzone des UNESCO-Biosphärenreservats Thüringer Wald, es ist das **Hochmoor auf dem Großen Beerberg.** Zwischen prächtigen Fichten wachsen Heidekraut und Heidelbeeren, sie bedecken

Für die Seele

Auf der Hochebene des Schneekopfs wandern wir von einem Rastplatz zum nächsten und erfreuen uns an den spektakulären Panoramablicken.

den kompletten Boden. Der wohltuende Duft der Nadelbäume umschmeichelt uns, wir inhalieren ihn in tiefen Atemzügen.

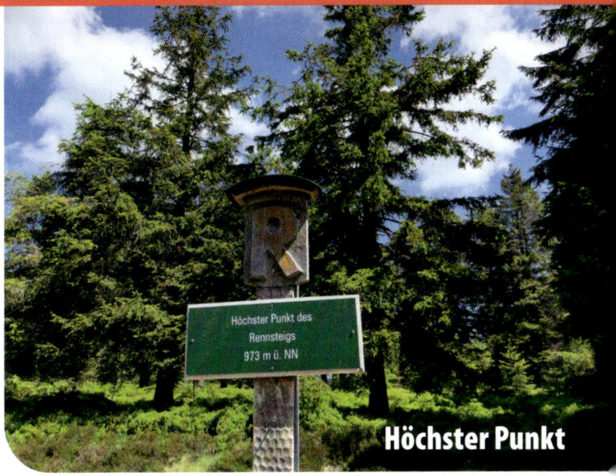

Höchster Punkt

Es folgt eine Weggabelung, an der wir uns rechts halten und somit den Rennsteig verlassen. Hier hat die wilde Natur ihr Revier. Nur das Zwitschern der Vögel ist zu hören, ansonsten herrscht Stille.

Nach insgesamt etwa 3 zurückgelegten Wanderkilometern erreichen wir den **Wanderparkplatz Ausspanne,** an dem wir rechts abbiegen und die Schmücker Straße überqueren. Ein paar Meter müssen wir an der Straße entlanglaufen, um dann nach links auf einem kiesigen, unmarkierten Waldweg bergab zu wandern. Wenige Minuten später fallen uns rechter Hand mehrere Erdhügel auf. Unter einem Hügel quellen große Steinquader hervor. Befand sich hier ein Steinwall? Auch auf

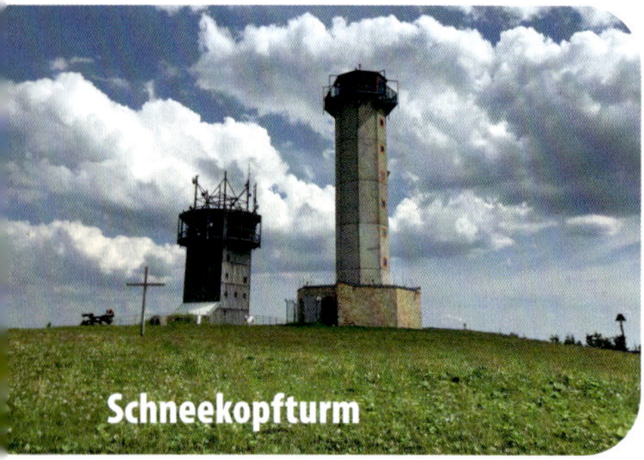

dem flachen Plateau, an dem wir vorbeilaufen, finden wir ähnliche Steinformen. Es scheint, dass hier einmal ein Mauerwerk gestanden hat.

An der folgenden Weggabelung biegen wir rechts ab und wandern durch lichten Fichtenwald.

10 Minuten etwa folgen wir dem breiten Waldweg, bis wir an eine Wegspinne mit Wegweisern gelangen. Wir orientieren uns Richtung **Schneekopf** und laufen geradeaus über die Kreuzung. Kurze Zeit später erreichen wir die **Dürrenberger Hütte.** Hier legen wir eine kurze Ruhepause ein, bevor wir den steilen Aufstieg zum Schneekopf antreten.

Von der Hütte aus folgen wir dem Weg um eine Kurve und sehen einen Schilderbaum. Zum Schneekopf geht es rechts steil den Berg hoch. Wir lassen uns Zeit und achten auf Geröll und Schotter. Es folgen eine ebene Passage und eine Wegkreuzung, an der wir geradeaus einen schmalen Steig bergauf wandern. Der anstrengendste Teil unserer Wanderung steht nun bevor. Zwischendurch bleiben wir kurz stehen. Unsere Blicke streifen über die saftig grünen Fichten, wir genießen die schöne Aussicht nach Oberhof. Völlig überraschend stehen wir plötzlich vor einer **Ruhebank mit Aussicht ❹.** Inmitten einer vor Kraft strotzenden Natur gönnen wir uns eine kleine Auszeit. Unser Atem beruhigt sich, und wir lassen den Blick in die Ferne gleiten.

Mit frischer Kraft steigen wir die letzten Meter hinauf auf die großflächige Bergkuppe des **Schneekopfs ❺,** auf dem der **Schneekopfturm** thront. Eine Besteigung des Turms lohnt sich, auch wenn wir dafür 126 Stufen nach oben überwinden müssen. Mit Betreten der Aussichtsplattform unter der Glaskuppel überschreiten wir die 1000-Höhenmeter-Marke. Uns öffnet sich ein atemberaubender Rundumblick über den Thüringer Wald. Bei guter Sicht können wir im Norden sogar den

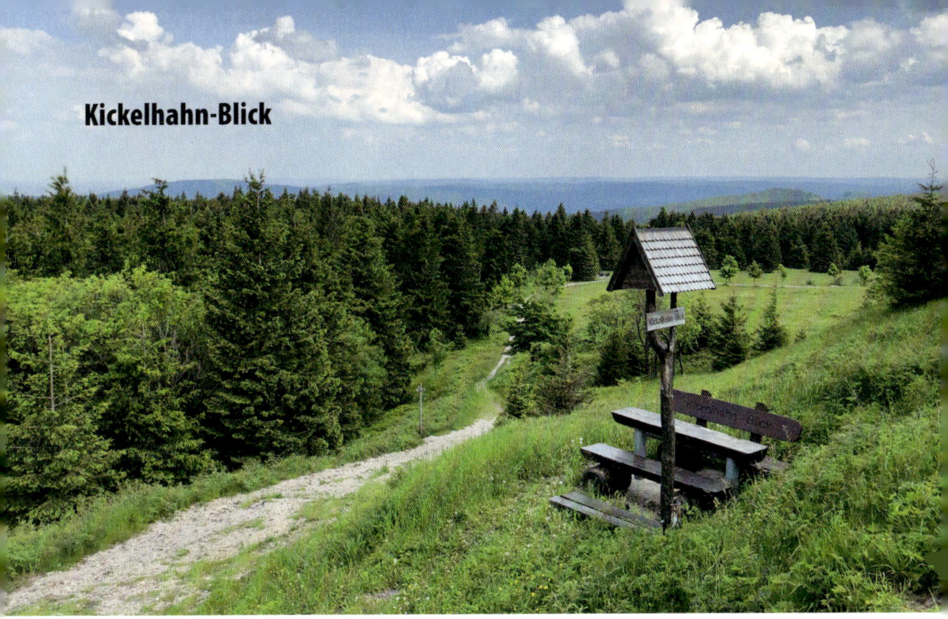

Kickelhahn-Blick

Brocken im Harz erkennen. Und wenn wir unseren Blick nach Osten richten, sehen wir die höchste Bogenbrücke Deutschlands: die Talbrücke „Wilde Gera".

Während wir über die offene Hochebene des Gipfels schlendern und Fernsicht in alle Himmelsrichtungen haben, fühlen wir uns frei wie die Vögel. In jeder Blickrichtung befindet sich ein Rastplatz, dessen Name verrät, was wir dort sehen: etwa Oberhof-Blick, Geratal-Blick oder Kickelhahn-Blick.

Nun haben wir uns eine Pause in der **Neuen Gehlberger Hütte 6** verdient, der höchstgelegenen bewirtschafteten Hütte Thüringens. Hier erwarten uns regionale Köstlichkeiten in einer gemütlichen, rustikalen Umgebung.

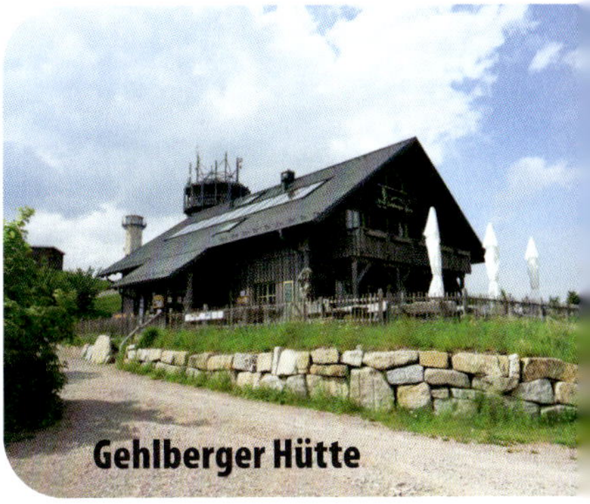

Gehlberger Hütte

Von der Hütte laufen wir geradeaus auf einem breiten Schotterweg den Berg hinunter, bis wir zu einer Weggabelung gelangen. Dort sehen wir einen Wegweiser zur **Teufelskanzel** und folgen ihm nach links. Wir kommen am **Jägerstein 7** vorbei, einem Gedenkstein, der an einen tragischen Jagdunfall im Jahr 1690 erinnert. Dann werden wir vom nächsten Wegweiser nach rechts in den Wald geleitet. An der folgenden Gabelung halten

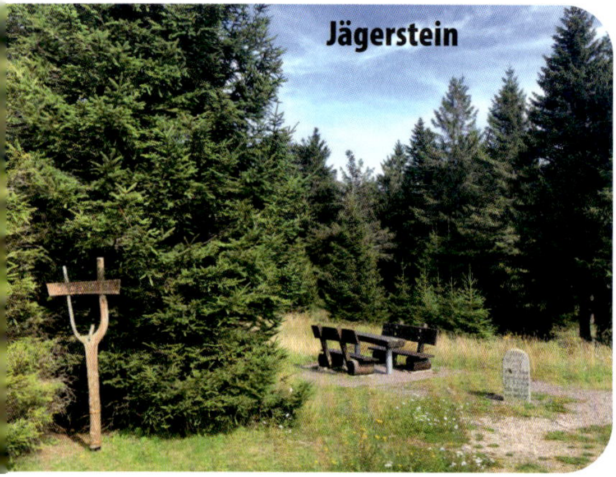

wir uns links und folgen einem steinigen Pfad bergab. An einer Fichte erkennen wir die Markierung des **Gipfelwegs (rotes Dreieck** auf weißem Grund). Der Untergrund ist abenteuerlich: geröllhaltig, mit Wurzeln durchzogen und teilweise ausgespült. Wir suchen uns die Spur, auf der wir am besten laufen können.

Schon nach wenigen Minuten erreichen wir den nächsten Schilderbaum. Hier werden wir nach rechts geleitet. Zur Bestätigung sehen wir auch das rote Dreieck. Wir wandern auf weichem Waldboden und erreichen nach wenigen Minuten den Aussichtspunkt **Teufelskanzel 8,** zu dem links ein kurzer Stichweg hinunterführt. Eine Sitzbank verführt uns zu einer Sinnespause. Blätter rascheln im Wind, rings um uns wachsen Ebereschen, die einen schmucken Rahmen für die ohnehin schon großartige Aussicht abgeben.

Zurück auf dem Gipfelweg, wandern wir nach links auf dem weichen Waldpfad weiter. Wind und Schnee haben Bäume zu Fall gebracht. Hier im Biosphärenreservat bleiben sie liegen und werden als Totholz zu einem wichtigen Baustein im Ökosystem Wald.

Der schmale Pfad geht in einen breiteren Waldweg über, dem wir für circa 700 Meter geradeaus folgen, in leichtem Anstieg, immer dem roten Dreieck nach. Der Gipfelwanderweg stößt auf einen Waldweg. Wir biegen rechts ab und wandern wieder Richtung Gehlberger Hütte, bis wir an eine Wegkreuzung unterhalb der Bergbaude kommen. Eine Sitzbank im Grünen lädt uns zu einem letzten Moment der Muße ein, den wir gern wahrnehmen. Zu schön ist es an der Wiese, auf der Schmetterlinge umherflattern und Grillen ihr kollektives Zirpen anstimmen.

Von diesem Platz aus wandern wir an der Kreuzung entspannt nach links und laufen auf einem Trampelpfad links oberhalb der breiten Schotterstraße Richtung Parkplatz. Immer wieder öffnet sich der Blick in die Pflegezone des Biosphärenreservats. In dieser Zone dürfen naturbetonte und pflegliche Waldarbeiten durchgeführt werden. Hier können wir der entstehenden Wildnis ins Wohnzimmer schauen. Bemooste Bäume strecken ihre dürren Äste in alle Richtungen, Moosfäden hängen wie Lametta herunter. Ein Hauch von Urwald weht aus dem Wäldchen.

An der Spielstation „Zapfensammelstelle" geht die Pflegezone in die Kernzone über, an der wir nun entlanglaufen. Für uns nicht sichtbar liegt im Kernzonenbereich das **Schneekopfmoor am Teufelskreis** verborgen.

*Bis in die 1990er-Jahre war das **Schneekopfmoor am Teufelskreis** als militärisches Sperrgebiet betretungsfrei. Dadurch blieb es unberührt und urwüchsig. Torf wächst einen Zentimeter pro Jahr. Im Schneekopfmoor ist er bis zu 4 Meter dick, also über 4000 Jahre alt.*

Kernzone bedeutet, dass wir den Wald hier nicht betreten dürfen. Wir begnügen uns damit, hin und wieder einen Blick in das urwaldähnliche Baumdickicht zu werfen.

Der Gipfelweg führt direkt hinunter zum Parkplatz. Wir entscheiden uns jedoch für eine abschließende Einkehr in der **Suhler Hütte.** Dafür biegen wir an der Gabelung, an der es geradeaus zum Parkplatz

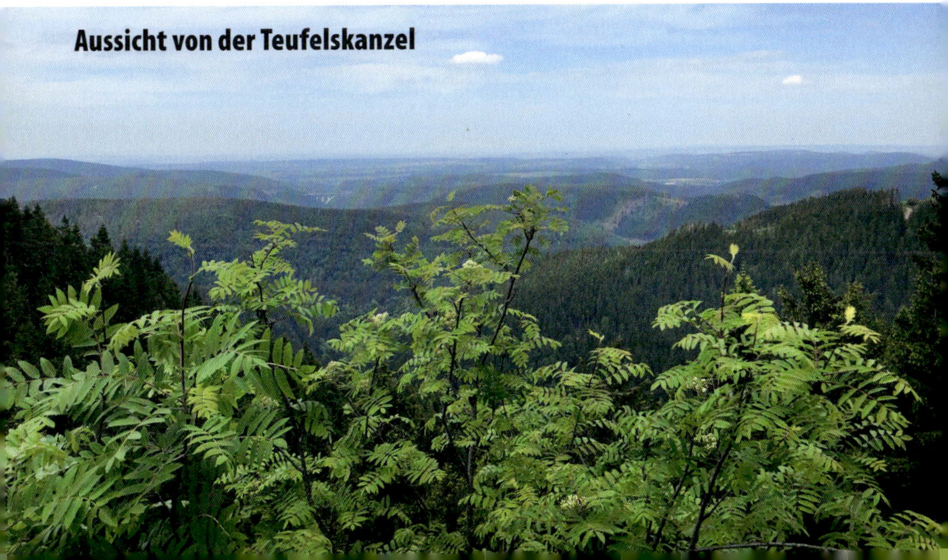

Aussicht von der Teufelskanzel

Panoramatour 6

hinuntergeht, nach links ab, verlassen den Gipfelwanderweg und richten uns nach dem Wegweiser in Richtung Hütte. Wir wandern auf einem Waldweg am Rand der Kernzone entlang. Dann überqueren wir die Schmücker Straße und folgen nach rechts dem **Rennsteig,** der parallel zur Straße verläuft. Links von uns können wir bereits das Hüttengebäude erkennen. Nach 100 Metern nehmen wir einen Abzweig nach links und kommen nach weiteren 100 Metern zur **Suhler Hütte 9.**

Nachdem wir uns gestärkt haben, kehren wir zurück auf den Rennsteig und laufen nach links. Wenige Meter weiter bietet sich ein Abzweig nach rechts an, ihm folgen wir zur Straße und zurück zum Parkplatz.

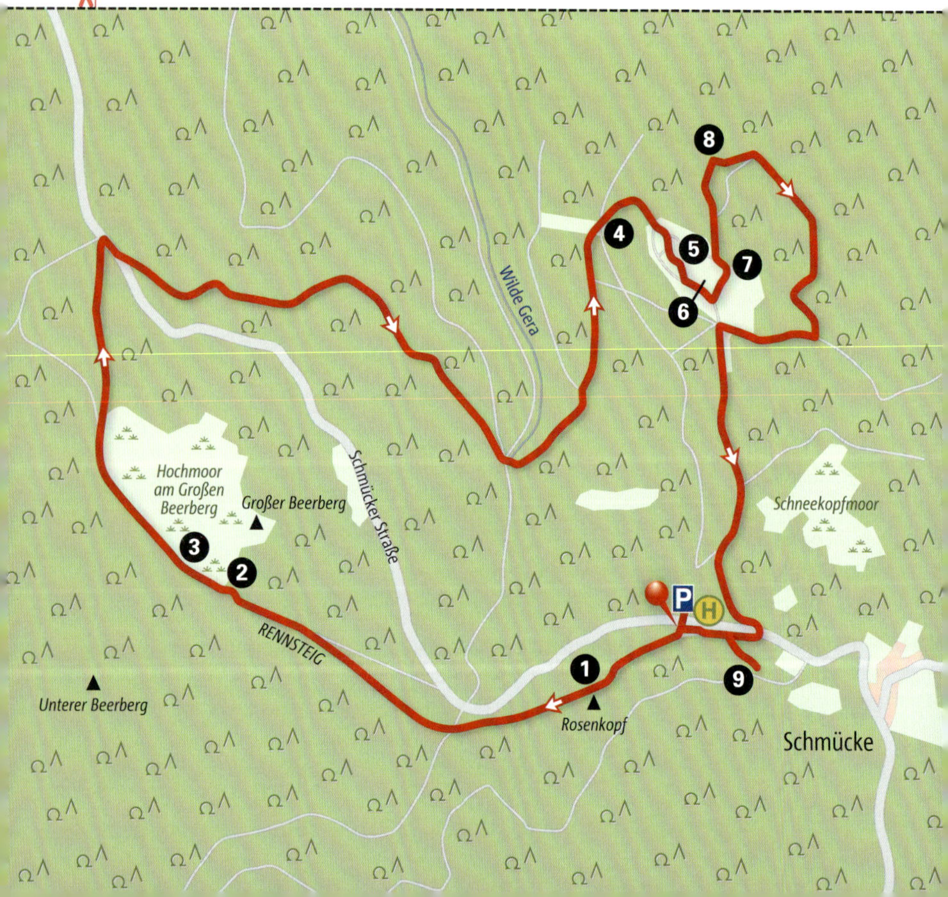

Alles auf einen Blick

WIE & WANN:
Breite Wald- und Forstwege, schmale Pfade und kurze Steige. Ganzjährig schön.

Entspannung ✱✱✱✱✱
Genuss ✱✱✱✱✱
Romantik ✱✱✱✱✱

HIN & WEG:
Auto: Wanderparkplatz am Gehlberg, Schmücker Straße, 98559 Gehlberg (kostenpflichtig) (GPS: 50.65601, 10.76444)
ÖPNV: Keine geeignete Anbindung

ESSEN & ENTSPANNEN:
Neue Gehlberger Hütte ❻ Gehlberg, Schneekopf 1, 98528 Suhl, Tel. (03 68 45) 4 99 11, www.schneekopf.eu
Suhler Hütte ❾ L 1129, 98859 Gehlberg, Tel. (03 68 45) 5 04 18, www.suhler-hütte.de

ENTDECKEN & ERLEBEN:
Grenzstein ❶
Plänckners Aussicht ❷
Höchster Punkt des Rennsteigs ❸
Ruhebank mit Aussicht ❹
Schneekopf mit Schneekopfturm ❺
Jägerstein ❼
Teufelskanzel ❽

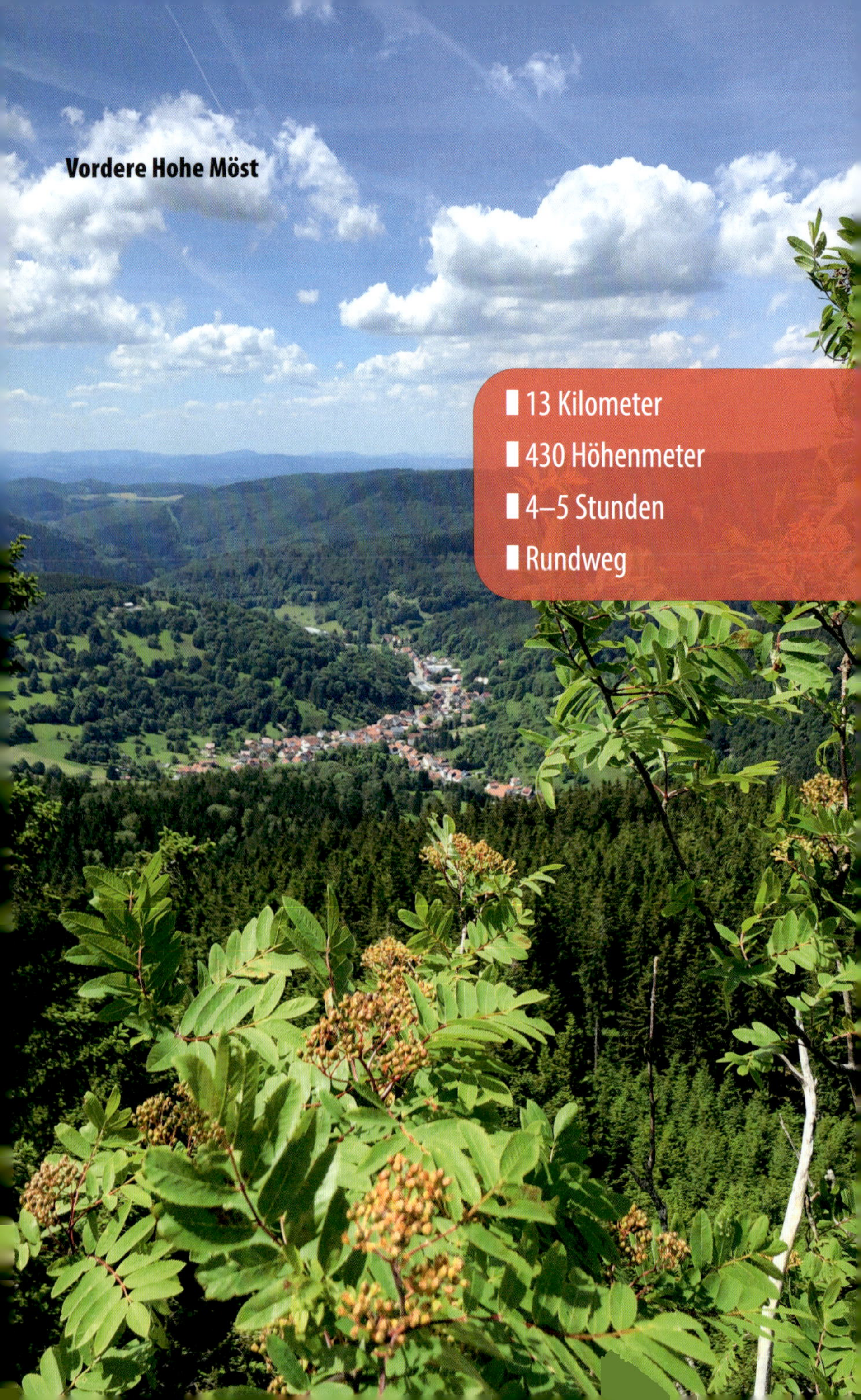

Vordere Hohe Möst

- 13 Kilometer
- 430 Höhenmeter
- 4–5 Stunden
- Rundweg

Unsere Rundtour beginnt am Wanderparkplatz Kanzlersgrund, von dem aus wir in den Wald hineinlaufen. Wir orientieren uns an der Wegmarkierung der **Oberschönauer Felsenwanderung** (Nummer **11**). Knapp 2 Kilometer bewegen wir uns auf einem breiten Sand-Schotter-Weg talaufwärts am Kohlenbach entlang durch

Zwölf Apostel

Felsenwanderung bei Oberschönau

den Kohlenbachsgrund. Eine angenehme Kühle herrscht entlang des Wasserlaufs. Hohe, alte Fichten zaubern eine märchenhafte Atmosphäre. Mehrere Male wechseln wir nahezu unbemerkt die Bachseite. Freiflächen im Fichtenwald ermöglichen ab und zu einen Blick auf die kleine, faszinierende Wasserwelt, die ansonsten zwischen Bäumen und Buschwerk verborgen bleibt. Die Wegmarkierung Nummer 11 begleitet uns zuverlässig. An einer großen Infotafel lesen wir etwas zum Thema **Waldwandel.**

Die erste Steigung haben wir nach einer gemütlichen halben Stunde geschafft und nehmen dankbar auf der **Ruhebank am Kohlenbach** ❶ Platz für eine kurze Verschnaufpause. Hinter uns rauscht das Bachwasser in einem beruhigenden, meditativen Rhythmus. Wir lassen die kraftspendende Aura des Ortes auf uns wirken und spüren, wie sich Entspannung in uns ausbreitet.

Aufgetankt mit frischer Energie setzen wir unsere Wanderung fort und lassen uns weiter bergauf führen. 1,8 Kilometer nach unserem Rastplatz erreichen wir eine **Wegspinne** mit einer Sitzbank. Hier biegen wir nach links ab Richtung **Hoher Stein** und folgen der Markierung Nummer 11 weiter auf einem Grasweg. Am Wegesrand entdecken wir die sternförmigen weißen Blüten des Europäischen Siebensterns. Ein alpin anmutender Pfad führt uns durch ein Ebereschenwäldchen hinauf zum **Hohen Stein ❷.** Ein überwältigendes Panorama mit geschwungener Bergkulisse präsentiert sich uns. Bis in die Rhön können wir bei klarem Wetter blicken. Am schroffen Felsgestein entdecken wir kleine gelbe Flechten und achten darauf, wohin wir treten. Wir finden einen Platz am Felsen, wo wir uns kurz hinsetzen, für eine kleine Brotzeit aus unserem Rucksack.

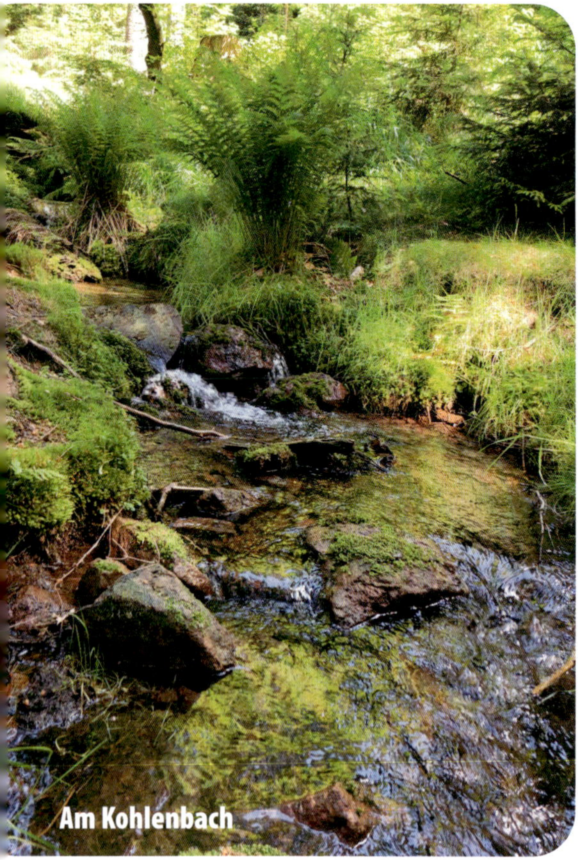
Am Kohlenbach

Mit einem zufriedenen Lächeln im Gesicht laufen wir denselben Pfad wieder zurück zur **Wegspinne** und wandern in einem leichten Bogen nach rechts an der Sitzbank vorbei, um gleich darauf wieder nach links abzubiegen, beide Male Richtung **Oberschönau** und **Hohe Möst.** Auf den folgenden 1,5 Kilometern können wir unseren Gedanken nachhängen und brauchen nicht weiter auf den Weg zu achten. Dann kommen wir an eine Art Kreisel. Hier biegen wir links ab, folgen dem Bogen und biegen ein zweites Mal links ab. Gleich darauf stehen wir vor einer Weggabelung. Ein Wegweiser zeigt nach rechts, Richtung Hohe Möst. In freudiger Erwartung einer schönen Aussicht machen wir einen

*Am Flächennaturdenkmal **Hoher Stein** wachsen seltene und schützenswerte Moose und Flechten auf dem vulkanischen Gestein. Es darf nur auf den ausgewiesenen Wegen betreten werden.*

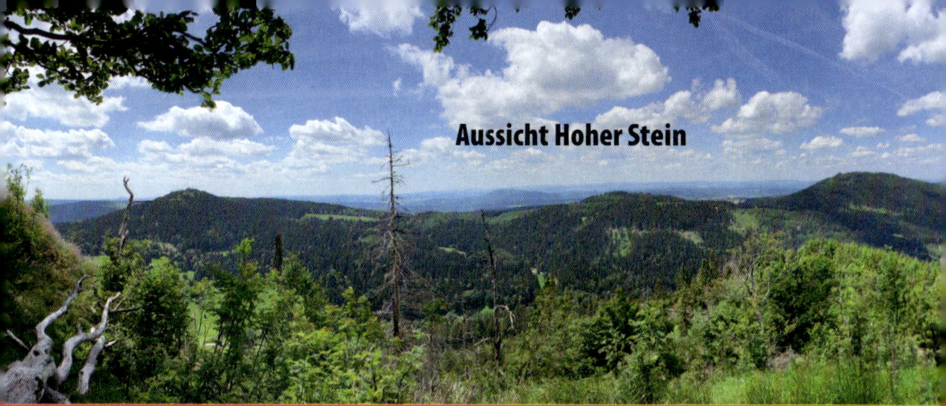

Für die Seele

An der Kümelsecke lauschen wir dem Plätschern des Finsterbachs und genießen die Abgeschiedenheit im Herzen der Natur.

Abstecher dorthin. Später müssen wir zu dieser Weggabelung zurückkehren, um von hier zu den Apostelfelsen zu wandern.

Wohltuender Nadelholzduft umgibt uns, während wir gemütlich durch jungen Fichtenwald zum Aussichtsplateau des Felsens **Hohe Möst** ❸ schlendern. Wir gestatten uns eine kurze Atempause auf einer Sitzbank. Unser Blick gleitet über die gegenüberliegenden Berge. In weiter Ferne können wir den Großen Inselsberg erkennen.

Zum Vorderen Möstfelsen sind es von hier knappe 200 Meter. Wir wenden uns am Holzgeländer nach links und begeben uns auf einen steinigen Pfad, der uns zunächst ein steiles Stück bergab führt. Dann wird der Weg ebener und weicher. Dichter, mystischer Fichtenwald umgibt uns. Auf den letzten Metern zum Aussichtsfelsen lichtet sich der Baumbestand. Junge Ebereschen haben die Fläche erobert und geben diesem Abschnitt eine liebliche Note. Schließlich erreichen wir den **Vorderen Möstfelsen** ❹ und sind beeindruckt von dem Ausblick auf das Bergdorf Oberschönau, das wie eine Insel im Haseltal eingebettet liegt.

Nachdem wir unsere Pause beendet haben, treten wir den Rückweg an und wandern zurück zur Weggabelung, um auf den ursprünglichen Wanderweg zu gelangen. Dort biegen wir nun nach rechts ab und folgen einem breiten Kiesweg in sanftem Auf und Ab Richtung **Apostelfelsen** (Nummer **11**). Prachtvolle Buchen säumen den Weg. Dann, nach etwa 800 Metern, bestimmen stattliche Fichten das Waldbild. Auf Lichtungen sind kleine Heidelandschaften entstanden, mit Beerensträuchern und Erika. Bevor der breite Kiesweg eine Kurve macht, sehen wir links am Stamm einer Fichte die Wegmarkierung Nummer 11, die uns auf einen schmalen Pfad in den Fichtenwald lotst. Auf angenehm weichem Waldboden wandern wir in kleinen Schlaufen bergab. Die Natur nimmt uns auf in ihre friedliche Stille.

Nach einem Abschnitt durch ein Wäldchen aus Ebereschen senkt sich der Weg etwas steiler abwärts. Wir achten auf unsere Schritte, denn der Boden ist mit grobem Gestein durchsetzt. Begeistert wandern wir auf dem Pfad durch eine abwechslungsreiche und maleri-

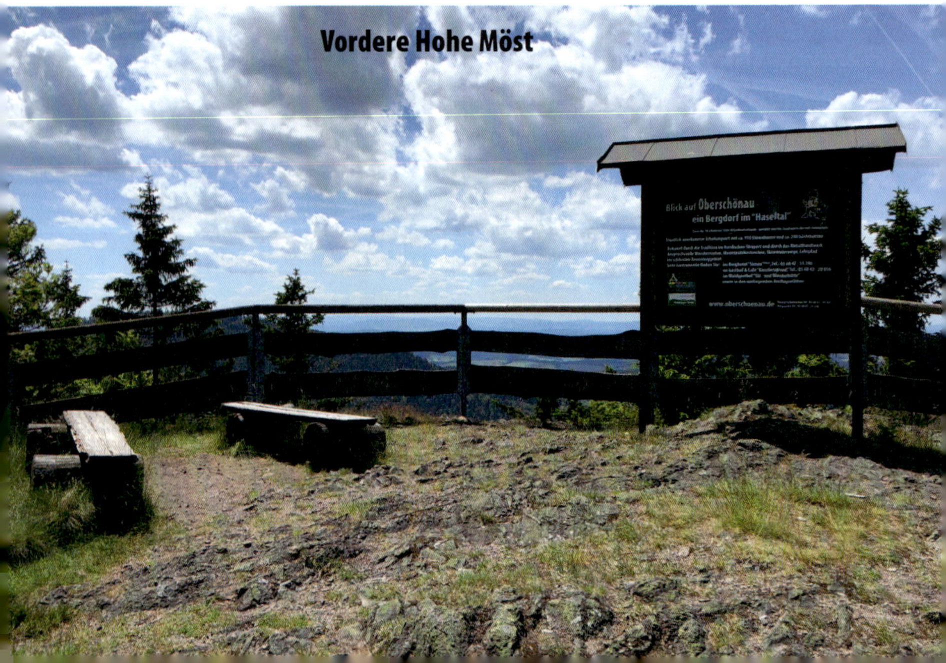

Vordere Hohe Möst

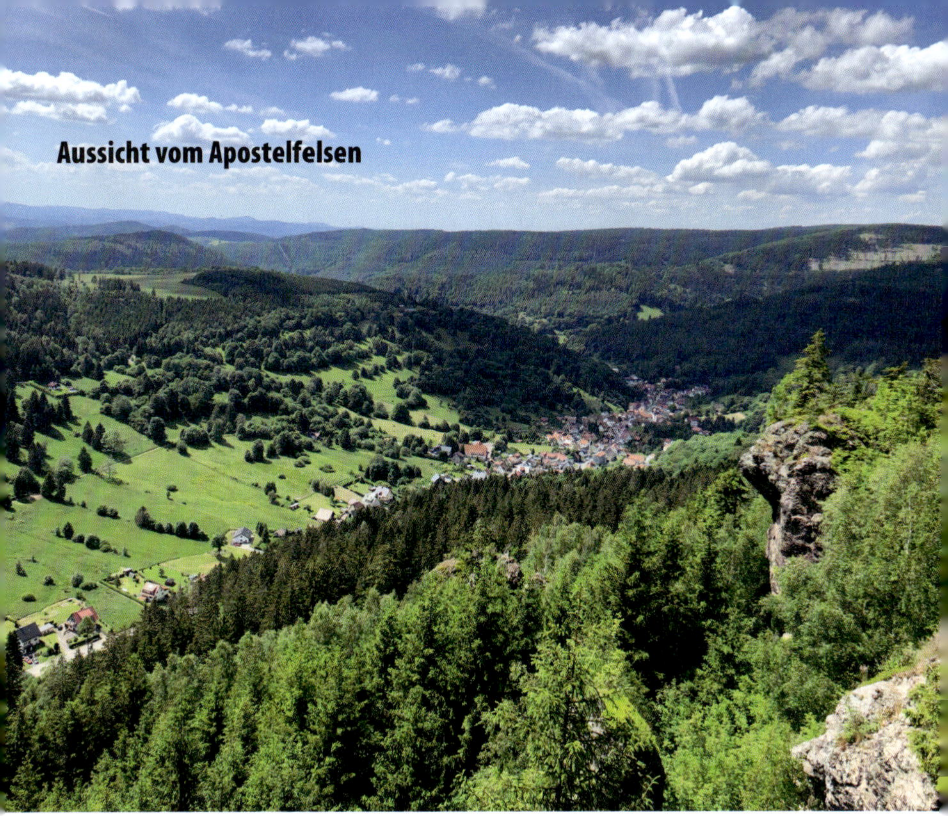

Aussicht vom Apostelfelsen

sche Vegetation zu den **Zwölf Apostelfelsen ⑤.** Der Weg führt nach rechts, oberhalb der Porphyr-Felsen vulkanischen Ursprungs entlang. Wir erfreuen uns an den Weitblicken, die wir unterwegs erhaschen. Abenteuerlich ist der Felsenpfad, auf dem wir nun durch eine Windwurffläche bergab wandern. Durch die entstandene Lichtung haben wir eine traumhafte Postkartensicht ins Tal.

Der Pfad endet an einem breiten Kiesweg, auf den wir links abbiegen, Richtung **Oberschönau.** Wir wandern unterhalb der Apostelfelsen auf einem geschotterten Waldweg, bis wir erneut an eine Gabelung kommen. In zwei aufeinanderfolgenden spitzen Kehren werden wir zuerst nach rechts und dann nach links geleitet, Richtung **Vorderer Finsterbach** (Nummer **11**). Nun sind wir auf einem Waldweg unterwegs und spüren weichen Naturboden unter den Füßen. Der dichte Fichtenwald öffnet sich, und wir finden uns auf einer

Bergwiese wieder. Eine Sitzbank lädt uns ein, innezuhalten und zu beobachten, wie Schmetterlinge und Falter von Blüte zu Blüte schweben.

Der Wiesenweg geht in einen Naturweg über. Linker Hand sehen wir einen Schilderbaum mit einer Sitzbank darunter, hier biegen wir links ab und folgen dem Wegweiser Richtung **Café Kanzlersgrund** durch eine herrliche Wiesenlandschaft. Dann wartet eine kleine Überraschung auf uns: der traumhafte Rastplatz **Kümelsecke** 6 am Hinteren Finsterbach – ein wahrer Seelenplatz. Wir sitzen am Bach und schauen den Pferden auf der Weide zu.

Unseren Weg setzen wir über eine kleine Holzbrücke fort (Richtung **Schanzenbaude**) und wandern hinein in den Fichtenwald. An einem Baumstamm finden wir zur Bestätigung die Nummer 11. Nun bewegen wir uns auf einem schmalen Fußweg, umgeben von altem Fichtenbestand. Nach wenigen Metern bergauf stoßen

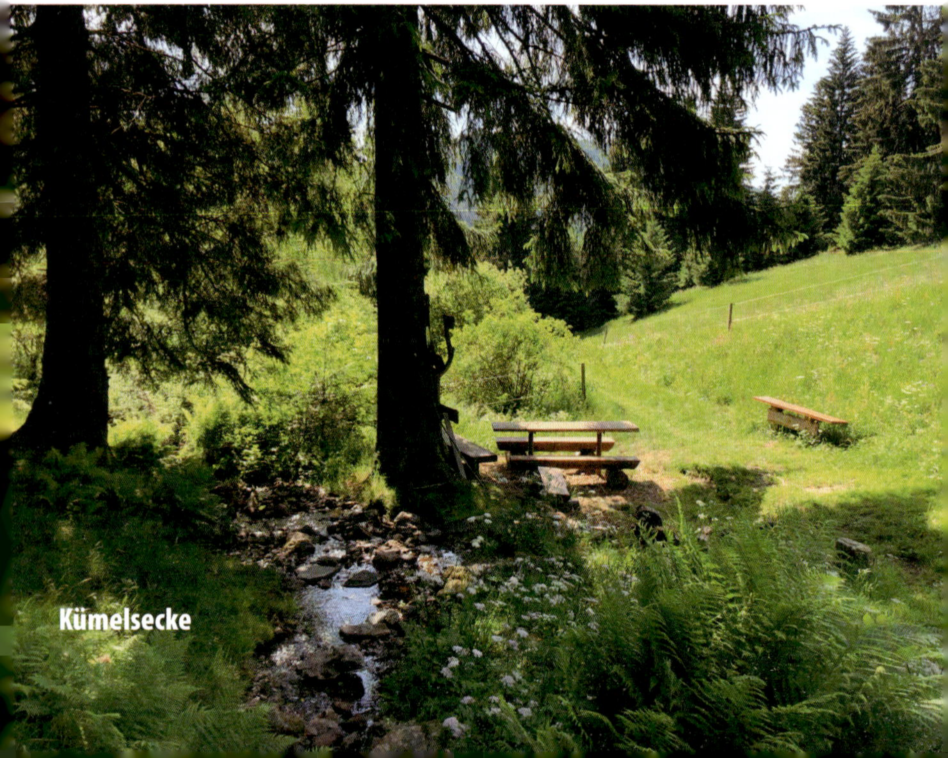

Kümelsecke

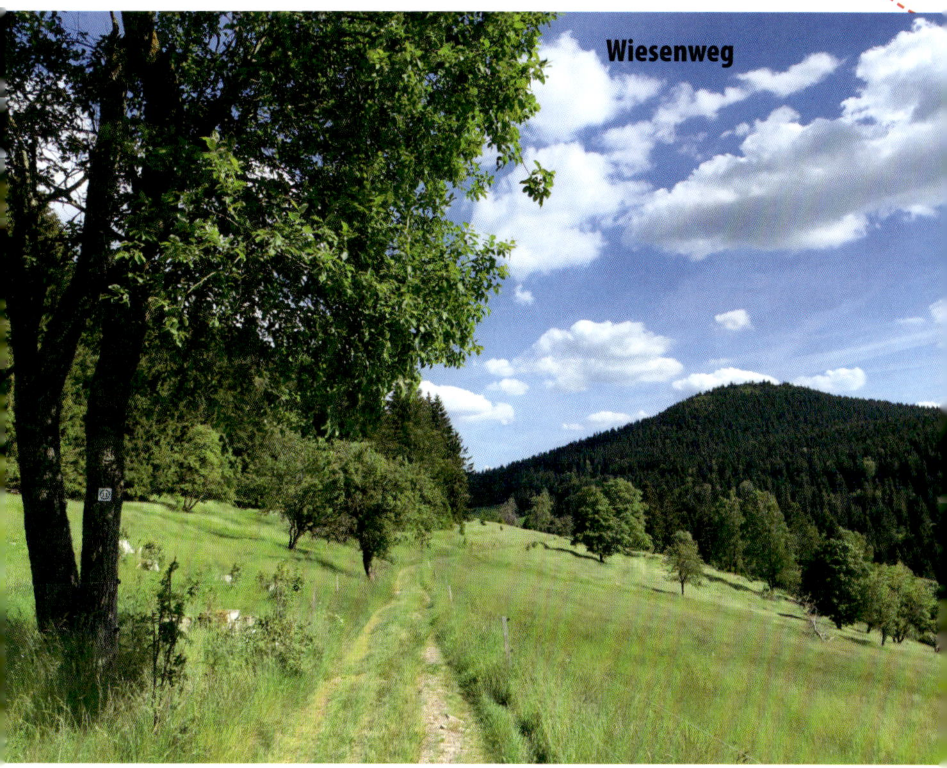

wir auf einen breiteren Wanderweg, mit einem Wegweiser, der uns nach rechts Richtung **Kanzlersgrund** leitet. An der nächsten Gabelung halten wir uns links und laufen an einer kleinen **Rasthütte** vorbei, bis zu einer weiteren Gabelung. Hier wenden wir uns nach rechts und finden in unmittelbarer Nähe unsere vertraute Wegmarkierung (Nummer **11**). Erneut wandern wir über duftende Bergwiesen und gelangen an eine Sitzbank, an der wir ein paar Meter vorbeilaufen, auf die Straße zu. Links führt ein schmaler Weg in den Wald hinein. Diesem Weg folgen wir

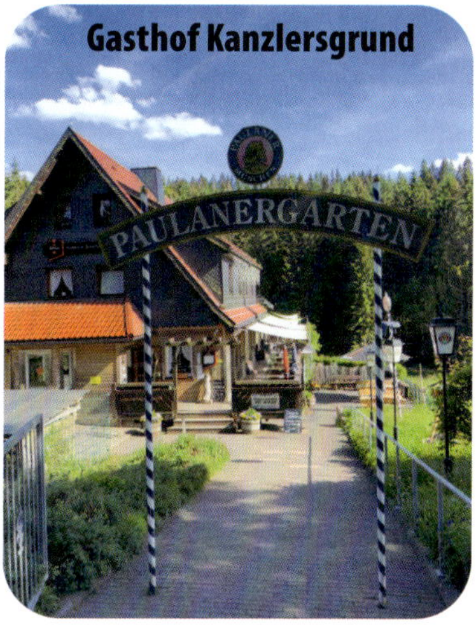

etwa 5 Meter, dann biegen wir rechts auf einen schmalen Trampelpfad. Parallel zur Landstraße folgen wir diesem Pfad. Stürme haben in dem Waldstück etwas Unordnung geschaffen, teilweise müssen wir nach rechts ins Gras ausweichen, wo der Weg durch umgeworfene Baumstämme versperrt ist. Doch schon nach wenigen Metern ist der Pfad wieder normal begehbar.

Zum Abschluss durchqueren wir noch einen Buchenwald und stoßen schließlich auf einen Schotterweg, der uns nach rechts zurück zum Parkplatz leitet. Jetzt freuen wir uns auf eine gemütliche Einkehr mit regionaler Kost im **Gasthof Kanzlersgrund 7**, den wir in wenigen Minuten zu Fuß auf der anderen Straßenseite erreichen.

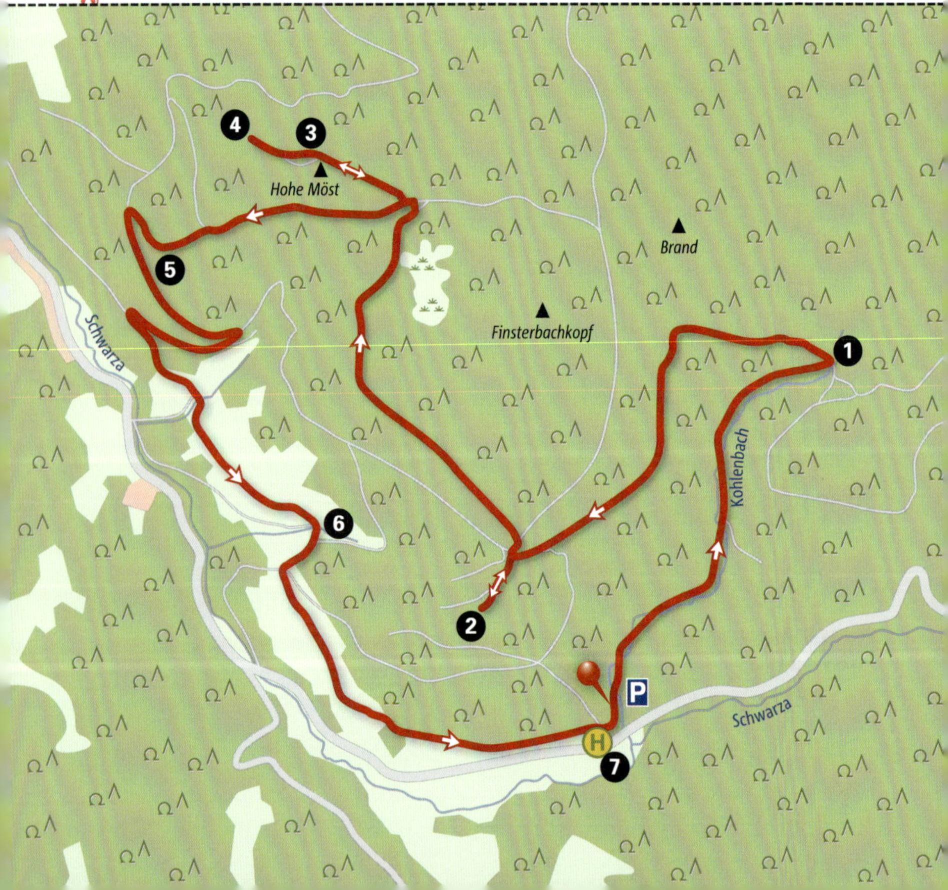

Alles auf einen Blick

WIE & WANN:
Schmale Pfade und Steige, breite Waldwege. Beste Zeit März bis Oktober. Bei Schnee- und Eisglätte sind die Felsen möglicherweise nicht begehbar.

Entspannung ★★★★☆
Genuss ★★★☆☆
Romantik ★★★★★

HIN & WEG:
Auto: Wanderparkplatz Kanzlersgrund an der L 1128 (gegenüber Gasthof Kanzlersgrund), 98587 Oberschönau (GPS: 50.693510, 10.652463)
ÖPNV: Von Oberhof oder Schmalkalden Bus 448 bis Kanzlersgrund, Gasthaus

ESSEN & ENTSPANNEN:
Erst am Ende der Wanderung gibt es eine Einkehrmöglichkeit, zusätzliche Rucksackverpflegung empfehlenswert!

Gasthof Kanzlersgrund ❼ Kanzlersgrund 1, 98587 Steinbach-Hallenberg-Oberschönau, Tel. (03 68 42) 2 00 56, www.kanzlersgrund.de

ENTDECKEN & ERLEBEN:
Ruhebank am Kohlenbach ❶
Hoher Stein ❷
Hohe Möst ❸
Vorderer Möstfelsen ❹
Zwölf Apostelfelsen ❺
Kümelsecke ❻

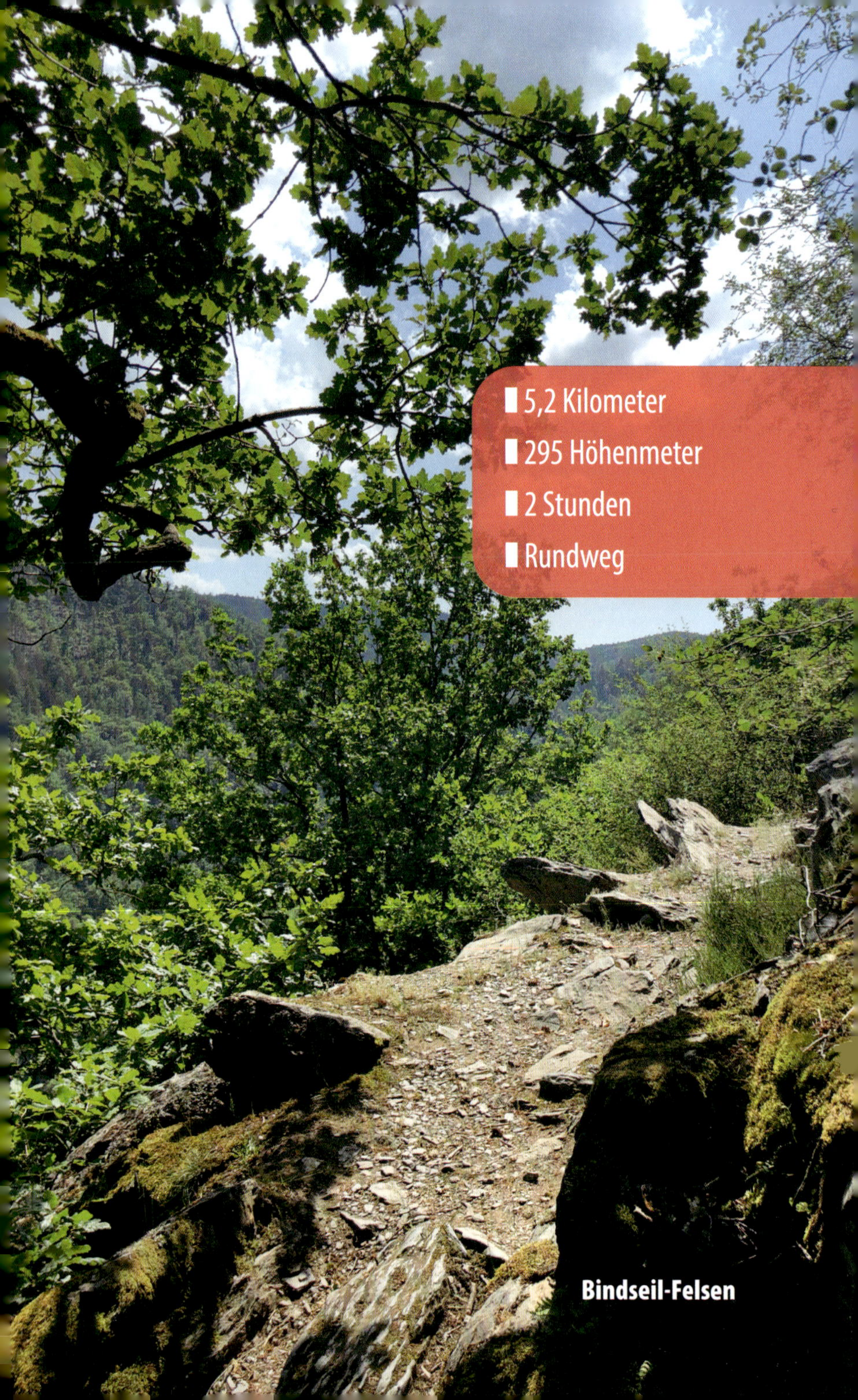
▌5,2 Kilometer
▌295 Höhenmeter
▌2 Stunden
▌Rundweg
Bindseil-Felsen

Wir starten auf dem Wanderparkplatz am Chrysopraswehr in Bad Blankenburg. Von dort gelangen wir auf den **Dittersdorfer Weg,** dem wir nach links über die Schwarzabrücke folgen. Von der Brücke aus haben wir einen schönen Blick zum Wehr und auf das schäumende Wasser der Schwarza, das in niedrigen Wasserfällen

Feierabendrunde

Felsentour bei Bad Blankenburg

über zwei Stufen im Bachbett rauscht. Nach der Brücke laufen wir erneut nach links, überqueren die **Schwarzburger Straße** und folgen ihr für etwa 200 Meter. Rechter Hand finden wir einen Treppenaufstieg. Hier beginnt der **Naturlehrpfad Heinrich Cotta** (**grüne Fichte** auf weißem Quadrat), dem wir bis zum Griesbachfelsen folgen werden. Der Lehrpfad verläuft größtenteils durch das Naturschutzgebiet Unteres Schwarzatal und wurde nach dem Begründer der modernen und nachhaltigen Forstwirtschaft benannt.

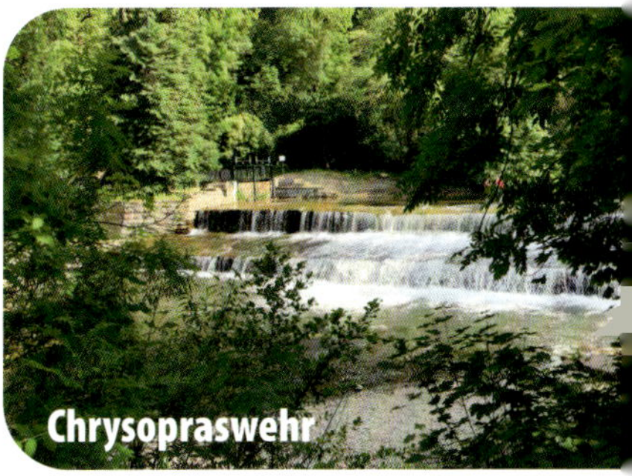

Chrysopraswehr

An einem Baumstamm entdecken wir die Markierung **gelber Punkt** in weißem Quadrat. Übergangsweise lassen wir uns von diesem Symbol leiten. Im Zickzack wandern wir bergauf und gelangen an eine Gabelung. Unser Weg geht links weiter. Doch zuvor nehmen wir den rechten Abzweig, der uns zum ersten Aussichtspunkt, dem **Caspar-Friedrich-Felsen** ❶ bringt. Am Geländer der kleinen Aussichtskanzel stehend können wir einen Blick auf Bad Blankenburg werfen und auf das Wehr, das wir vorhin passiert haben.

*Das Untere Schwarzatal ist ausgewiesen als **FFH-Gebiet (Fauna-Flora-Habitat) „Schwarzatal ab Goldisthal mit Zuflüssen“**. Im Schutzgebiet befinden sich mehrere Totalreservate, die eine natürliche Waldentwicklung ohne menschlichen Einfluss gewährleisten sollen.*

Zurück an der Weggabelung, folgen wir dem **gelben Punkt** bergan, auf einem wunderschönen Bergpfad. Auf den trockenen und schroffen Steilhängen wachsen hauptsächlich Eichen und Kiefern. Manche von ihnen sind krumm und knorzig gewachsen, bilden skurrile Gestalten, die unsere Fantasie beflügeln.

*Der **Siegfried-Felsen** ist ein typisches Beispiel für das harte Schiefergestein des sogenannten Schwarzburger Sattels. Aufgrund seines hohen Quarzitanteils trotzt das Gestein der Witterung und Erosion und bildet die für die Region charakteristischen Felsformationen.*

Nun wird es ein wenig anstrengend, denn der Weg wird zunehmend steiler. Doch die nächste Entdeckung lässt nicht lange auf sich warten. Bereits nach wenigen Wanderminuten gelangen wir zum **Siegfried-Felsen ❷,** auf dem wir vorsichtig herumkraxeln und schließlich einen Blick ins Tal erhaschen.

Mittlerweile folgen wir dem Symbol der **grünen Fichte,** der Wegmarkierung für den Heinrich-Cotta-Pfad. Stetig ansteigend führt der Bergpfad abenteuerlich am Steilhang entlang, zum **Bindseil-Felsen ❸,** wo wir einen traumhaft schönen Sitzplatz vorfinden. Dieser Ort hat eine angenehme Aura, und wir beschließen, eine kurze Verschnaufpause einzulegen. Wir sind erst knapp über

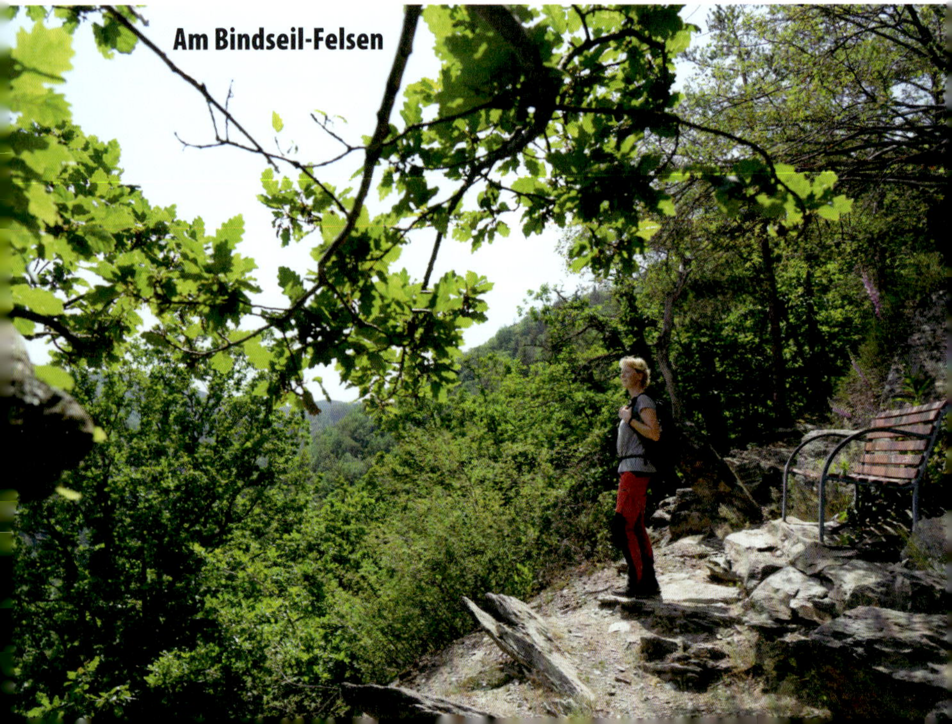
Am Bindseil-Felsen

1 Kilometer gewandert und jetzt schon begeistert von den vielen Aussichtspunkten. Kann es überhaupt noch eine Steigerung geben? Wir werden sehen.

Wieder auf dem Weg, bemerken wir keine 200 Meter weiter einen Abzweig nach links mit einem schlichten Wegweiser zur Ingoklippe. Neugierig geworden,

Für die Seele

Auf den Felsen hoch über dem Schwarzatal scheint das Getriebe von Bad Blankenburg, das zu unseren Füßen liegt, weit weg zu sein.

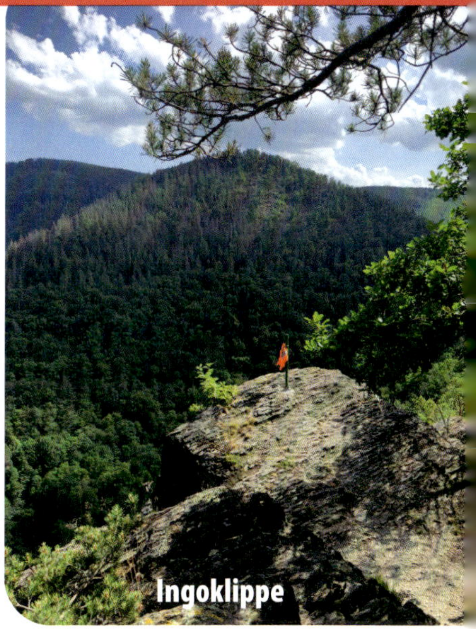

Ingoklippe

wagen wir den etwa 50 Meter langen Abstieg und gelangen auf einen Felsvorsprung, auf dem ein roter Wimpel im Wind flattert. Wir trauen uns etwas weiter vor Richtung Plateauspitze und stehen in exponierter Lage auf der **Ingoklippe 4.** Der Ausblick verschlägt uns den Atem. Nach links können wir bis weit über Bad Blankenburg hinausschauen und vor uns auf die geschwungene Bergkulisse, die sich über Jahrmillionen geformt hat.

Von der Ingoklippe müssen wir den Pfad wieder nach oben laufen, um auf den ursprünglichen Weg zurückzukommen. Noch steigt er weiter an.

Es folgt eine Gabelung, an der wir rechts abbiegen. Am Stamm einer dicken Eiche sehen wir unsere Wegmarkierung (grüne Fichte). Nun ist es nicht mehr ganz so steil, und wir können gemächlich auf einem angenehm zu laufenden Waldweg zum höchsten Punkt unserer Wanderung emporsteigen:

zum **Griesbachfelsen** ❺. Als Erstes fällt uns die **Gerhard-Breuer-Schutzhütte** ❻ auf, auf die wir geradewegs zusteuern. Doch bevor wir unsere Rucksackverpflegung für eine gemütliche Rast auspacken, wollen wir den Felsen erkunden. Dazu laufen wir vor der Hütte nach links und gelangen auf einen Trampelpfad, der uns zu dem Aussichtspunkt lenkt. Unsere Augen erforschen neugierig das Schwarzatal-Panorama. Bis zu 300 Meter tief hat sich der Fluss in das Gebirge gegraben. Deutlich können wir von hier oben seinen mäandrierenden Lauf erkennen.

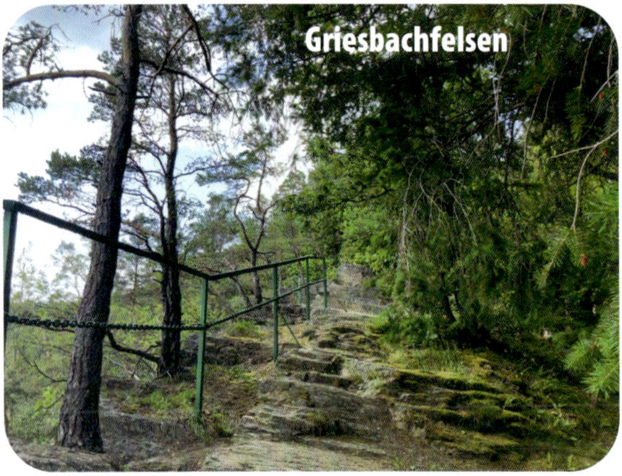

Griesbachfelsen

Die Schutzhütte ist gleichzeitig eine Wegscheide, an der mehrere Wanderwege aufeinandertreffen, unter anderem der **Schwarza-Panoramaweg (rotes Dreieck** auf weißem Quadrat), dem wir von nun an folgen, Richtung **Haselbörnchen**. Weicher Boden federt unsere Schritte ab, als wir dem Verlauf des Weges ungefähr 400 Meter bergab folgen. Kurz nachdem wir die kleine Quelle Haselbörnchen passiert haben, kommen wir an den Abzweig zum **Wendelstein** und schwenken nach rechts. Angenehm süßlicher Kieferduft liegt in der Luft. Mittlerweile sind wir auf einem schmalen, weichen Waldpfad gelandet, der uns steil bergab führt. Fast wären wir am **Bernhardt-Felsen** ❼ vorbeigelaufen, etwas unscheinbar liegt er rechts von uns, nur erkennbar an seiner weißen Inschrift.

*Das **Schwarzatal** ist ein steiles Kerbtal im Thüringer Schiefergebirge. Markante Felsformationen wie die Ingoklippe, der Griesbachfelsen und der Wendelstein sind für dieses Gebiet ebenso charakteristisch wie die Steillagen mit bis zu 45 Grad Hangneigung.*

Weiter bergab führt der Pfad durch einen jungen Nadelmischwald. Hin und wieder ragen schroffe Schieferplatten senkrecht aus dem Berg heraus.

Dann taucht der **Wendelstein** ❽ vor uns auf. Wie eine Klippe ragt er aus dem Berg.

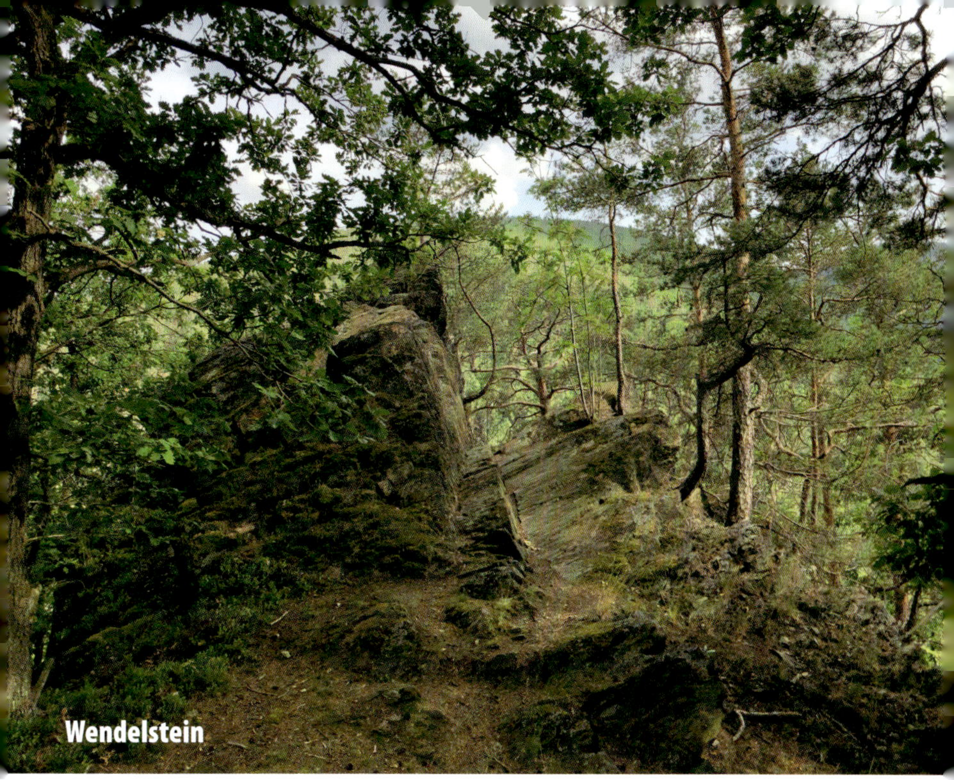
Wendelstein

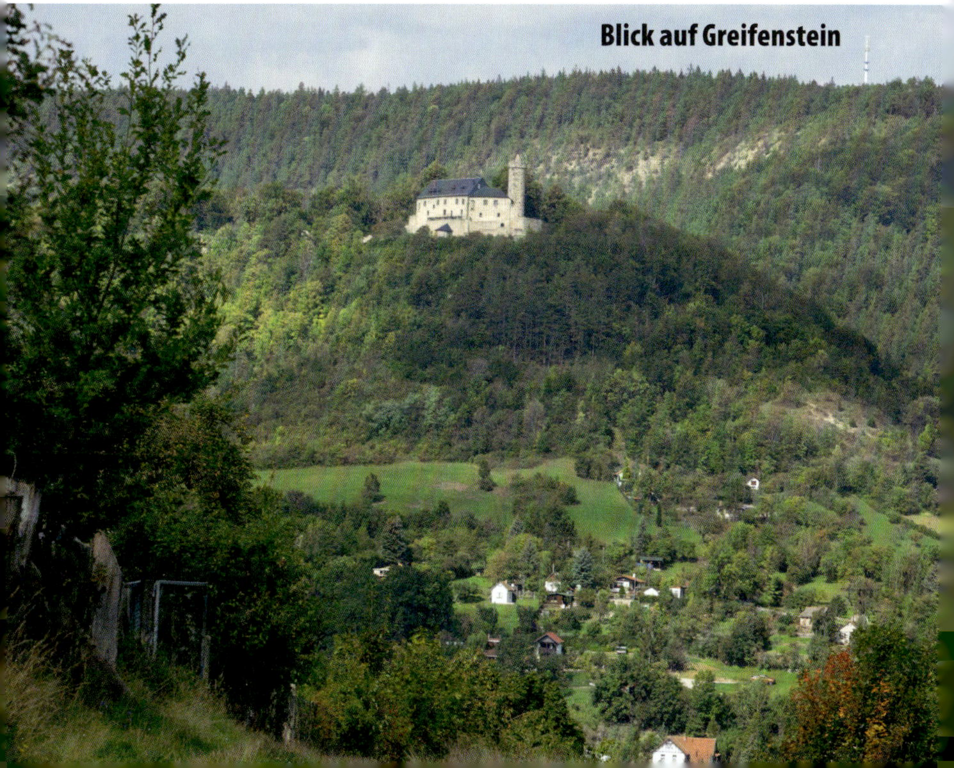
Blick auf Greifenstein

Jetzt geht es noch einmal steil abwärts, dann erreichen wir eine Wegkreuzung, an der wir links abbiegen und weiter dem roten Dreieck folgen. Nach wenigen Metern stehen wir vor einem bunt angemalten Bauwagen und mehreren Erlebnisstationen drumherum. Hier scheinen Kinder am Werk zu sein. Eine friedvolle Atmosphäre geht von diesem Ort aus, geeignet für einen Zwischenstopp.

Das rote Dreieck leitet uns weiter bergab. Auf einem weichen Waldweg geht es Richtung Tal. Schon nach 200 Metern öffnet sich der Wald, und wir können die ersten Dächer von Bad Blankenburg sehen. Wir wandern an einem Holz zaun entlang und kommen an ein Gatter. Am Pfosten sehen wir das rote Dreieck, also führt unser Weg durch das Gatter. Wir öffnen das Tor und folgen dem Pfad über die Wiese. Nicht vergessen, das Gatter wieder zu schließen!

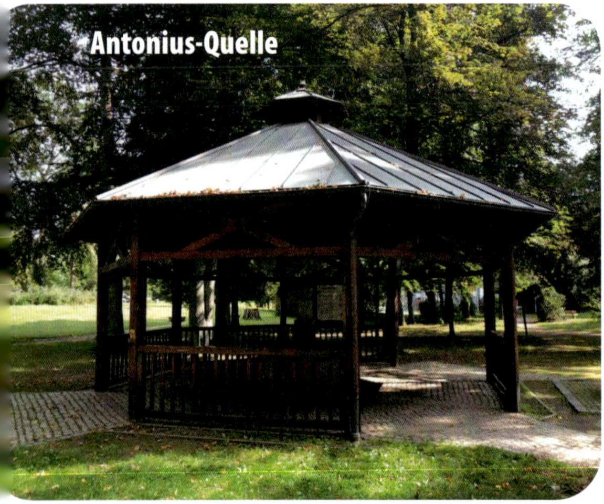

Antonius-Quelle

Wir kommen an eine Stelle mit sehr schöner Aussicht auf Burg Greifenstein, die oberhalb der Stadt thront. An Gärten vorbei stoßen wir auf die Straße **Edelsteig,** in die wir rechts einbiegen. Nach etwa 200 Metern geht es rechts auf der **Georgstraße** weiter. Am **Georg-Denkmal** laufen wir links vorbei in die **Fröbelstraße.** Dieser Straße folgen wir bis zum **Badewäldchen** an der Schwarza. Ein kleines Stück laufen wir auf der Schwarzburger Straße nach rechts, dann gleich wieder nach links über eine Brücke in den **Kurpark.** Geradeaus kommen wir zur **Antonius-Quelle ❾.**

Wir kosten das Heilwasser, das leicht salzig schmeckt. Im nahe gelegenen Kneipp-Becken bringen

*Das natürliche Heilwasser der **Antonius-Quelle** kommt aus der Tiefe der 240 Millionen Jahre alten Zechsteinsedimente. Dadurch ist es sehr reich an Natrium, Chlorid und Sulfat. Bei Magen-Darm-Beschwerden kann es heilende Wirkung haben.*

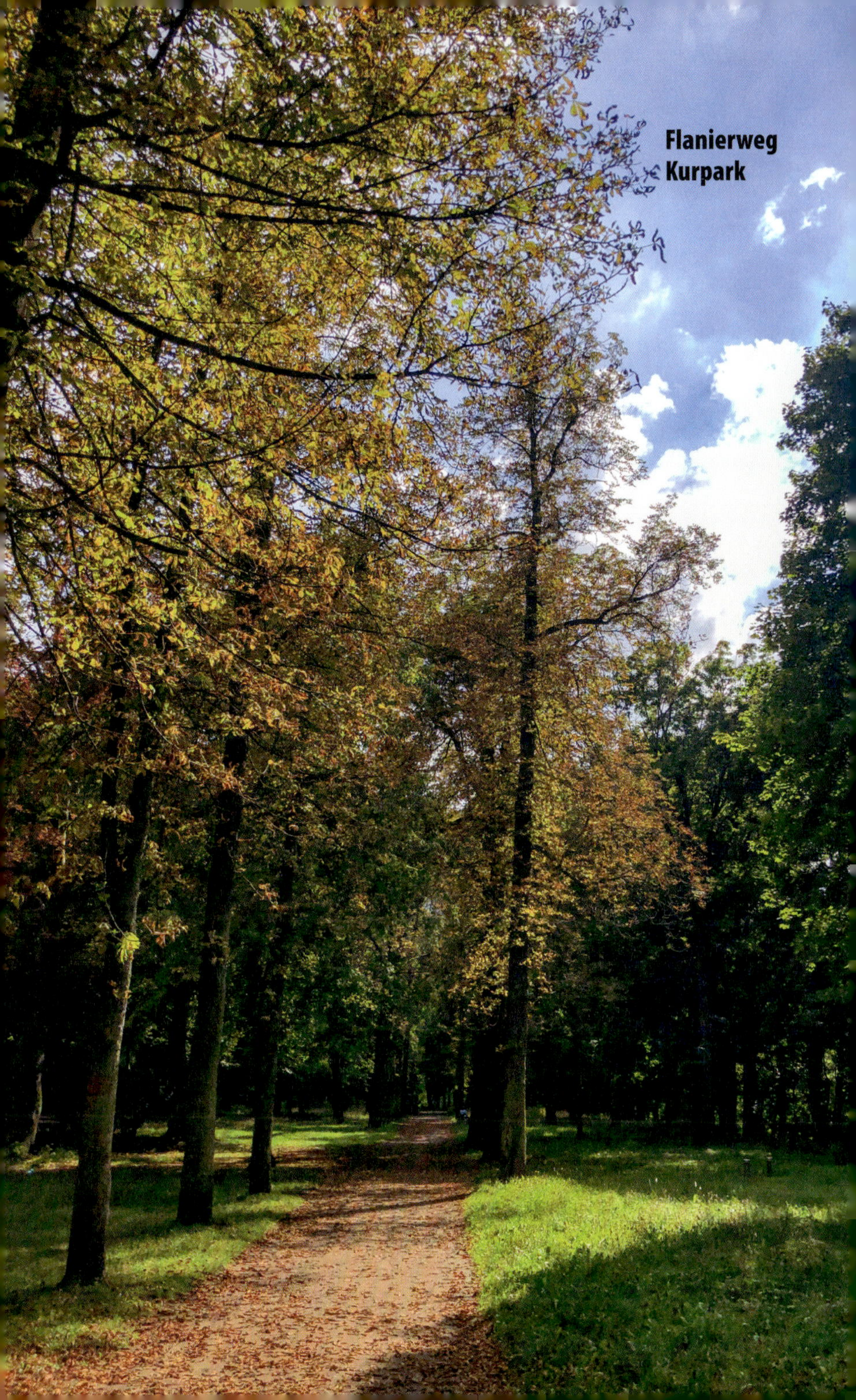

Flanierweg
Kurpark

wir mit einem kühlen Fußbad unseren Kreislauf in Schwung.

Nach rechts folgen wir wieder dem **roten Dreieck** und schlendern entspannt durch den Kurpark an der rauschenden Schwarza entlang, Richtung Parkplatz, zum Ausgangspunkt unserer entspannenden Wandertour. In den Sommermonaten können wir uns im **Freibad Bad Blankenburg ⑩** – das neben dem Kurpark liegt – abkühlen und eine Kleinigkeit essen. Ansonsten bietet sich die **Gaststätte Flößerhütte ⑪** am **Dittersdorfer Weg** an, den Tag mit einem leckeren Fischgericht ausklingen zu lassen. Von dort sind es nur noch wenige Gehminuten zurück zum Parkplatz am Chrysopraswehr.

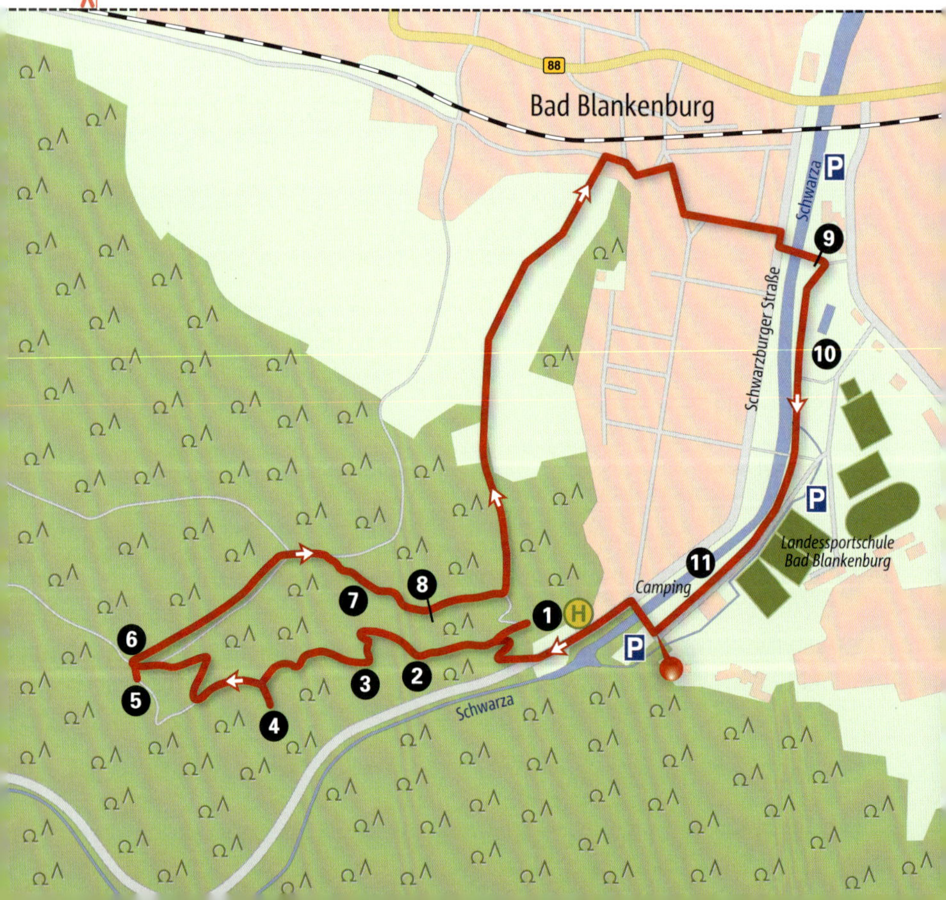

Alles auf einen Blick

WIE & WANN:
Überwiegend schmale Waldwege und Pfade, geringer Anteil von Feld- und Wiesenwegen, innerorts asphaltierte Straßen. Beste Zeit März bis Oktober. Bei Schnee- und Eisglätte sind die Felsen nicht begehbar.

Entspannung ✱✱✱✱✱
Genuss ✱✱✱✱✱
Romantik ✱✱✱✱✱

HIN & WEG:
Auto: Wanderparkplatz am Chrysopraswehr, Dittersdorfer Weg, 07422 Bad Blankenburg (GPS: 50.67326, 11.26682)
ÖPNV: Von Arnstadt Hbf RB 23 (Richtung Saalfeld/Saale) bis Bad Blankenburg, von dort Bus 390 (Richtung Oberweißbach) bis Chrysopraswehr. Oder von Rudolstadt Busbf Bus 302 (Richtung Sitzendorf/Neuhaus am Rennweg) bis Chrysopraswehr

ESSEN & ENTSPANNEN:
Freibad Bad Blankenburg ⑩ siehe ENTDECKEN & ERLEBEN
Gaststätte Flößerhütte ⑪ Dittersdorfer Weg 236, 07422 Bad Blankenburg, Tel. (03 67 41) 26 95

ENTDECKEN & ERLEBEN:
Caspar-Friedrich-Felsen ❶ **Siegfried-Felsen** ❷
Bindseil-Felsen ❸ **Ingoklippe** ❹ **Griesbachfelsen** ❺
Gerhard-Breuer-Schutzhütte ❻ **Bernhardt-Felsen** ❼
Wendelstein ❽ **Antonius-Quelle** ❾
Freibad Bad Blankenburg ❿ Wirbacher Straße 8, 07422 Bad Blankenburg, www. freibad-bb.de (nur von Juni bis August bei schönem Wetter geöffnet)

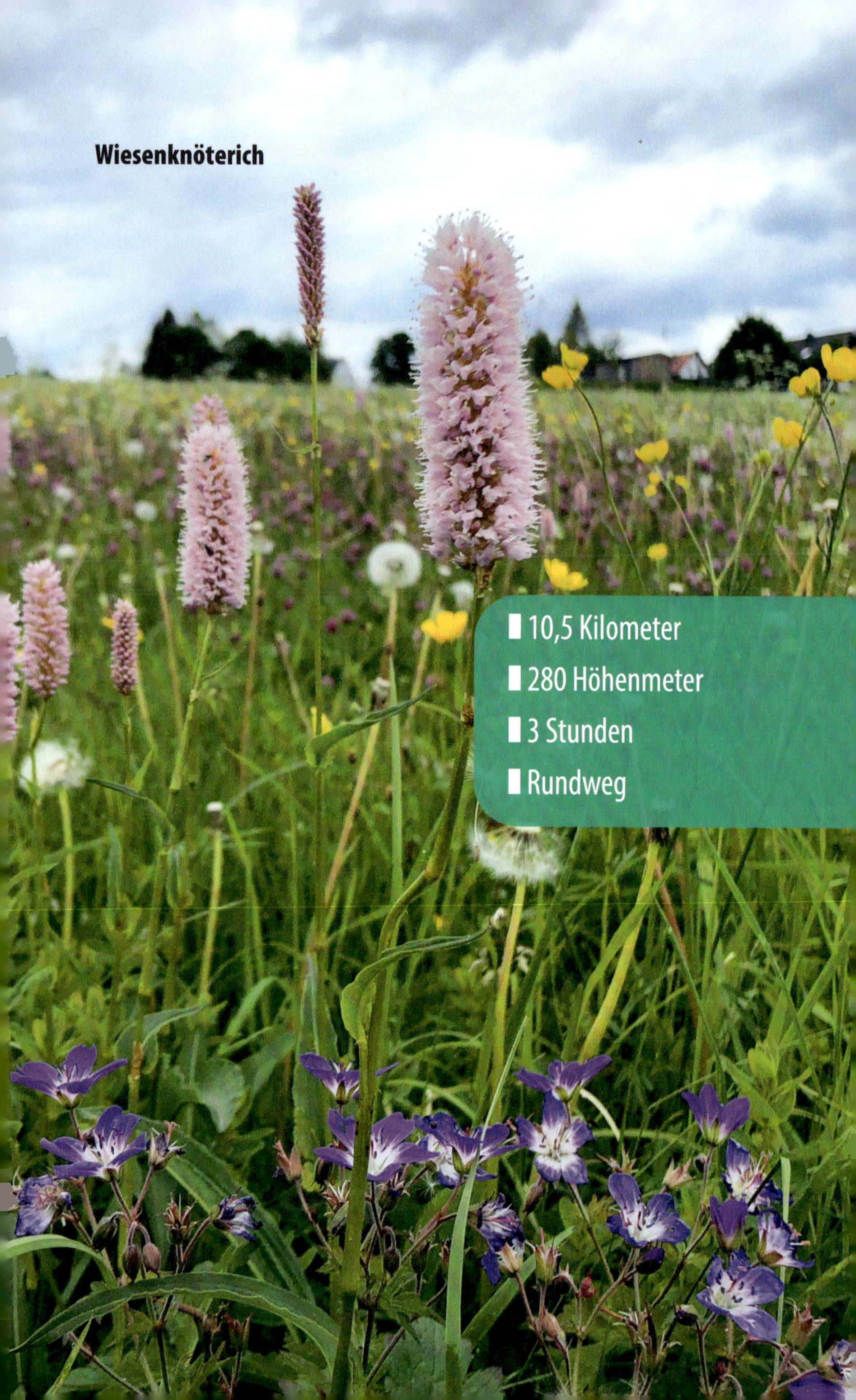

Wiesenknöterich

- 10,5 Kilometer
- 280 Höhenmeter
- 3 Stunden
- Rundweg

Unsere Verwöhntour beginnt am Wanderparkplatz an der Nordstraße in Frauenwald. Wir laufen nach rechts, ein Stück an der Nordstraße entlang. Vor der **Bushaltestelle,** nach etwa 20 Metern, überqueren wir die Straße und begeben uns nach links auf den **Panoramaring.** Es geht auf einem betonierten Weg leicht bergab, um eine Kurve und dann weiter auf einem gepflasterten Gehweg. Das **grüne Hinweisschild** des Panoramarings ist an markanten Stellen angebracht und gibt uns zuverlässig die Richtung an. Zwar sind wir noch im Ortsbereich von Frauenwald, doch unser Weg führt bereits durch schöne Naturräume: Links befindet sich dichter Fichtenwald, rechts erstreckt sich eine Parkanlage. Mehrere Sitzgelegenheiten sind über die gepflegte Grünfläche

Bergwiesenrausch

Der Panoramaring in Frauenwald

verteilt, und wir verspüren große Lust, uns unter einen der hohen Laubbäume zu setzen.

Während wir am Dorfrand entlanglaufen, bieten uns in regelmäßigen Abständen Bänke oder Rasthäuschen die Möglichkeit, eine kurze Sinnespause einzulegen. Außerdem liegen an diesem Wegabschnitt der **Bergkiosk im Haus Vier Jahreszeiten ❶** und die **Frauenwalder Bauernstube ❷,** in denen wir einen Kaffe trinken oder einen kleinen Imbiss zu uns nehmen können. Wir folgen dem Weg immer geradeaus und lassen uns aus dem Ort hinausführen.

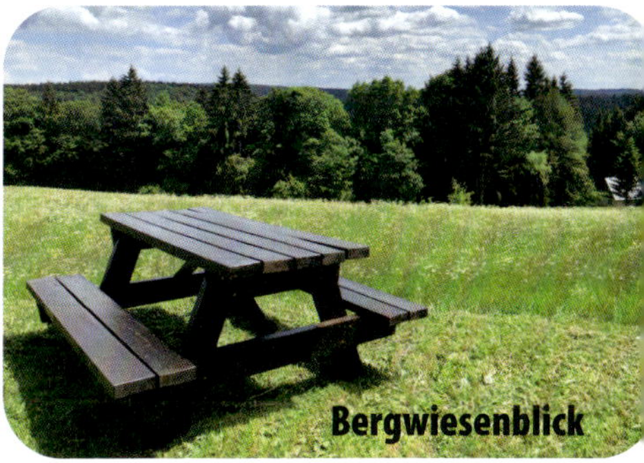

Bergwiesenblick

Am Ortsende geht der Asphaltweg in einen Kiesweg über. Wir bleiben immer geradeaus auf dem Panoramaring. Nun laufen wir durch eine duftige Wiesenlandschaft. Im Mai bildet der Wiesen-Knöterich einen zartrosa Blütenteppich. Etwas entfernt von uns fallen uns kleine weiße Puschel im Wiesenbild auf. Bei genauerer Betrachtung sind wir begeistert, denn es ist Schmalblättriges Wollgras. Wie kleine Wattebausche sehen die Blütenähren aus, die auf langen Stängeln aus einer feuchten Senke entlang eines schmalen Wasserlaufs herausragen.

__Wollgras__ wächst in Moor- und Renaturierungsgebieten. Das Schmalblättrige Wollgras mit seinen drei bis fünf Ähren ist eine typische Pflanze der Niedermoore. Das Scheidige Wollgras hat nur eine Blütenähre.

Wir erreichen eine Gabelung und werden nach rechts geleitet. Erneut gabelt sich der Weg, dieses Mal halten wir uns links und folgen weiter dem Panoramaring. In regelmäßigen Abständen laden uns Sitzbänke ein, kurz zu verschnaufen und die Natur um uns herum zu genießen. Aus den Feuchtgebieten schallt das Gequake der Frösche herüber. Überall fliegen Schmetterlinge auf und rufen kleine Glücksmomente in uns hervor, wenn sie elegant an uns vorbeischweben.

An einer Sitzgruppe leitet uns der Wegweiser nach rechts auf einen Grasweg, auf dem wir in leichtem An-

Schmalblättriges Wollgras

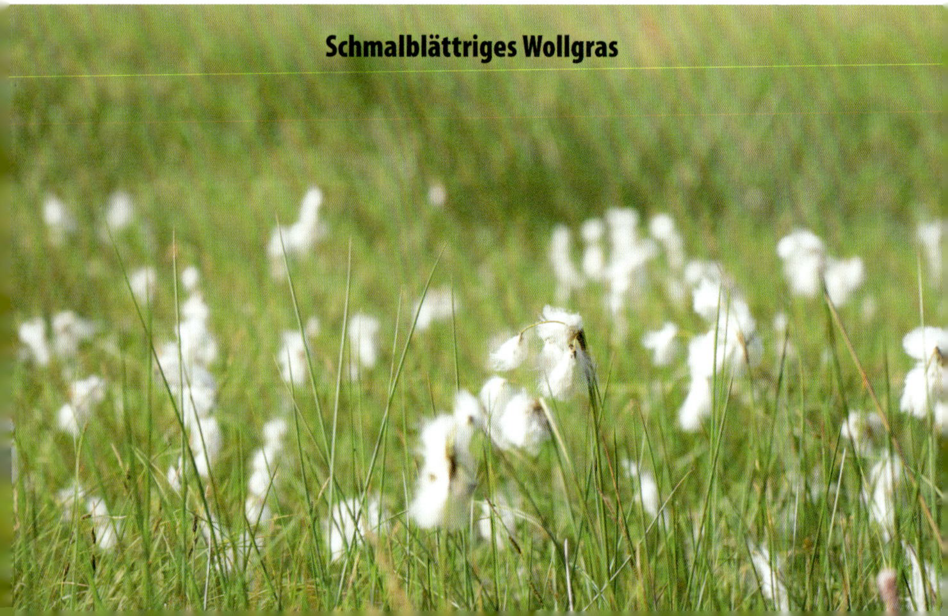

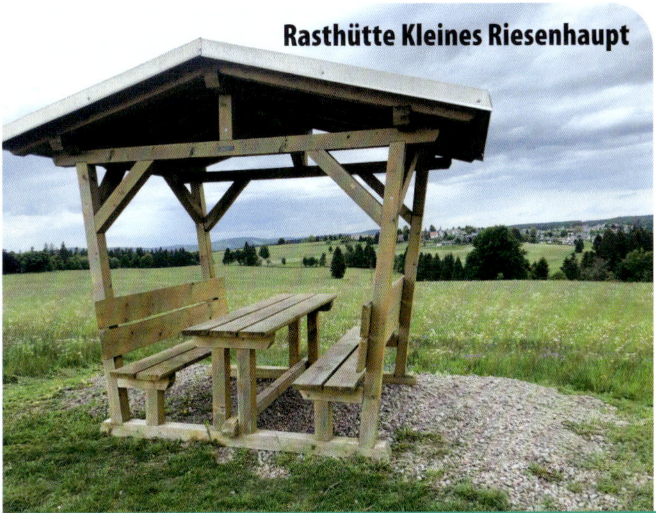

Für die Seele

Wir nehmen ein Bad im Wiesenduft und lauschen dem sanften Gesang des Windes und den friedlichen Klängen der Natur.

stieg zur Anhöhe **Kleines Riesenhaupt** gelangen. Ein weiteres Mal biegen wir rechts ab und erreichen die **Rasthütte Kleines Riesenhaupt ③.** Mit einer herrlichen Sicht auf die Bergwiesen lädt uns dieser Ort zu einer Ruhepause ein.

Unser Weg trifft auf eine Straße. Wir überqueren sie, wenden uns nach rechts und laufen 200 Meter am Straßenrand zum Rastplatz **Am Drei Kreuz.** Angeblich standen hier im Mittelalter, als es in Frauenwald noch ein Kloster gab, drei Kreuze. Dem damaligen Klosternamen „Zu den Frauen auf dem Walde" verdankt Frauenwald heute seinen Namen.

Am Schilderbaum finden wir die Wegweiser **Panoramaring** und **Herz-Nerven-Weg,** die uns nach links auf

***Frauenwald** liegt an der ehemaligen Hohen Straße, einst eine der wichtigsten Passstraßen im Mittleren Thüringer Wald. Bis in die 1840er-Jahre fuhr die Postkutsche zweimal die Woche durch den Ort über den Gebirgspass.*

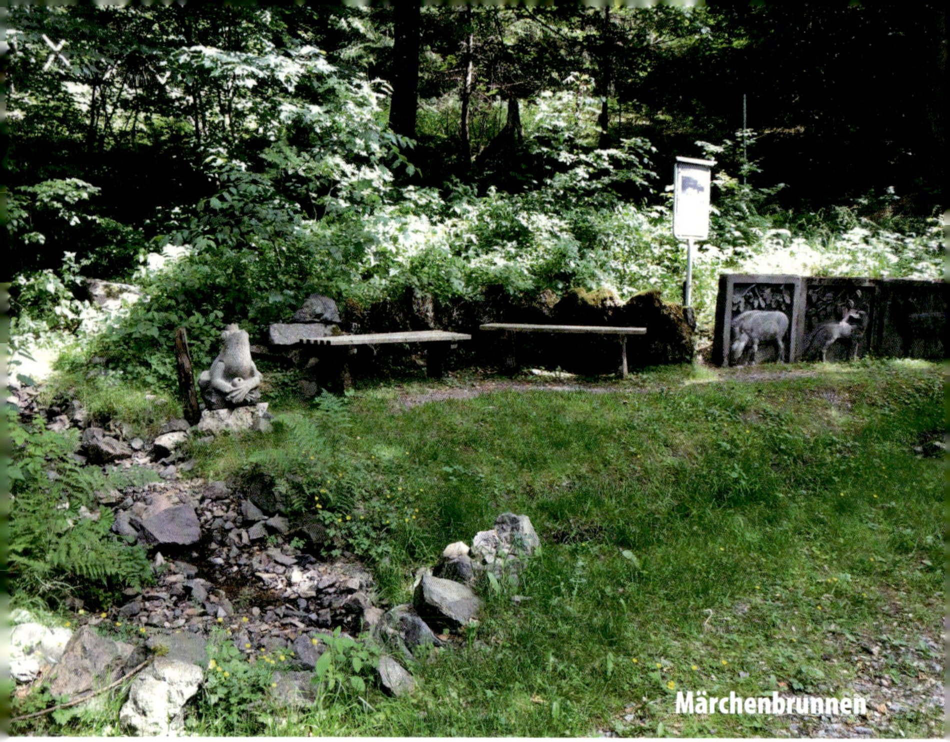

Märchenbrunnen

einen breiten, geschotterten Weg lotsen. Ein Meer aus wilden Lupinen in Violett und Zartrosa empfängt uns. In den Wiesenduft mischt sich das Aroma des Nadelwalds, in den uns die Beschilderung nun rechts hineinleitet. In sanftem Bergab wandern wir durch den kühlen Wald. Nach etwa 1,5 Kilometern kommen wir zu einer **Rasthütte unter Buchen ❹,** an der wir für einen Moment innehalten, um die Waldatmosphäre auf uns wirken zu lassen. Im Anschluss wandern wir an Lichtungen vorbei, die durch Windwurf und andere Schäden entstanden sind. Angenehmer Holzgeruch liegt in der Luft.

Wir folgen weiterhin dem Panoramaring und dem Herz-Nerven-Weg. In einer Kurve stehen wir plötzlich vor dem **Märchenbrunnen ❺.** Wir machen kurz halt und genießen die Stille.

Während wir unseren Weg fortsetzen, stellen wir eine Veränderung um uns herum fest. Der Wald scheint hier etwas wilder zu sein. Rauschen von Wasser dringt an unser Ohr, und wir nähern uns dem Fraubach, der tief unter uns fließt. Dann taucht ein Gebäude auf: das **Waldcafé Fraubachmühle ❻.** Draußen auf der Terrasse finden wir einen schönen Platz und freuen uns auf Kaffee und hausgemachten Kuchen.

Nachdem wir uns gestärkt haben, folgen wir der Straße (mit dem Café im Rücken) nach links leicht bergan und überqueren den Bach. An der folgenden Gabelung halten wir uns links, laufen über eine Schotterfläche und sehen rechter Hand einen Schilderbaum. Wir werden nach links auf einen ansteigenden Grasweg geleitet. Unter Schatten spendenden Bäumen wandern wir weiter auf dem Panoramaring an einer Wiese entlang. Mächtige alte Buchen breiten ihre Äste aus und spenden uns Schatten. Am Ende des Anstiegs lädt uns eine **Wellnessliege ❼** zu einer Entspannungspause ein.

Im Zickzack folgen wir dem Wegverlauf zuerst nach rechts, dann gleich wieder nach links oben. Hier

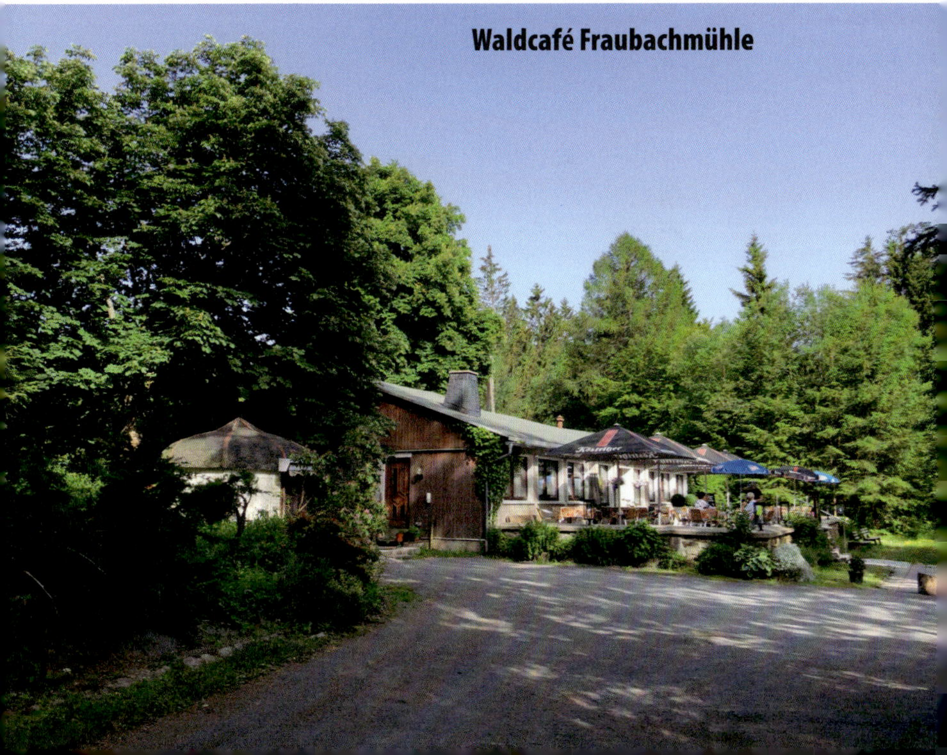

Waldcafé Fraubachmühle

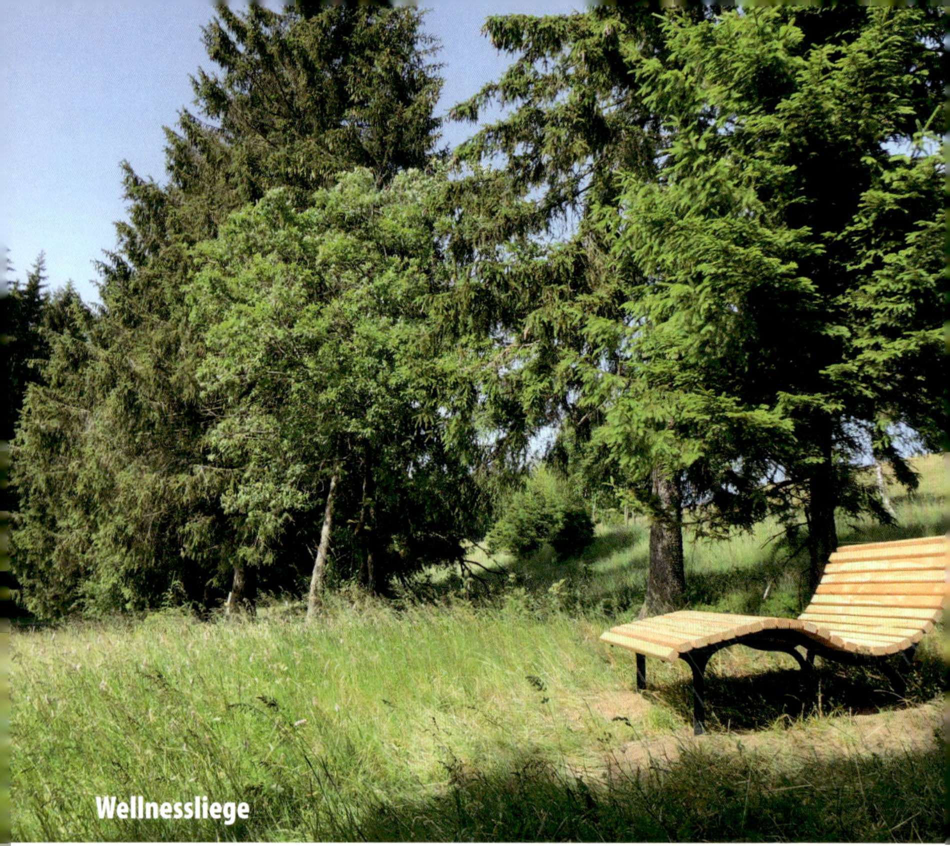
Wellnessliege

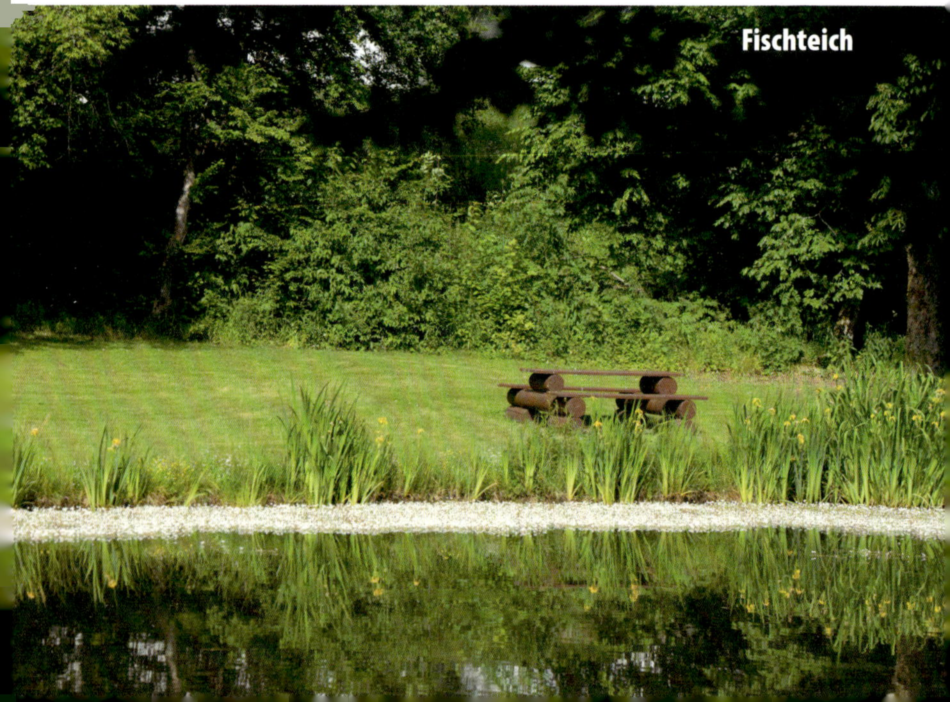
Fischteich

sehen wir auch wieder unseren Wegweiser, der uns zuverlässig auf dem Panoramaring leitet. Erneut wandern wir einen weichen Grasweg entlang. Er stößt auf eine Straße, an der wir nach links abbiegen, wie es uns der Wegweiser vorgibt. Rechts und links befinden sich mehrere Fischteiche. Im Juni blühen die Lilien entlang des Ufersaums. Wir folgen dem Panoramaring auf der leicht ansteigenden asphaltierten Straße geradeaus und nehmen dann einen Schotterweg in den Wald, Richtung Hungerquelle. Angenehm kühl ist es im Schutz der hohen Fichten. Es geht den Berg hinunter. An einer Weggabelung finden wir linker Hand etwas versteckt unseren Wegweiser, der uns nach rechts leitet. Wenige Meter weiter führt ein Stichweg nach links zur **Hungerquelle 8.** In extrem heißen und trockenen Sommern versiegt das Wasser der Quelle. So muss sie „hungern", bis Regenfälle wieder für reichlichen Wasserfluss sorgen.

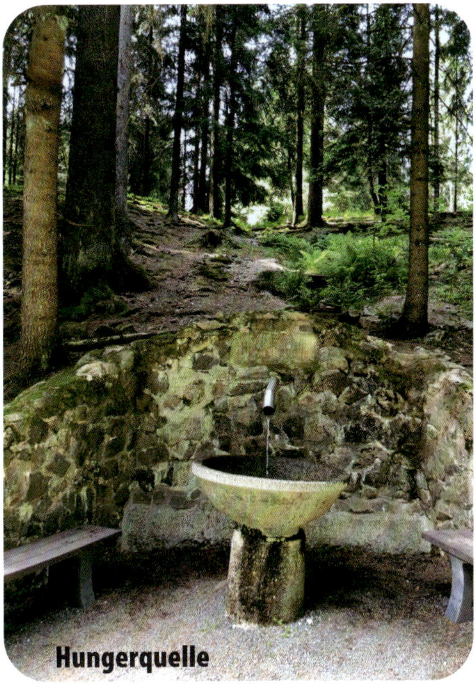

Hungerquelle

Nach einer erfrischenden Armdusche im eiskalten Quellwasser haben wir wieder genügend Kraft und Energie getankt, um den nächsten Kilometer mit kleinen Aufs und Abs Richtung Lenkgrund in Angriff zu nehmen. Wir durchqueren eine Windwurffläche und biegen an einer Wegkreuzung rechts ab. Es geht immer geradeaus weiter bis kurz vor die Landstraße. Hier befindet sich ein Schilderbaum mit einer Holzbank und unserem Wegweiser. An diese Stelle müssen wir später wieder zurück. Erst einmal wenden wir uns aber nach rechts und laufen parallel zur Straße über den Parkplatz zum **Waldcafé & Restaurant Lenk-**

grund 9. Mittlerweile sind wir richtig hungrig geworden und freuen uns auf eine herzhafte Portion Rinderroulade mit Rotkohl und Thüringer Klößen.

Zurück am Schilderbaum, biegen wir nach links ab auf einen Grasweg. In sanftem Bergab wandern wir durch den **Lenkgrund 10**, ein Regenwassermoor und artenreicher Naturraum. Unsere Freude ist groß, als wir den weißen Blütenteppich des Schmalblättrigen Wollgrases sehen, der sich an mehreren feuchten Stellen auf der Wiesenfläche gebildet hat. Entspannt und gefüllt mit schönen Erlebnissen folgen wir dem Weg geradeaus, verlassen die Wiese und laufen direkt auf den Parkplatz zu, an dem unsere Wanderung ihren Anfang nahm.

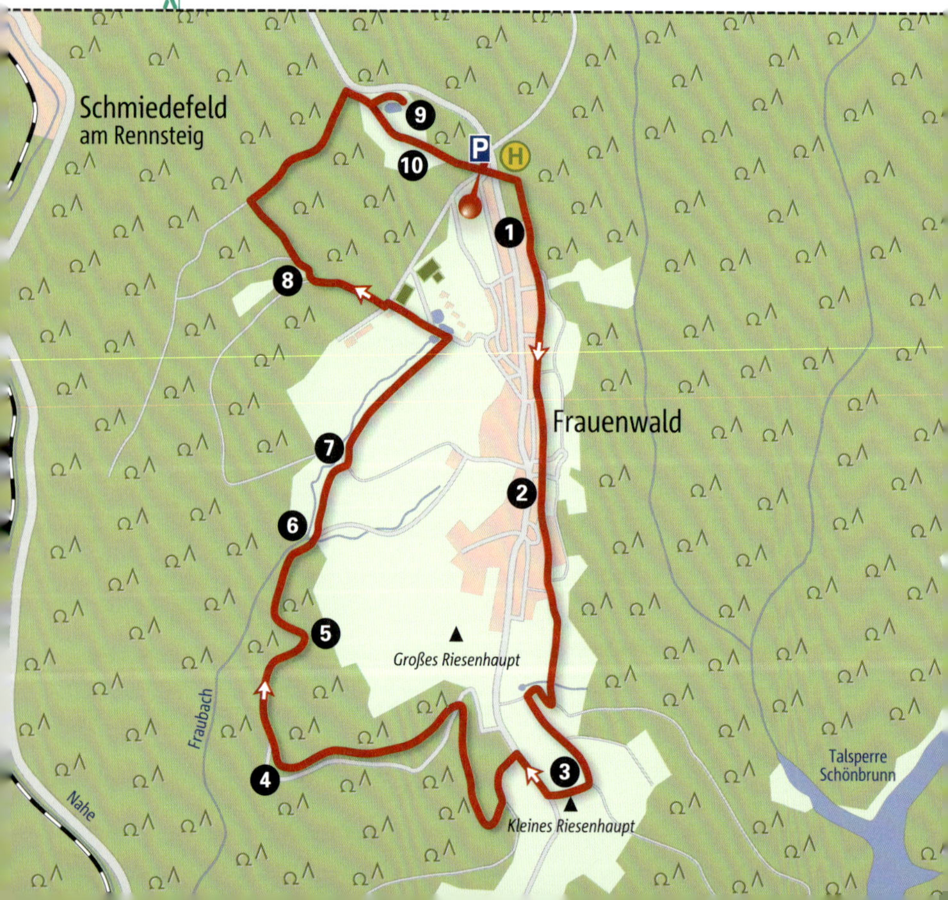

Alles auf einen Blick

WIE & WANN:
Breite Waldwege, schmale Pfade, Asphaltwege innerorts, gemäßigte Gefälle. Schönste Zeit April bis Juni, wenn Scheidiges Wollgras und Bergwiesen blühen.

HIN & WEG:
Auto: Parkplatz am Hirsch-Monument, Nordstraße (Ortseingang), 98694 Frauenwald (GPS: 50.59424, 10.85745)
ÖPNV: Von Ilmenau oder Suhl (über Schmiedefeld) Bus 300 bis Frauenwald, Hirsch

ESSEN & ENTSPANNEN:
Bergkiosk im Haus Vier Jahreszeiten ❶ Promenade 58, 98694 Ilmenau-Frauenwald, Tel. (03 67 82) 70 64 17, www. vierjahreszeiten-frauenwald.de

Entspannung ✸✸✸✸✸
Genuss ✸✸✸✸✸
Romantik ✸✸✸✸✸

Frauenwalder Bauernstube ❷ Südstraße 32, 98711 Frauenwald, Tel. (03 67 82) 6 12 56, www.ferienwohnung-blaurock.de
Waldcafé Fraubachmühle ❻ Fraubachmühle 1, 98694 Ilmenau-Frauenwald, Tel. (03 67 82) 6 14 31
Waldcafé & Restaurant Lenkgrund ❾ Nordstraße 120, 98694 Ilmenau-Frauenwald, Tel. (03 67 82) 7 08 34, www.waldcafe-lenkgrund.de

ENTDECKEN & ERLEBEN:
Rasthütte Kleines Riesenhaupt ❸
Rasthütte unter Buchen ❹
Märchenbrunnen ❺
Wellnessliege ❼
Hungerquelle ❽
Lenkgrund ❿

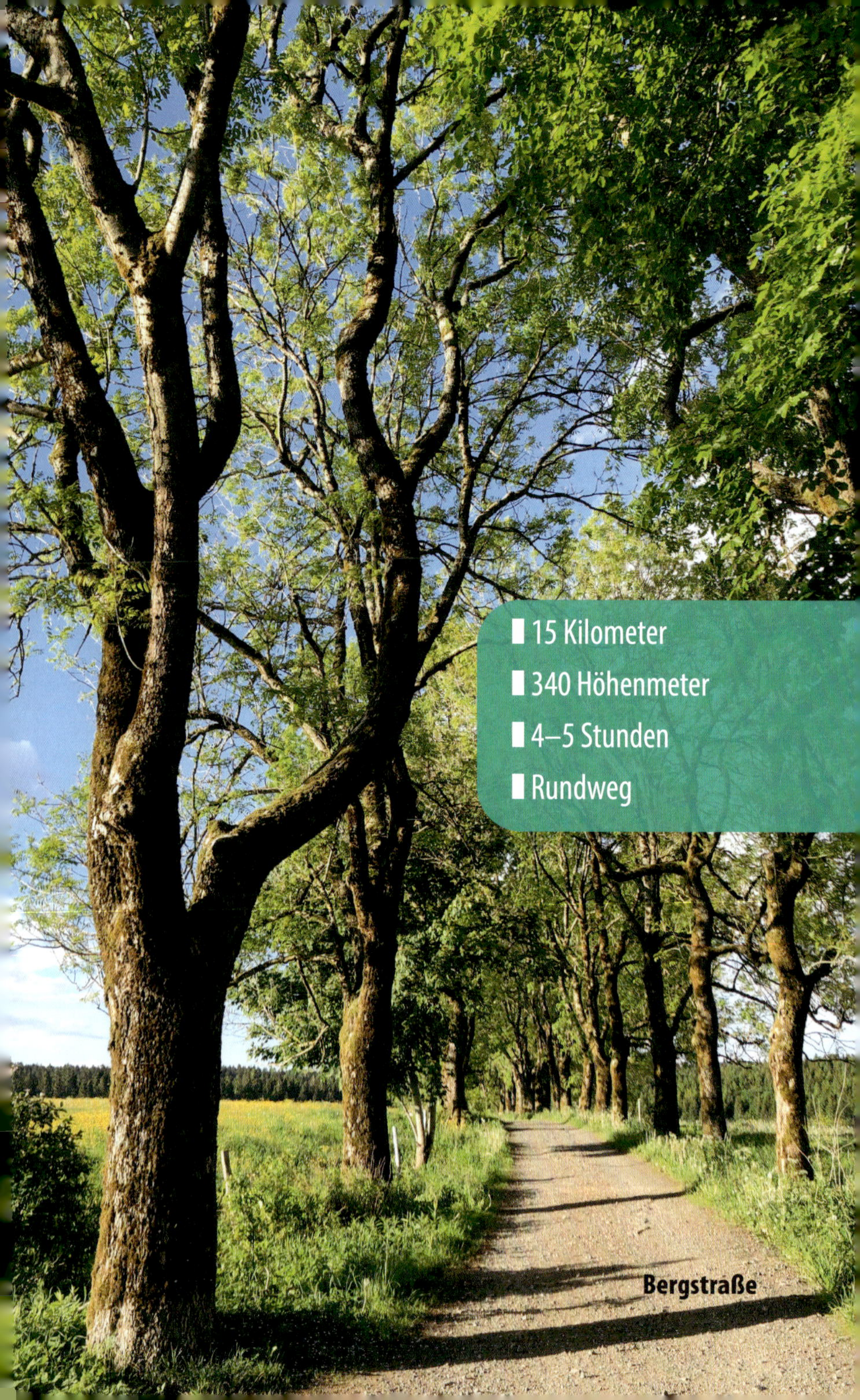

- 15 Kilometer
- 340 Höhenmeter
- 4–5 Stunden
- Rundweg

Bergstraße

Wir starten am Parkplatz neben dem **Informationszentrum des UNESCO-Biosphärenreservats Thüringer Wald** in der **Fritz-Arno-Wagner-Straße** und laufen bis zur Kreuzung. Hier biegen wir links ab und folgen der Fritz-Arno-Wagner-Straße bis zum Parkplatz gegenüber der Fleischerei Kummer. Am Ende des Parkplatzes führt ein gepflasterter Weg parallel zur Straße bergan. Diesen Weg nehmen wir. Schon nach wenigen Metern ändert sich der Untergrund, wir bewegen uns über einen weichen Grasweg, der uns zunächst an Privatgrundstücken vorbeiführt und weiter auf die Bergwiesen. Eine blühende Wiesenlandschaft empfängt uns. Leicht ansteigend wandern wir um den Berg und stoßen auf die Bergstraße. Ein Wegweiser lotst uns nach rechts auf einen befestigten Weg Richtung **Stützerbach,** dem wir nun für etwa 2,6 Kilometer folgen werden.

Doktor Wald

Von Schmiedefeld nach Stützerbach

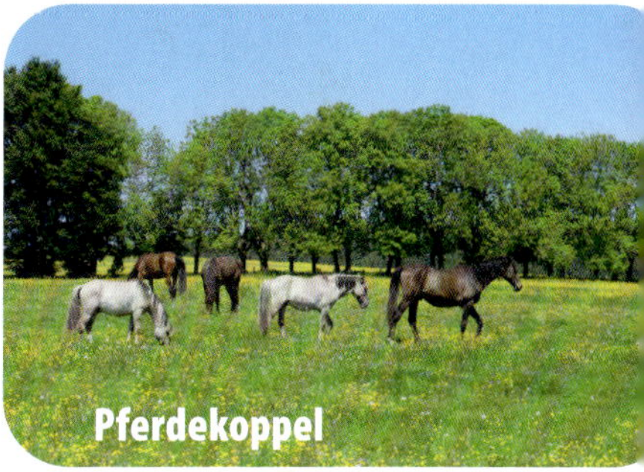

Pferdekoppel

Wir wandern auf einer prächtigen Allee, gesäumt mit hohen Schwarzeschen. Um uns herum nichts als Bergwiesen. Beim Anblick dieser Weite spüren wir, wie sich unser Herz öffnet und Lebensfreude heraustanzt. Die Wiesen werden als Weideflächen für Pferde genutzt. Wir bleiben kurz stehen und schauen den gemütlich grasenden Tieren zu.

In sanftem Auf und Ab folgen wir dem geschotterten Feldweg Richtung Stützerbach. Kurz bevor wir in den Wald geführt werden, sehen wir linker Hand eine

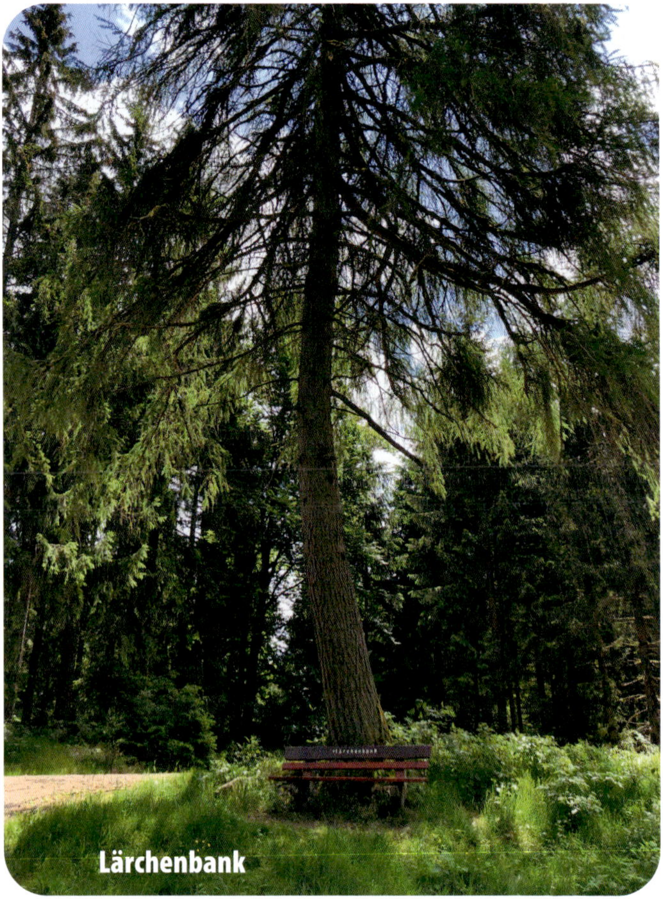

Lärchenbank

alte Buche ❶. Wir schätzen sie auf mindestens 250 Jahre. Ein junger, wild wachsender Buchenwald schließt sich an. Dann geht es durch Fichten-Laubmischwald weiter bis zu einer Landstraße, die wir geradeaus überqueren. Nach wenigen Metern erreichen wir einen Schilderbaum und die **Grazien-Hütte ❷.** Eine kurze Rast bietet sich an.

Danach geht es linker Hand ein kurzes Stück weiter auf dem breiten Schotterweg bis zu einer Kreuzung, an der der Rennsteig nach links wegführt. An dieser Stelle biegen wir rechts ab und begeben uns auf einen Naturweg. Wir durchqueren eine forstwirtschaftlich geprägte Passage. Keine fünf Minuten später überschreiten wir die Grenze zur Pflegezone des UNESCO-Biosphärenreservats Thüringer Wald. Der strukturarme Fichtenwald verschwindet, ein Mischwald aus Buchen, Spitzahornen, Fichten und vereinzelt Ebereschen beherrscht die Szenerie.

Auf einem breiten Forstweg marschieren wir etwa 1 Kilometer geradeaus, passieren eine Wegspinne und laufen kurz darauf an einer Schutzhütte vorbei zur nächsten Kreuzung. Unter einer hohen Lärche entdecken wir die **Lärchenbank ❸.** Wir nehmen Platz und lauschen dem Wind, der durch die Baumkronen streicht.

Für die Seele

Wir gönnen uns kulinarische Auszeiten, kosten Speisen und Getränke aus der Region, aus eigener Herstellung und in besonderer Umgebung.

Von der Lärchenbank aus folgen wir dem **Panoramaweg (weißer Punkt auf grünem Quadrat).** Es geht nach rechts, leicht bergab, auf einen Waldweg. An einem Baumstamm links am Weg finden wir eine verwitterte Markierung. Dem Waldweg folgen wir, bis die ersten Häuser von Stützerbach zu sehen sind. Der Untergrund ist mit groben Steinen durchsetzt, wir achten auf unsere Schritte.

Wenige Gehminuten später kommen wir an eine **Ruhebank ❹** mit schöner Aussicht auf Stützerbach. Ist das nicht ein idealer Platz für ein kurzes Päuschen?

Direkt neben der Bank gabelt sich der Weg. Wir nehmen den linken Abzweig und wandern auf dem

Panoramaweg wieder in den Wald hinein. Nach circa 5 Minuten kommen wir auf einen befestigten Fahrweg, auf den wir links abbiegen. Es geht ein paar Meter bergab bis zu einer Kreuzung, an der wir links abbiegen. Nach etwa 10 Metern zweigt ein Grasweg nach rechts oben ab, diesem Weg folgen wir. Die nächsten Abzweigungen ignorieren wir und bleiben auf dem Grasweg, der in einen breiten, befestigten Weg übergeht. Rechter Hand sehen wir einen Sportplatz. Den nächsten Abzweig nach links nehmen wir. Es ist ein mit Gras bewachsener schmaler Weg, der nach links unten führt. Wir gelangen auf einen Wiesenweg und wandern an einer Bergwiese entlang. Rechts von uns liegt Stützerbach. Nach ungefähr 400 Metern knickt unser Weg nach rechts ab und trifft auf die Straße **Diebskamm,** der wir parallel zur Hauptstraße, der Schleusinger Straße, nach rechts folgen, Richtung **Museum Goethehaus.** Dann stößt der Diebskamm auf die **Schleusinger Straße.** Wir laufen nach rechts, an einer **Bushaltestelle** vorbei, etwa 100 Meter an der Straße entlang zum **Hofcafé** von **Elke Keiner ❺.** Wie wäre es mit einem Stück selbst gemachten Kuchen oder einem Probiergläschen mit Fichtenspitzenschnaps?

Vom Café aus überqueren wir die Straße und laufen auf der anderen Straßenseite etwa 20 Meter nach rechts, bis wir am **Haus Nummer 17** einen kurzen Treppenabstieg finden, der uns links hinunterführt. Wir überqueren die Talstraße und laufen geradeaus weiter bergab, durch die **Unterstraße,** dann über eine Brücke auf den **Papiermühlenweg.** Hinter einer Grünfläche kommen wir an ein **Rennsteigportal.** Ein Schilderbaum zeigt uns die Richtung zum **Goethehaus.** Es geht leicht bergauf in die **Auerhahnstraße,** über die Bahngleise und weiter bergauf in die **Sebastian-Kneipp-Straße.** Auf dieser Straße gelangen wir direkt zum **Goethehaus und Glasmuseum ❻.** Eine Besichtigung des Museums ist lohnend. Zusätzlich zur informativen Goethe-Ausstellung erfahren wir viel über die Thüringer Tradition des Glasblasens.

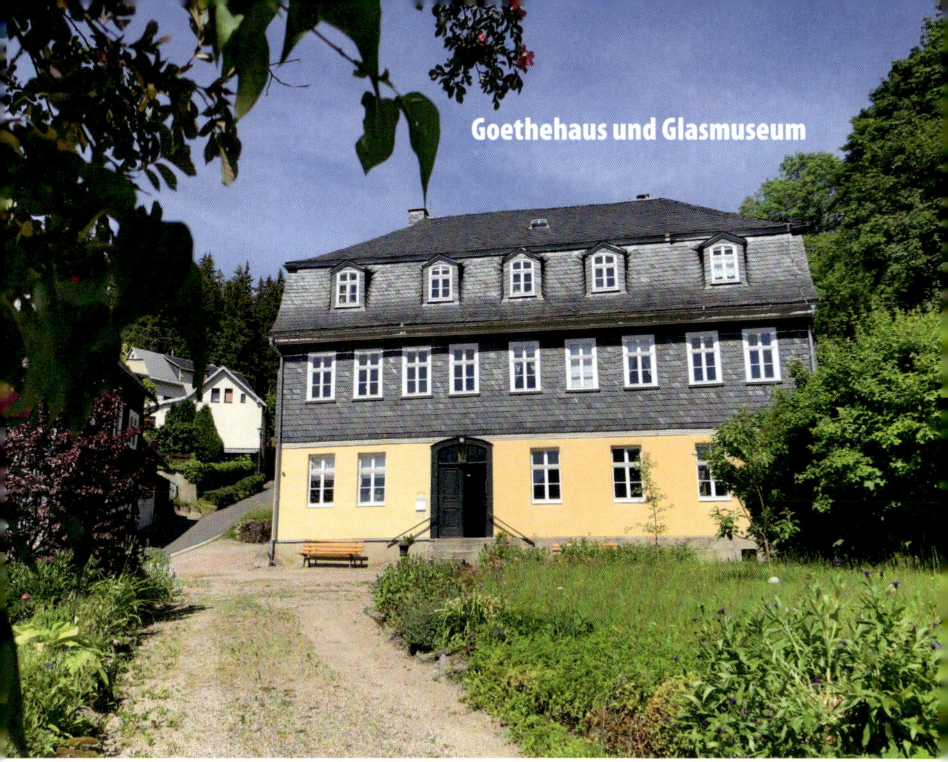

Goethehaus und Glasmuseum

Mit dem Museum im Rücken laufen wir dann nach links, die **Sebastian-Kneipp-Straße** entlang, bis zur nächsten Kreuzung. Dort biegen wir nach rechts auf die **Auerhahnstraße** ab. Wir folgen ihr ein paar Meter, dann sehen wir linker Hand einen ansteigenden schmalen Pflasterweg. Auch ein Schilderbaum befindet sich dort. Diesem Weg folgen wir Richtung **Schlossberg.** Es ist der **Goethewanderweg,** markiert mit einem geschwungenen großen **G.** Wir werden links an einem großen Gebäude mit Schieferfassade vorbeigelenkt. Als Nächstes passieren wir das markante gelbe Gebäude der Stiftung **Monumenta Vitruvii,** das die umfangreichste private Sammlung äthiopischer Handschriften in Deutschland beherbergt. Der Pflasterweg endet an der steil ansteigenden Straße **Am Schlossberg.** Wir folgen dem Goethewanderweg nach links steil bergauf, aus dem Ort hinaus. Rasch gewinnen wir an Höhe und haben einen schönen Blick auf Stützerbach. Die letzten Meter zur Kuppe des Schlossbergs bewältigen wir auf einem

*Johann Wolfgang von Goethe war mehrmals in Stützerbach zu Gast und wohnte im „Gundelachschen Haus" – dem heutigen **Goethehaus.** Neben Schriften, Zeichnungen und Briefen sind die originalen Zimmer Goethes zu sehen.*

Naturweg. Von der weitläufigen Bergkuppe haben wir eine großartige Weitsicht. Auf der Wellnessschaukel vor der **Schutzhütte auf dem Schlossberg 7** schwingen wir sanft dem Alltag davon, fühlen uns frei und ausgeglichen.

Hinter der Schutzhütte gelangen wir auf einen Grasweg, der uns geradewegs über die Bergkuppe führt. Wir folgen ihm circa 500 Meter geradeaus, bis wir eine Gabelung erreichen. Hier zweigt der Goethewanderweg nach links ab, wir laufen aber geradeaus weiter. Dieser Streckenabschnitt hält großartige Panoramen für uns bereit und lässt uns in einen Schlendergang wechseln. In der Ferne sehen wir sogar den Aussichtsturm auf dem Kickelhahn. Wir passieren eine geschlossene Liftbaude und kommen nach wenigen Minuten Wanderzeit an ein **Kneipp-Armbad 8.** Mehrmals tauchen wir unsere Unterarme ins kalte Wasser und fühlen uns danach erfrischt und belebt. Sitzbänke entlang des Weges verführen uns zu kleinen Momenten der Muße.

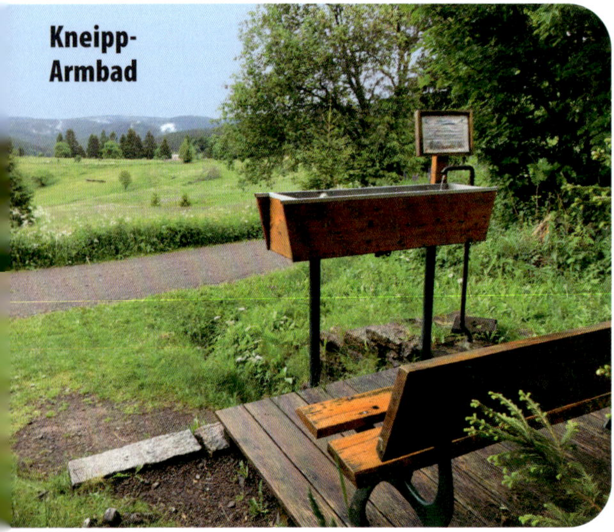
Kneipp-Armbad

Fortan befinden wir uns auf dem **Doktor-Wald-Weg (weißes Kürzel DR auf orangem Quadrat).** Zunehmend wird der Wald um uns herum dichter, urwaldähnlicher. Wir folgen der Wegmarkierung immer geradeaus. Abwärts wandern wir durch einen herrlichen Buchenwaldabschnitt.

Unser Weg endet an einer asphaltierten Straße. Wir folgen ihr nach rechts bis zum **Rastplatz unter einer Buche 9.** Eine kleine Verschnaufpause gönnen wir uns, bevor wir nach links auf dem Doktor-Wald-Weg weitergehen, 1 Kilometer an Bahngleisen entlang, Richtung Bahnhof Rennsteig. Dann entfernt sich der Weg etwas von der Bahntrasse und wir wandern einen weiteren Kilometer durch bewaldetes Gebiet, bis wir auf den **Rennsteig** treffen. Wir folgen dem großen **R** nach links und laufen parallel zur Straße bis zum Parkplatz gegenüber dem Rennsteigbahnhof. Hier überqueren wir die Straße und sind am **Thüringer Waldlokal Bahnhof Rennsteig ⑩** angekommen. Draußensein macht hungrig, jetzt freuen wir uns auf eine Portion Thüringer Röstbratwürste auf der „Waggonterrasse". Regionales Essen mit viel Eisenbahnromantik – wir sind begeistert.

*Der **Doktor-Wald-Weg** animiert dazu, die gesundheitsfördernde Wirkung des Waldes wie eine Medizin in sich aufzunehmen und sich von „Dr. Wald" heilen zu lassen.*

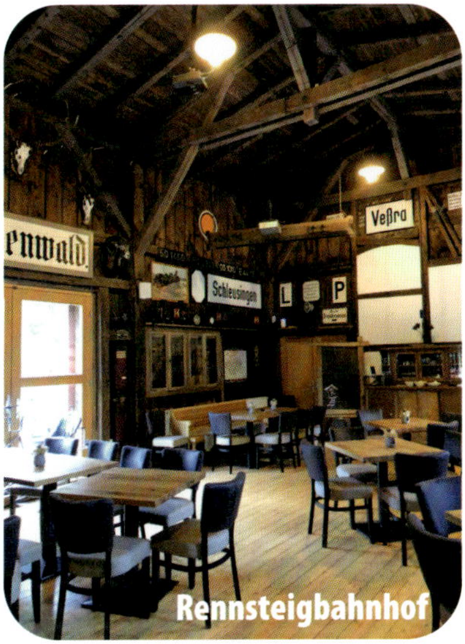

Rennsteigbahnhof

Frisch gestärkt laufen wir vom Bahnhof nach rechts an den abgestellten Waggons vorbei und kommen zum **Rennsteigportal Schmiedefeld.** Von hier folgen wir der **Rennsteigleiter (gelbes R)** Richtung **Schmiedefeld.** Auf einem weichen Waldweg wandern wir in einen herrlich grünen Fichtenwald.

An einer Gabelung sehen wir einen Wegweiser zum **Rennsteighotel Gastinger ⑪,** das schon mehrfach mit dem Thüringer Gastronomiepreis ausgezeichnet wurde. Falls wir im Bahnhof nicht eingekehrt sind, können wir diesem Weg 600 Meter nach rechts zum Hotel folgen und dort bei Feinschmeckergerichten aus regionalen Produkten den Tag ausklingen lassen.

Ansonsten geht es geradeaus auf der **Rennsteigleiter** weiter. Mittlerweile bewegen wir uns auf einem breiteren Sand-Schotter-Weg. An der folgenden Wegkreuzung biegen wir rechts ab. Linker Hand liegt der Grillplatz Schwarzwasser. Wenige Gehminuten später sehen wir einen schmalen Pfad, der nach rechts in den Wald abzweigt. Wir verlassen den Hauptweg und folgen dem Pfad in ein wahres Naturparadies. Herumliegendes Totholzgeäst gibt der Szenerie einen Hauch von Urwald.

*Der über 100 Jahre alte **Bahnhof Rennsteig** ist die höchstgelegene Bahnstation im Thüringer Wald. Zwischen Stützerbach und Rennsteig muss die Bahn eine Steigung von 6 Prozent bewältigen. Damit zählt dieser Abschnitt zu den steilsten Bahnstrecken Deutschlands.*

Verwöhntour 10

*Das **Informationszentrum** hält interessante Einblicke in die Welt des UNESCO-Biosphärenreservats bereit. Es bietet ein vielfältiges Veranstaltungsprogramm, von geführten Themenwanderungen über Ranger-Touren bis zu Workshops über regionale Besonderheiten.*

Der Pfad endet an der Straße Am Heimig. Wir überqueren die Straße und laufen schräg nach links Richtung **Ortszentrum.** Auf einem Grasweg wandern wir hinunter zur **Alten Ilmenauer Straße.** Der Straße folgen wir nach links, bis wir nach ein paar Metern rechter Hand einen Schilderbaum sehen. An dieser Stelle überqueren wir die Straße und laufen nach rechts die **Hüttenstraße** hinunter, Richtung **Touristinfo.** Wir bleiben auf der rechten Straßenseite, laufen an einer italienischen Gaststätte vorbei über die Bahngleise und erreichen den Parkplatz gegenüber der Fleischerei Kummer. Von hier sind es nur noch wenige Gehminuten zum Informationszentrum des **Biosphärenreservats ⓬.**

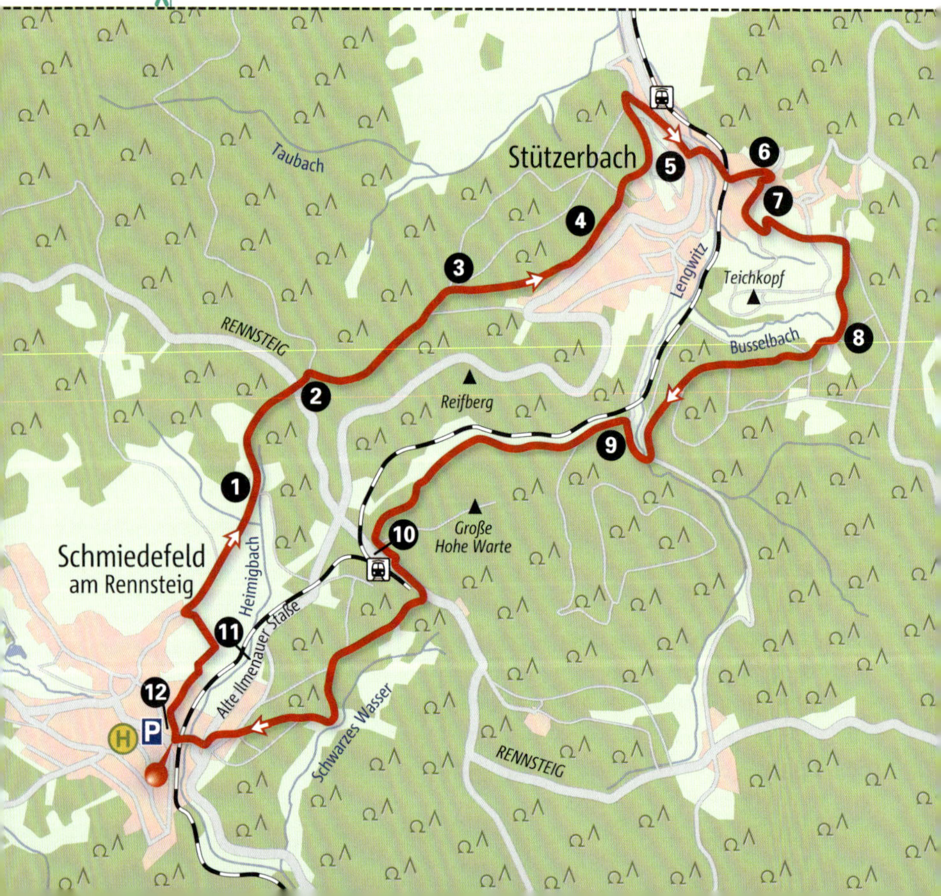

Alles auf einen Blick

WIE & WANN:
Breite Waldwege und naturnahe Pfade, abschnittsweise geschotterte Forstwege, Asphaltwege innerhalb der Ortschaften. Beste Zeit April bis Oktober.

HIN & WEG:
Auto: Parken an der Bushaltestelle „Kino", am Informationszentrum des UNESCO-Biosphärenreservats Thüringer Wald, Fritz-Arno-Wagner-Straße (Achtung, Einbahnstraße!), 98694 Schmiedefeld am Rennsteig (GPS: 50.607194, 10.815444)
ÖPNV: Von Suhl Bf oder Ilmenau Busbf Bus 300 (Richtung Vesser, Ort) bis Schmiedefeld, Kino. Oder von Ilmenau RB 46 bis Rennsteigbahnhof; Wanderstart und -ende entsprechend am Rennsteigbahnhof

Entspannung ✱✱✱✱✱
Genuss ✱✱✱✱✱
Romantik ✱✱✱

ESSEN & ENTSPANNEN:
Hofcafé Elke Keiner ❺ Schleusinger Straße 40, 98694 Ilmenau-Stützerbach, Tel. (03 67 84) 5 07 10
Thüringer Waldlokal Bahnhof Rennsteig ❿ Rennsteig 3, 98528 Suhl, Tel. (03 67 82) 70 18 35, www.bahnhofrennsteig.de
Hotel Gastinger ⓫ Alte Ilmenauer Straße 21, 98528 Suhl-Schmiedefeld, Tel. (03 67 82) 70 70, www.hotel-gastinger.de

ENTDECKEN & ERLEBEN:
Alte Buche ❶ **Grazien-Hütte** ❷ **Lärchenbank** ❸ **Ruhebank** ❹
Goethehaus und Glasmuseum ❻ Sebastian-Kneipp-Straße 18, 98694 Ilmenau-Stützerbach, Tel. (03 67 84) 5 02 77
Schutzhütte auf dem Schlossberg ❼ **Kneipp-Armbad** ❽
Rastplatz unter der Buche ❾
Informationszentrum Biosphärenreservat Schmiedefeld am Rennsteig ⓬
www.biosphaerenreservat-thueringerwald.de

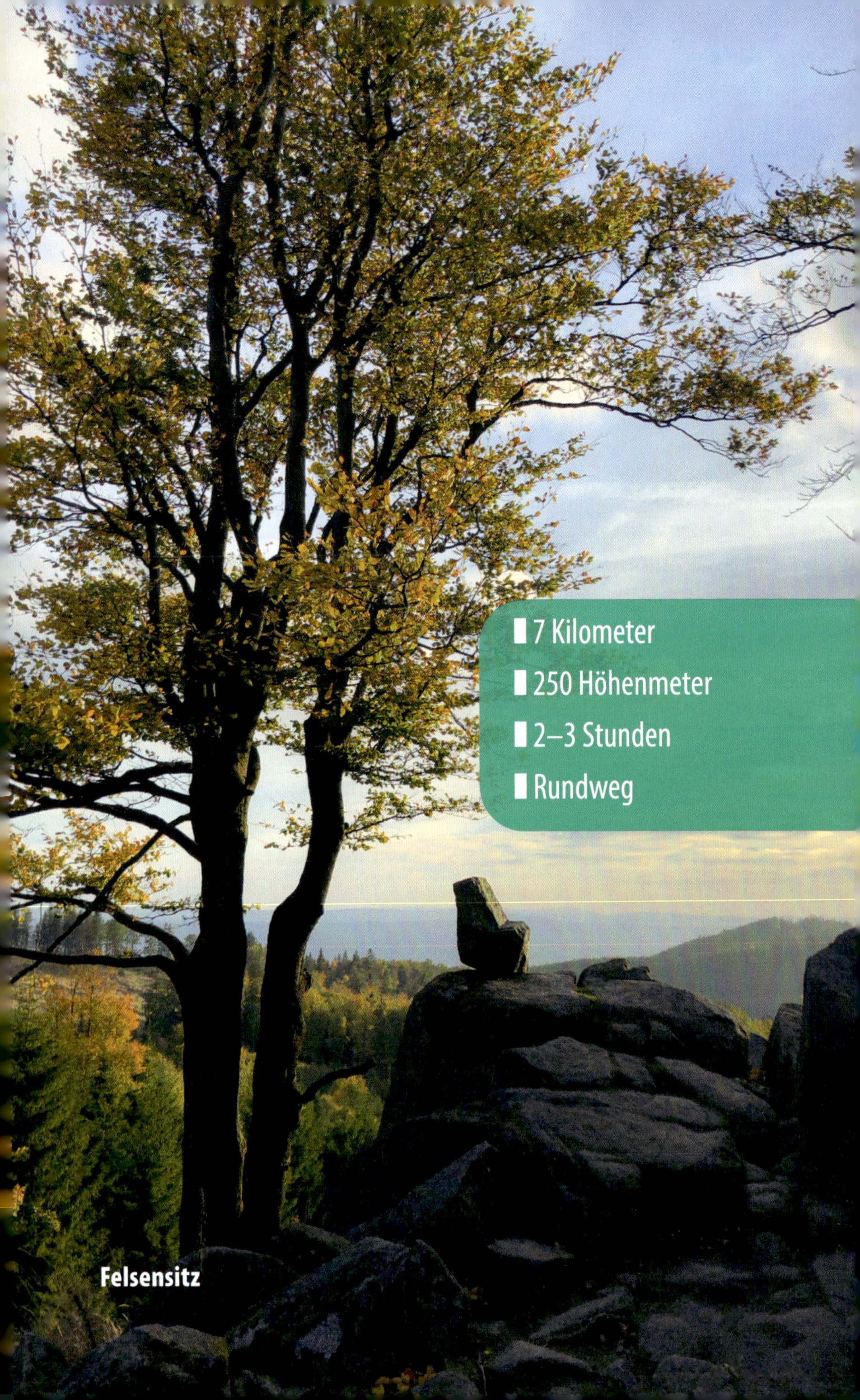

- 7 Kilometer
- 250 Höhenmeter
- 2–3 Stunden
- Rundweg

Felsensitz

Unsere Rundwanderung beginnt am Parkplatz vor der **Gaststätte Schützenhaus** in Ruhla. Zunächst laufen wir rechts an der Straße entlang, am Schützenhaus vorbei, und dann rechts auf einen Schotterweg. Hier befindet sich der Einstieg zum Wanderweg **Glöcknerrunde** (Markierung **grünes Dreieck** auf weißem Quadrat), dem wir nun folgen. Unser Ziel ist das Felsmassiv Glöckner, ein beliebter Aussichtspunkt am Rennsteig. Wir passieren das Waldschwimmbad, es geht geradeaus weiter in den Wald hinein. Leicht bergauf betreten wir ein Waldgebiet, das als Totalreservat-Zone ausgewiesen ist, und kommen zur **Schutzhütte Alte Ruhl.** Hier legen wir eine kurze Verschnaufpause ein. Wenige Gehminuten später erreichen wir die **Schanzenanlage Alte Ruhl** ❶ mit der

Steinerner Stuhl

Glöckner am Rennsteig bei Ruhla

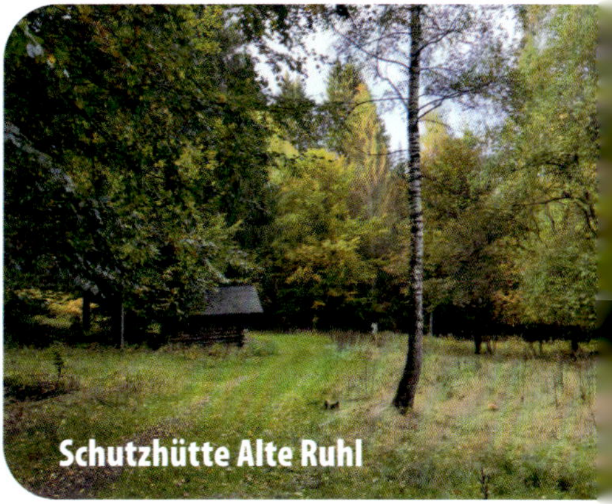
Schutzhütte Alte Ruhl

Schanzenbaude des Ruhlaer Wintersportclubs. Hier halten die Ruhlaer Wintersportler ihr Haupttraining ab.

Wir passieren die Schanzenanlage und biegen rechts auf einen Grasweg ab. An einem Baumstamm rechter Hand finden wir unsere Wegmarkierung. Wir werden über die Landstraße geleitet und folgen einem Waldweg geradeaus Richtung **Schillerbuche.** Nach einem kurzen Anstieg senkt sich der Weg. Wenige Minuten später öffnet sich der Wald und gibt den Blick auf die Storchwiese frei. Alte Buchen säumen den Weg, wir

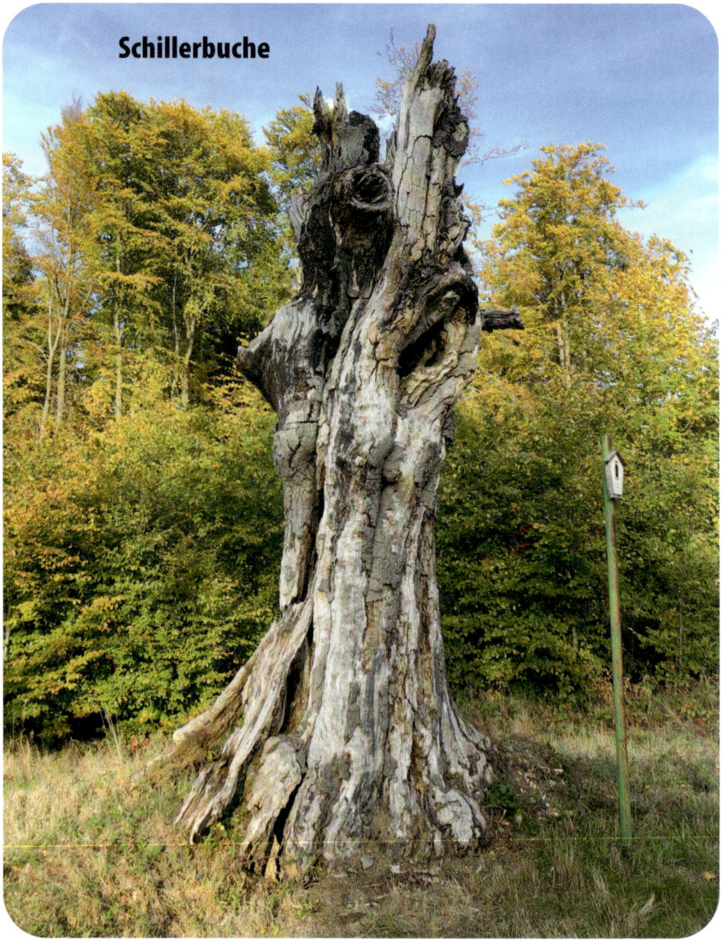

sind beeindruckt von ihren dicken Stämmen und der Stärke, die sie ausstrahlen. Bachgeplätscher dringt an unser Ohr.

Kurz darauf stehen wir an einer Infotafel zum **Dreiherrenstein am Glasbach,** der sich hier einmal befand. Danach werden wir nach rechts um eine Kurve gelenkt, auf einen ansteigenden, breiten Waldweg. Wir lassen uns Zeit für den Aufstieg und durchwandern verschiedene Zonen aus Wiesen- und Windwurfflächen. Nach ungefähr 1 Kilometer endet unser Waldweg an einer Landstraße. Rechter Hand auf der Wiese entdecken wir die **Schillerbuche ②,** überqueren die Straße und stehen vor dem **Rennsteigportal Bad Liebenstein – Schweina – Steinbach.** Deutschlands ältester Fernwanderweg, der Rennsteig, verläuft hier parallel zur Straße. Neben dem Portal sehen wir den **Imbiss zur Wallfahrt am Rennsteig ③.** Die Verlockung ist groß, und so genehmigen wir uns eine original Steinbacher Röstbratwurst.

Frisch gestärkt geht es auf dem **Rennsteig** weiter. Vor dem Portal stehend, mit der Schillerbuche im Rücken, wenden wir uns nach rechts und sehen an einer Hinweistafel das grüne Dreieck, dem wir nun zum Glöckner folgen. Als Ersatzmarkierung dient uns auch das

Eine traditionelle Wanderung auf dem Rennsteig, die über 5 bis 6 Tage geht, wird seit jeher als ***„Runst"*** *bezeichnet. Seit über 100 Jahren grüßen sich Wanderer auf dieser Route und wünschen sich „Gut Runst!" – eine glückliche Wanderung.*

Für die Seele

Wir sitzen auf einem steinernen Stuhl und blicken in die Weite des Thüringer Walds, fühlen uns befreit und weit weg vom Alltag.

große Rennsteig-**R.** Auf dem Rennsteig wandert man selten allein, wir treffen auf Wanderer mit Gepäck, auf Radfahrer und Mountainbiker.

Am Straßendreieck Glasbach überqueren wir die Landstraße und laufen geradeaus auf einem ansteigenden Schotterweg weiter. Fichtenschäden haben großflächige Lichtungen geschaffen, auf denen nun die neue Waldgeneration heranwächst. Nach wenigen Minuten auf dem Rennsteig entdecken wir rechts am Wegesrand ein Hinweisschild zu **Fredis Quell ④.** Über einen schmalen Stichweg gelangen wir zu einer Sitzbank unter Birken, mit einer eingefassten Quelle davor – ein abgeschiedenes Plätzchen mit einem traumhaften Ausblick ins Tal und auf die geschwungene Bergkulisse.

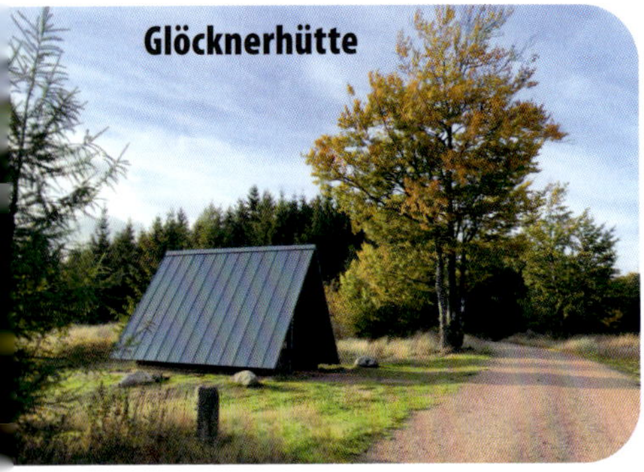

Danach wartet ein weiterer Anstieg auf uns. Am Ende der Steigung wandern wir durch einen Fichtenwaldabschnitt und kommen zur **Glöcknerhütte ❺,** einer der typischen Finnhütten, wie man sie entlang des Rennsteigs öfter findet. Entsprechend der Jahreszeit wird die Hütte mit Blumen geschmückt – ein herzlicher Gruß an alle, die vorbeikommen. Vor der Hütte gibt es Rastmöglichkeiten, die wir gern wahrnehmen – die Aussicht auf den Thüringer Wald ist großartig.

Wenige Meter nach der Hütte zweigt ein schmaler Pfad nach links ab, zum **Ehrenmal Glöckner ❻,** einem Granitmassiv, das aus zwei Felskuppen besteht. Auf den Gesteinsformationen der ersten Kuppe sind mehrere Inschriften zu finden, was den Namen „Ehrenmal" erklärt. An dieser Felsengruppe laufen wir vorbei und folgen dem schmalen, verwunschenen Pfad leicht bergab zur nächsten Bergkuppe. Dort angekommen, sind wir überwältigt von dem Panorama, das sich vor uns ausbreitet. Auf einem Steinquader entdecken wir den **Felsensitz ❼,** einen Granitbrocken, der einem Sessel ähnelt. Er ist dem Gründer der Ruhlaer Forstschule gewidmet.

Wir erkunden die Umgebung und finden eine Holzbank. Gibt es einen schöneren Platz für ein Picknick? Im goldenen Licht der Abendsonne ist dieser Platz eine Oase zum Abschalten und Auftanken.

Wegen ihres reichen Buchenbestands war die ***Große Meilerstätte*** *einst ein bevorzugter Standort für Holzkohlemeiler.*

Nach einer wohltuenden Entspannungspause folgen wir dem Pfad weiter und gelangen nach wenigen Metern zurück auf den **Rennsteig,** dem wir nach links folgen. Kurz nachdem wir den Glöckner verlassen haben, kommen wir zum Rastplatz an der **Großen Meilerstätte ❽.**

An einer Wegkreuzung werden wir nach rechts gelenkt und wandern durch eine große Windbruchfläche

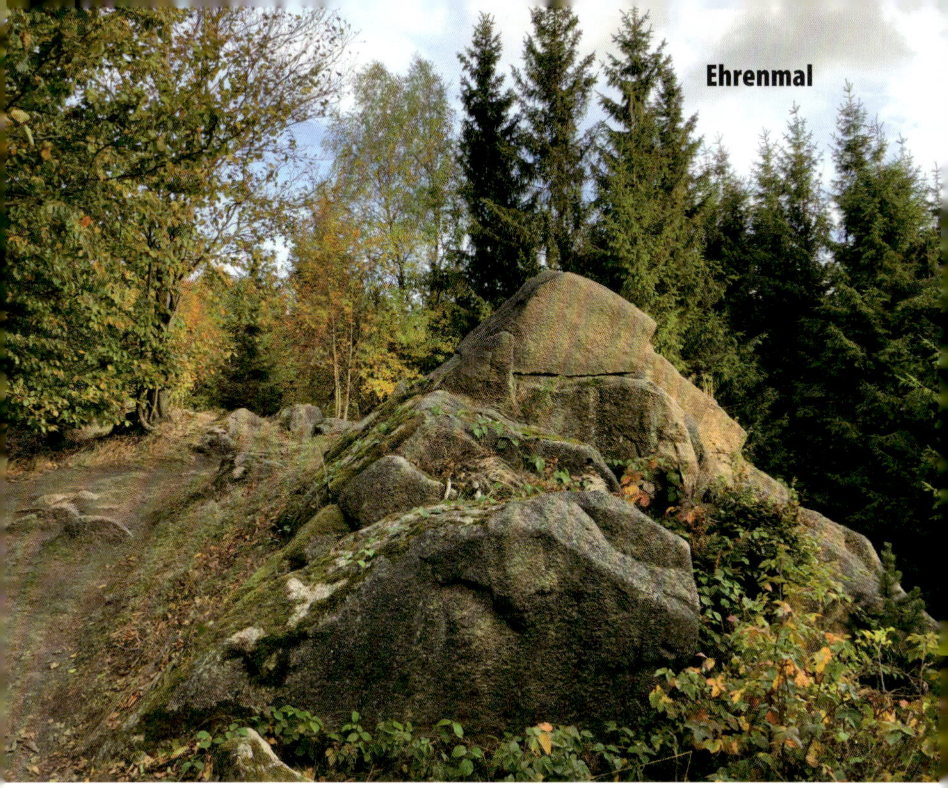
Ehrenmal

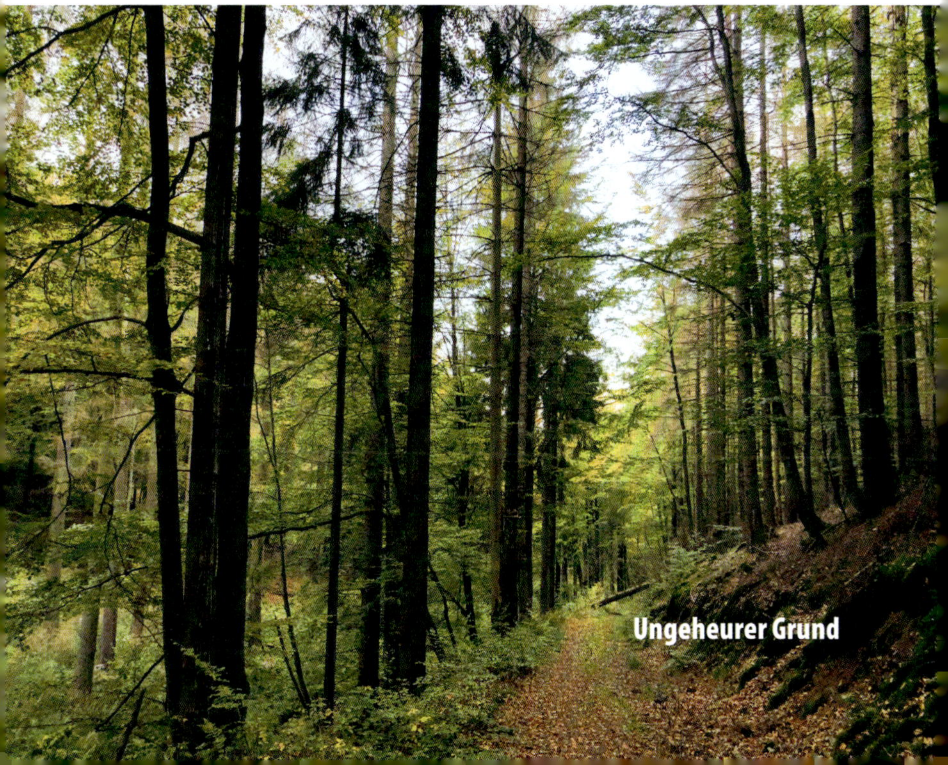
Ungeheurer Grund

bergab. Wenige Gehminuten später tauchen wir ein in die friedvolle Stille des **Ungeheurer Grunds.** Unter uns hören wir das leise Säuseln des Rollabachs. Umgestürzte Bäume liegen quer. Ein Hauch von Urwaldatmosphäre umgibt uns.

An einer Wegkreuzung kommen wir an einem kleinen Tümpel vorbei, mit einer Infotafel zum Thema **Totholz im Wald.** Wir überqueren den Bach und folgen dem grünen Dreieck nun auf der linken Bachseite talwärts, zurück zum Parkplatz. In den Sommermonaten können wir uns im **Waldbad Ruhla 9** abkühlen. Zum Abschluss unserer erlebnisreichen Wandertour freuen wir uns jetzt auf eine zünftige Einkehr in der **Gaststätte Schützenhaus 10.**

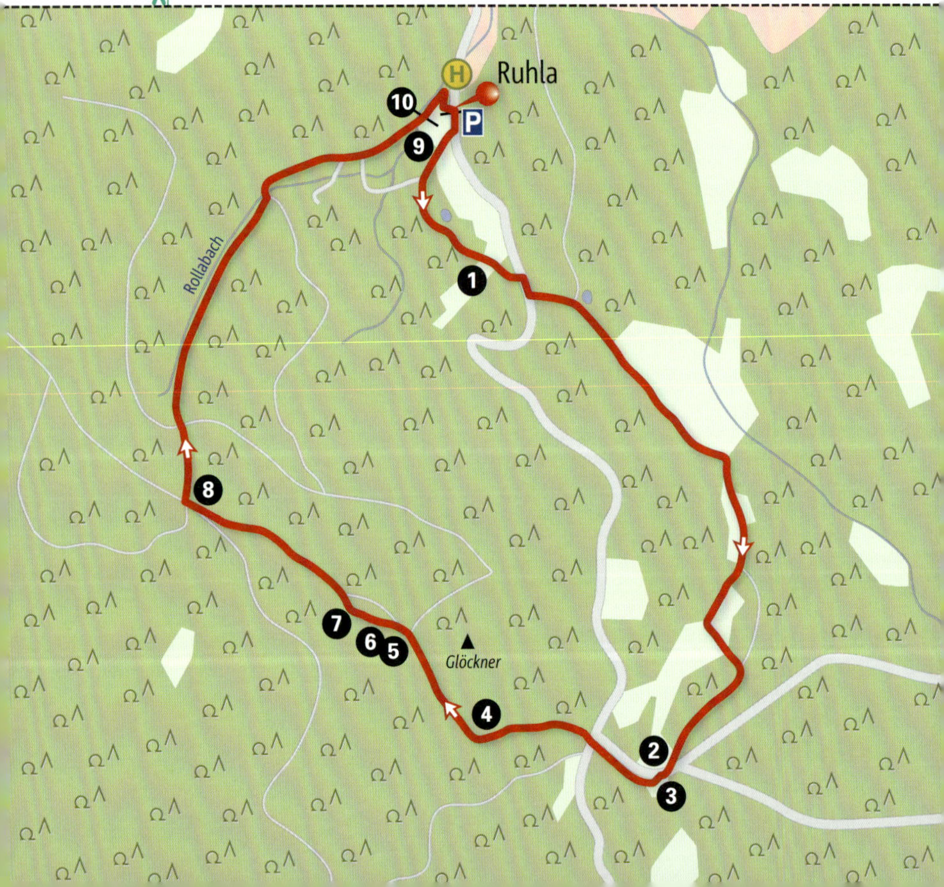

Alles auf einen Blick

WIE & WANN:
Wald- und Wiesenwege, schmale Pfade, geschotterte bzw. befestigte Forstwege. Ganzjährig schön, bei Schnee- und Eisglätte Felsen möglicherweise nicht begehbar.

HIN & WEG:
Auto: Parkplatz Naherholungsgebiet Alte Ruhl, 99842 Ruhla (GPS: 50.87819, 10.37372)
ÖPNV: Ab Eisenach Busbf Bus 142 (Richtung Bad Tabarz) bis Schwimmbad, Ruhla

ESSEN & ENTSPANNEN:
Imbiss zur Wallfahrt am Rennsteig ❸ Glasbachstraße, 36448 Bad Liebenstein/Steinbach, Tel. (03 69 61) 74 80 00
Gaststätte Schützenhaus ❿ Altensteiner Straße 30, 99842 Ruhla, Tel. (03 69 29) 64 05 98

Entspannung ★★★★★
Genuss ★★★★☆
Romantik ★★★★☆

ENTDECKEN & ERLEBEN:
Schanzenanlage Alte Ruhl ❶
Schillerbuche ❷
Fredis Quell ❹
Glöcknerhütte ❺
Ehrenmal Glöckner ❻
Felsensitz ❼
Große Meilerstätte ❽
Waldbad Ruhla ❾ Altensteiner Straße, 99842 Ruhla, Tel. (03 69 29) 6 34 02

Werraquell-Hütte

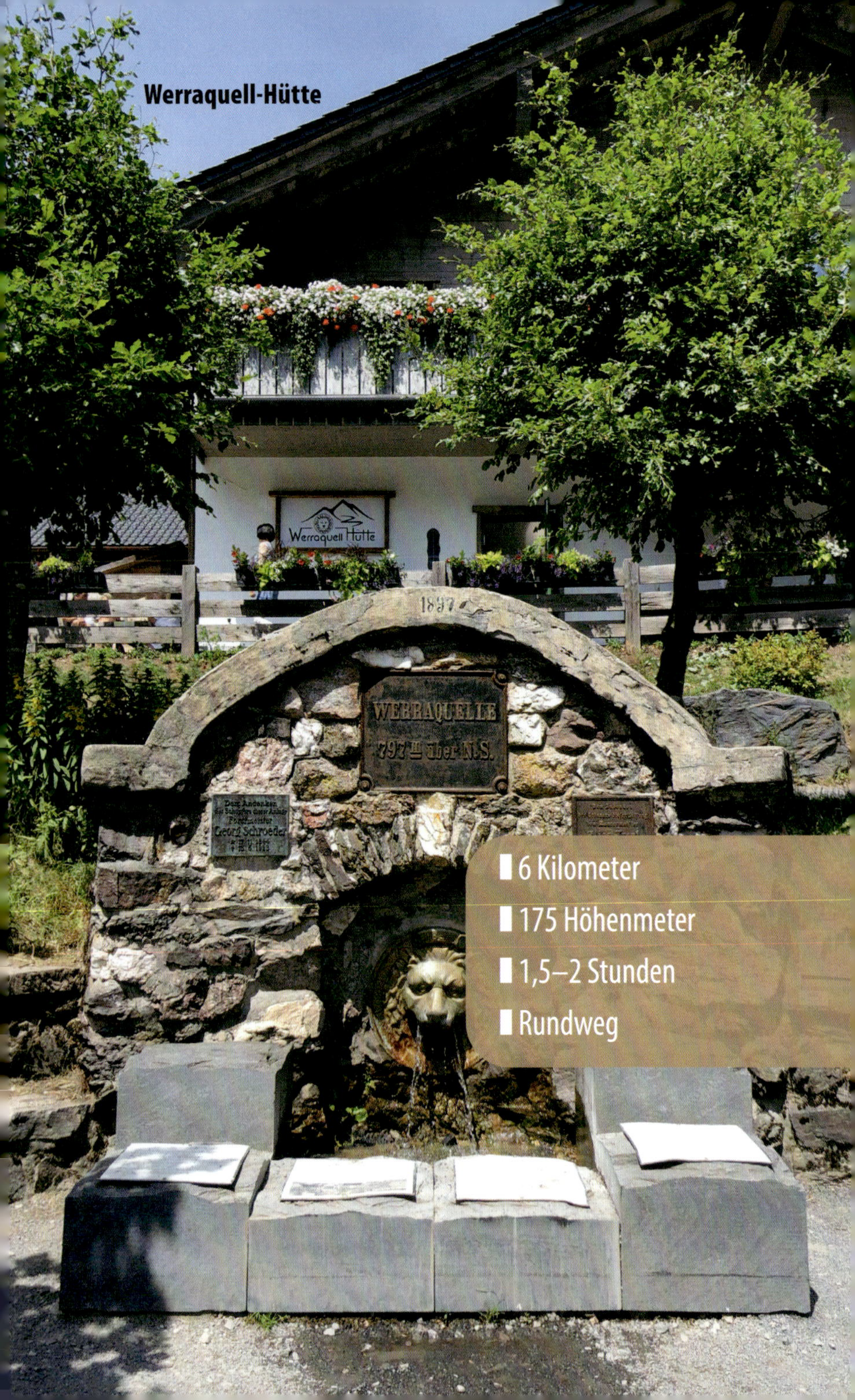

- 6 Kilometer
- 175 Höhenmeter
- 1,5–2 Stunden
- Rundweg

Unsere Wanderung beginnt am **Rennsteighaus** am Ortsausgang von Masserberg. Wir wechseln die Straßenseite und laufen in die **Rennsteigstraße.** Rechter Hand sehen wir einen Rastplatz mit großem Schilderbaum. Zunächst orientieren wir uns am Wegweiser Richtung **Rennsteig** und **Masserberg Aussichtsturm.** Auf dem Kiesweg rechts neben der Straße marschieren wir aus dem Ort in den Wald hinein, bis wir zu einer Kreuzung mit **Rasthäuschen** kommen. Hier biegen wir nach links auf einen breiten Schotterweg ab, Richtung **Abenteuerspielplatz/Heidehütte.** Es geht in sanftem Auf und Ab immer geradeaus, die Abzweigungen nach rechts oder links brauchen wir vorläufig nicht zu beachten. Fichtenwald umgibt uns, hier und da tun sich Ausblicke in die bergige Landschaft links von uns auf.

Etwa nach einem Wanderkilometer gelangen wir an eine Holzbank, die in sanftes Sonnenlicht getaucht ist. Dieser Platz zieht uns an, und so setzen wir uns für einen Moment hin, lauschen dem Wald und lassen uns von der Sonne streicheln.

Auf den folgenden 600 Metern haben wir zweimal die Gelegenheit für eine Rast. Nachdem wir eine Offen-

*Der **Kurort Masserberg** mit seinem Reizklima liegt auf einer Höhe von 830 Metern auf dem Kamm des Thüringer Walds. Ein längerer Aufenthalt in der Region regt die körpereigenen Abwehrmechanismen an, stärkt Herz und Kreislauf und ist gut für die Atemwege.*

Waldspaziergang

Werraquelle bei Masserberg

fläche passiert haben, gelangen wir zur ersten der beiden, zu einer **Sitzgruppe mit Unterstand ❶.** Ungefähr 5 Minuten Wanderzeit sind es zur zweiten Möglichkeit, der **Heidehütte am Dreiherrenstein „Hohe Heide" ❷.** Dort treffen wir auf den Rennsteig mit dem **Rennsteigportal Fehrenbach.** Umgeben von Fichtenwald, strahlt dieser Ort eine angenehme Ruhe aus. Kurzerhand entscheiden wir uns für ein kleines Päuschen in dieser wohltuenden Waldatmosphäre.

Unser nächstes Ziel ist die **Werraquelle.** Am Schilderbaum finden wir einen entsprechenden Wegweiser und begeben uns auf den schmalen Waldpfad rechts neben der Sitzgruppe. Dieser Streckenabschnitt verläuft auf dem **Werra-Burgen-Steig (blaues Quadrat).** In sanftem Abstieg wandern wir durch herrliches Fichtenwaldgebiet. Wenn der Wind durch die Baumwipfel bläst, hört es sich an wie Meeresrauschen.

Wir stoßen auf einen breiten Schotterweg, überqueren ihn leicht diagonal und sehen eine Holztafel mit Sinnsprüchen, an der unser Pfad weiterführt. An einem Baumstamm entdecken wir zur Bestätigung das blaue Quadrat. Das frische Grün der Heidelbeer-

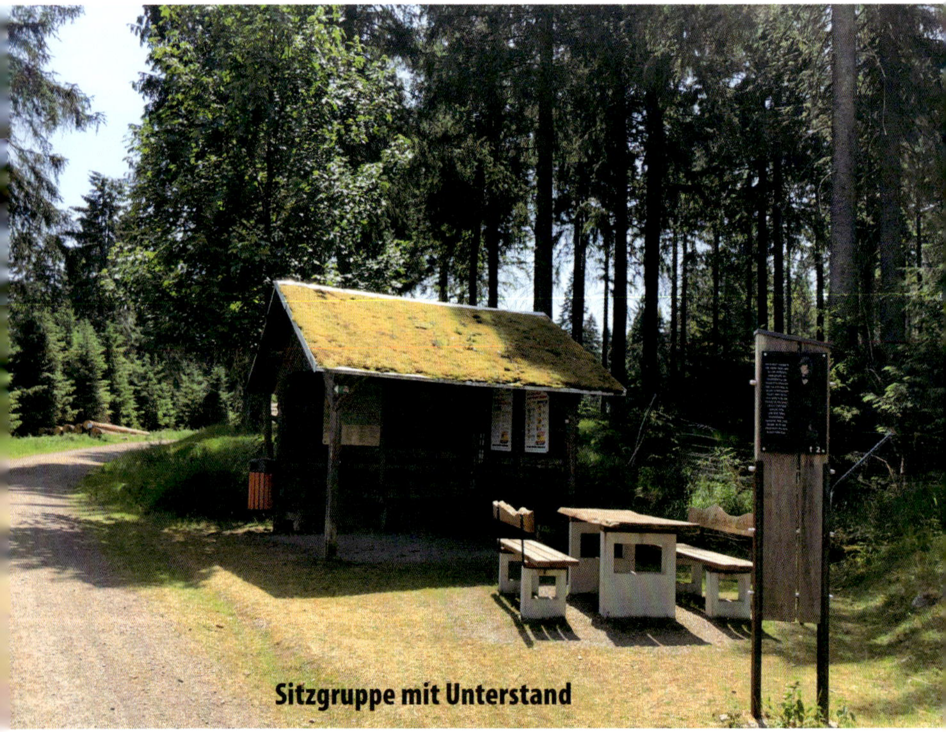

Sitzgruppe mit Unterstand

sträucher, die den Waldboden bedecken, und die greifbare Nähe zu den Bäumen wirken sich belebend auf uns aus. Wir spüren, wie wir Energie aus der Umgebung schöpfen. Weiche Moosteppiche überziehen den Waldboden, das Geäst und die Baumstümpfe. Sie verwandeln die Umgebung in ein großes, weiches Naturkissen.

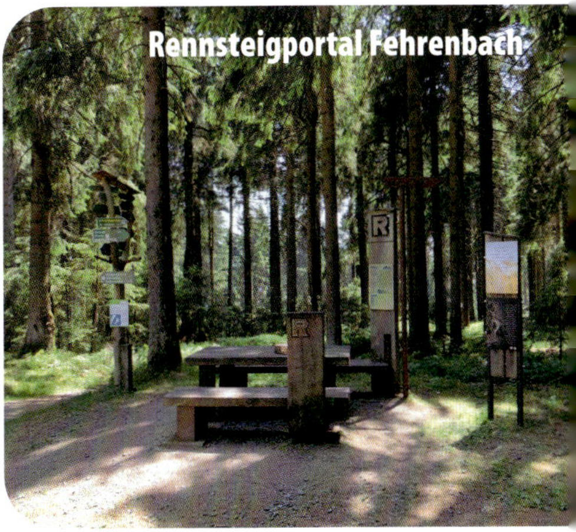
Rennsteigportal Fehrenbach

Unsere Waldlustwandelei endet vorerst mit der Ankunft an der **Werraquell-Hütte ❸.** Jetzt freuen wir uns auf eine ausgedehnte Einkehr mit regionaler Kost. Danach schlendern wir hinunter zur **Werraquelle ❹,** die sich in unmittelbarer Nähe vor der Gaststätte befindet. Von einem Holzturm, den wir über eine schiefe Ebene erklimmen, blicken wir hinunter auf die grünliche Wasseroberfläche des kleinen Quelltümpels. Die Grünfärbung resultiert aus einem hohen Kupfersulfatanteil im Wasser.

Für die Seele

Unter dem Lebensbaum sitzend lassen wir uns von Zitaten dazu inspirieren, Zeit bewusst wahrzunehmen.

Wir setzen unsere Wanderung fort und laufen auf einem breiten Kiesweg rechts an der Gaststätte vorbei Richtung **Turmbaude.** Rechts von uns taucht ein Holzsteg auf, der zu einer prächtigen Fichte führt. Es ist eine Art **Lebensbaum ❺.** Zitate und Sinnsprüche laden uns zu einem Moment der Muße ein.

Linker Hand sehen wir urwaldähnlichen Fichtenwald. Fransiges Moos hängt von den Ästen herab und lässt die Bäume wie Wesen aus einer anderen Welt aussehen.

Der Wald lichtet sich wieder, und wir kommen an eine Weggabelung, an der wir uns rechts Richtung **Turmbaude** orientieren. An der nächsten Gabelung wenige Minuten später laufen wir nach links, ebenfalls Richtung Turmbaude. Ungefähr 1 Kilometer wandern wir auf einem breiten Sandweg. Gräser, Sträucher und Blumen wachsen am Wegesrand und ziehen unzählige Schmetterlinge an, auch uns bisher unbekannte Arten wie den Pantherspanner und den Perlmutterfalter. Wir stoßen auf den **Rennsteig** und folgen ihm nach links. Und schon sehen wir den Turm der **Rennsteigwarte** ❻. Für einen Euro dürfen wir hinauf zur Aussichtskuppel.

In der **Turmbaude Masserberg** genehmigen wir uns eine abschließende Rast, bevor wir uns auf den Weg zurück nach Masserberg machen.

*Ein großartiger Rundumblick erwartet den Besucher vom Turm der **Rennsteigwarte**, dem höchsten Aussichtsturm am Rennsteig. Der Blick reicht zum Schneekopf, zum Schwarzatal und Fröbelturm und zur Veste Coburg. Sogar die Gipfel des Fichtelgebirges sind zu erkennen.*

Direkt hinter der Turmbaude, links neben einem roten Rasthäuschen, führt ein schmaler Pfad in den

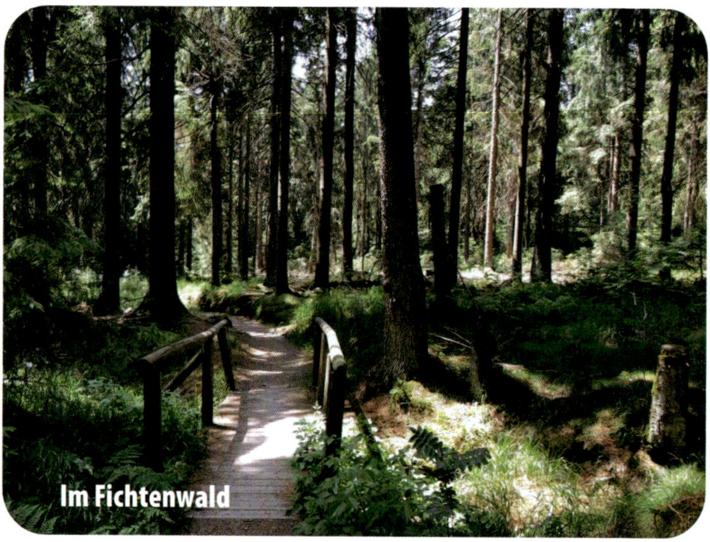

Im Fichtenwald

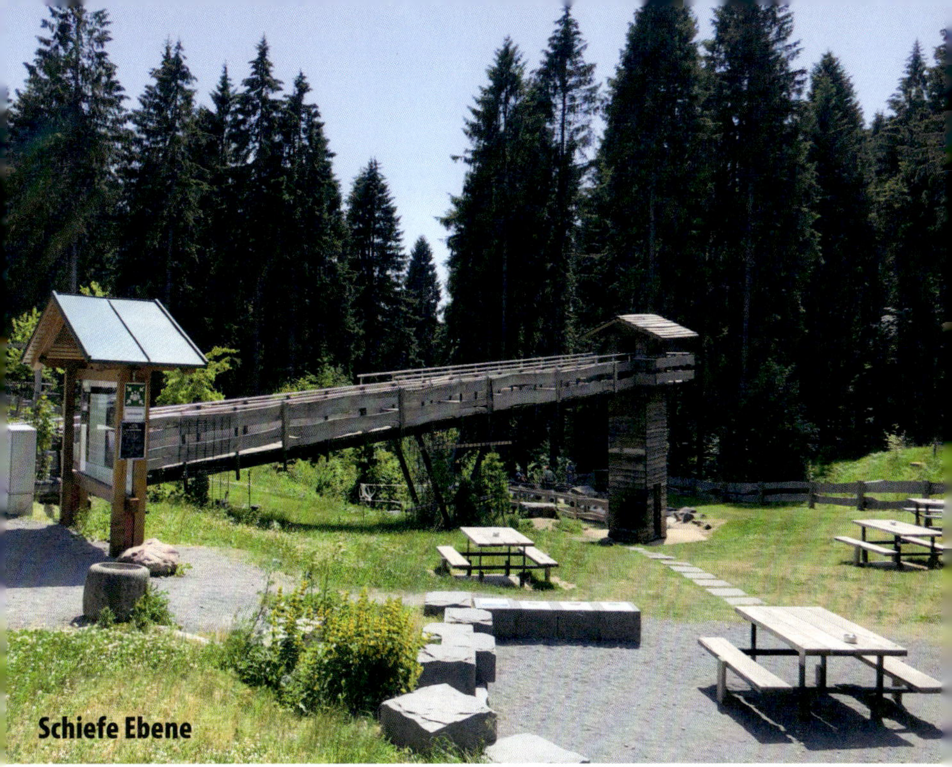
Schiefe Ebene

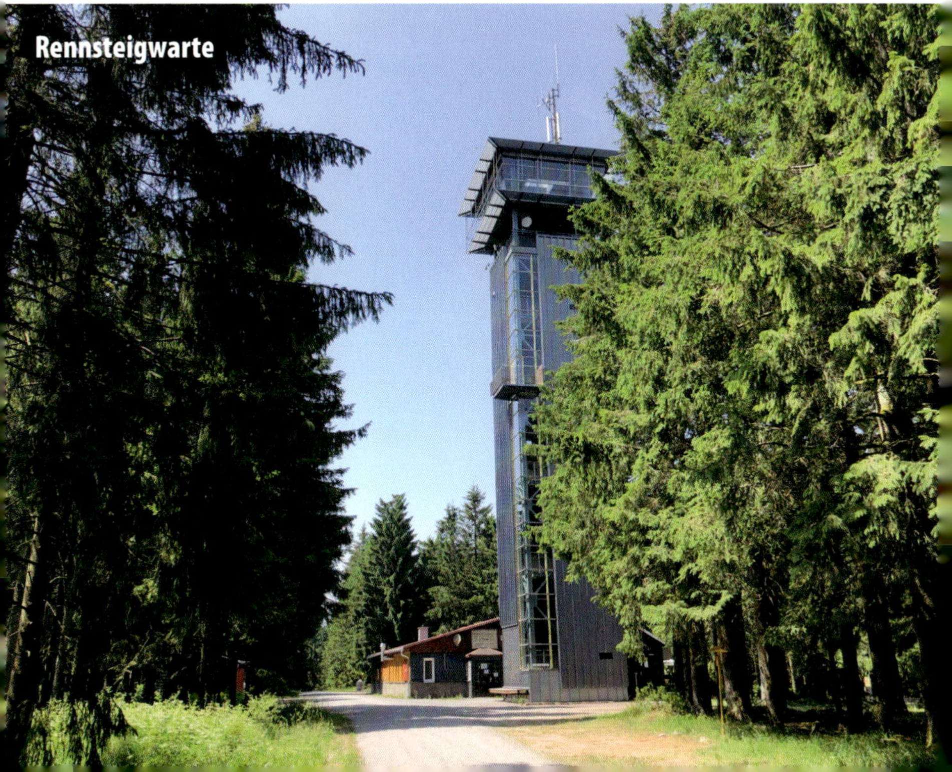
Rennsteigwarte

Wald hinein. Diesem Pfad folgen wir achtsam bergab und halten uns an der nächsten Weggabelung links. Nun laufen wir geradeaus auf einen Sportplatz zu. Dort biegen wir rechts ab und kommen auf einen breiten Waldweg. Diesen Weg kennen wir, wir sind ihn zu Beginn unserer Wandertour schon einmal entlanggelaufen. Nach links kommen wir wieder zurück zum Parkplatz am Rennsteighaus.

Bevor wir uns auf den Nachhauseweg begeben, statten wir der **Glasbläserei Sachs** 7 einen Besuch ab. Dort können wir zuschauen, wie Kunstwerke aus Glas entstehen, und ein Andenken an unsere Wanderung erwerben.

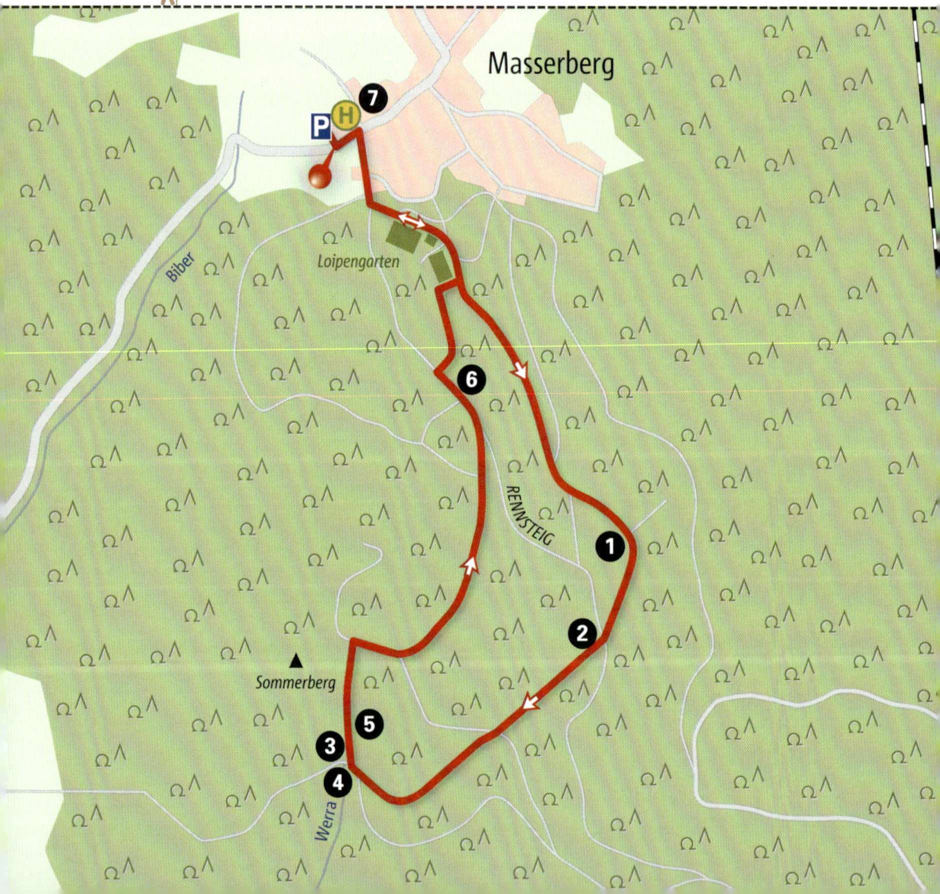

Alles auf einen Blick

WIE & WANN:
Breite Schotterwege, schmale Pfade und Waldwege, Asphaltwege innerorts. Ganzjährig schön.

HIN & WEG:
Auto: Wanderparkplatz am Rennsteighaus, 98666 Masserberg (GPS: 50.517723, 10.965553)
ÖPNV: Ab Suhl Bf Bus 203 bis Masserberg (am Rennsteighaus). Oder ab Coburg Bf Bus 205 (Richtung Schleusingen) bis Eisfeld, von dort Bus 209 (Richtung Neustadt am Rennsteig) bis Masserberg

ESSEN & ENTSPANNEN:
Werraquell-Hütte ❸ Zur Werraquelle 55, 98666 Masserberg-Fehrenbach, Tel. (03 68 70) 25 86 66, www.werraquell-huette.de
Turmbaude Masserberg an der Rennsteigwarte ❻ Rennsteigstraße, 98666 Masserberg, Tel. (03 68 70) 25 82 05, www.turmbaudemasserberg.de

ENTDECKEN & ERLEBEN:
Sitzgruppe mit Unterstand ❶
Heidehütte am Dreiherrenstein „Hohe Heide" ❷
Werraquelle ❹
Lebensbaum ❺

Entspannung ★★★☆☆
Genuss ★★★★★
Romantik ★★☆☆☆

Rennsteigwarte ❻
Glasbläserei Sachs ❼ Kulturglas Christian Sachs, Werkstatt-Galerie für künstlerische Glasgestaltung, Hauptstraße 7 a, 98666 Masserberg, Tel. (03 68 70) 5 00 94, www.kulturglas.de

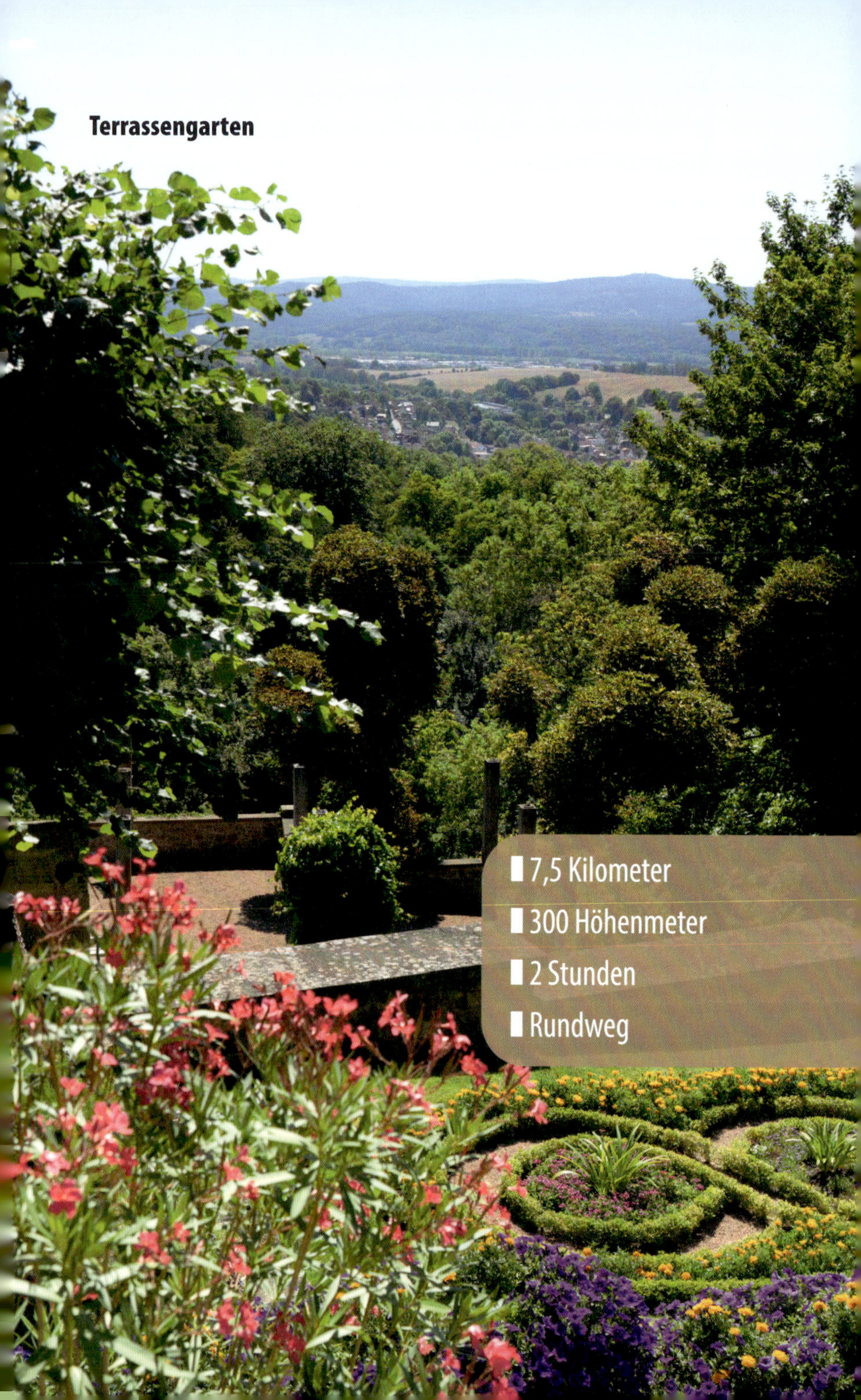

- 7,5 Kilometer
- 300 Höhenmeter
- 2 Stunden
- Rundweg

Wir starten am Wanderparkplatz am Rennsteigportal Bad Liebenstein, nahe der Altensteiner Höhle. Dem Wanderweg mit dem **blauen Balken** folgen wir nach rechts in den Landschaftspark Altenstein. Ein längerer Anstieg liegt vor uns, weshalb wir es langsam angehen lassen. Hohe, schlanke Rotbuchen und Sommerlinden umgeben uns. Kurz bevor wir eine Straße erreichen, biegen wir links ab und folgen dem Wegweiser Richtung **Morgentor.**

An der nächsten Weggabelung halten wir uns rechts und gelangen auf die Helenenwiesen. Wir folgen dem Grasweg stetig bergauf. Lärchen wachsen am Wegesrand, ein Anblick, der uns an alpine Landschaften erinnert. Wir halten uns an den Wegweiser Richtung Morgentor und gelangen auf den **Helenenweg,** der uns weiter bergauf führt. Linker Hand entdecken wir einen abzweigenden Trampelpfad. Neugierig geworden, laufen wir den Graspfad entlang und finden uns auf einem **Felsplateau** ❶ wieder, von dem wir eine schöne Aussicht ins Tal haben. Auf dem Grasweg gehen wir wieder ein Stück zurück, folgen einem Kiesweg nach links um

*Die bekannten Gartenarchitekten Hermann von Pückler-Muskau, Carl Eduard Petzold und Peter Joseph Lenné waren als Ideengeber bei der Planung des **Landschaftsparks Altenstein** involviert. Das Resultat sind unter anderem große Sichtachsen, die Blicke ins Werratal zulassen.*

Sinnesreigen

Schloss und Park Altenstein

die Kurve und gelangen auf den ursprünglichen Weg zurück. Angenehm kühler Buchenwald umgibt uns. Nach wenigen Metern erreichen wir eine Wegkreuzung, an der wir nach links auf den **Hohlensteiner Weg** abbiegen. Auf einem asphaltierten Wegstück kommen wir an einen runden Platz mit Sitzbänken. Wir nehmen uns ein paar Minuten Zeit für eine Sinnespause auf einer der Bänke. Dann wandern wir auf einem kiesigen Sandweg zum Felsvorsprung **Morgentor-Plateau ②.** Von hier haben wir eine großartige Sicht auf Bad Liebenstein, die Werra-Aue und die Erhebungen der Rhön. „Das Morgentor-Plateau ist ein Hauptfelsen des Altensteiner Zechsteinriffs“, verrät uns eine Infotafel.

*Riffbildende Organismen des Zechsteinmeers haben vor etwa 250 Millionen Jahren das sogenannte **Altensteiner Riff** gebildet. Es ist das mächtigste Riff Deutschlands.*

Wir verlassen das Plateau und folgen dem Kiesweg nach links leicht bergab. In einer Kurve sehen wir den keulenförmigen **Morgentorfelsen ③** mit einer Steintreppe, die links hinunterführt. In einem Halbbogen laufen wir um das Felsengebilde herum, das in Bodennähe von Baumwurzeln umschlungen ist. Unsere Hände ertasten das schroffe Gestein und streichen über die glatten Wurzeln. Wir entdecken eine weitere Steintreppe und kraxeln nach oben auf den Felsen. Die Stufen sind recht steil, daher achten wir auf unsere Schritte. Um wieder auf den Hauptweg zu gelangen, müssen wir vom Felsen herunter und über die Steinstufen zurück.

Schon wenige Minuten später erreichen wir das **chinesische Häuschen ④,** einen originalgetreuen Nachbau des Teehäuschens, das hier einmal gestanden hat. Die Architekten des Landschaftsparks hatten es auf einen aussichtsreichen Felsen des Altensteiner Zechsteinriffs gebaut, der Hohler Stein genannt wird.

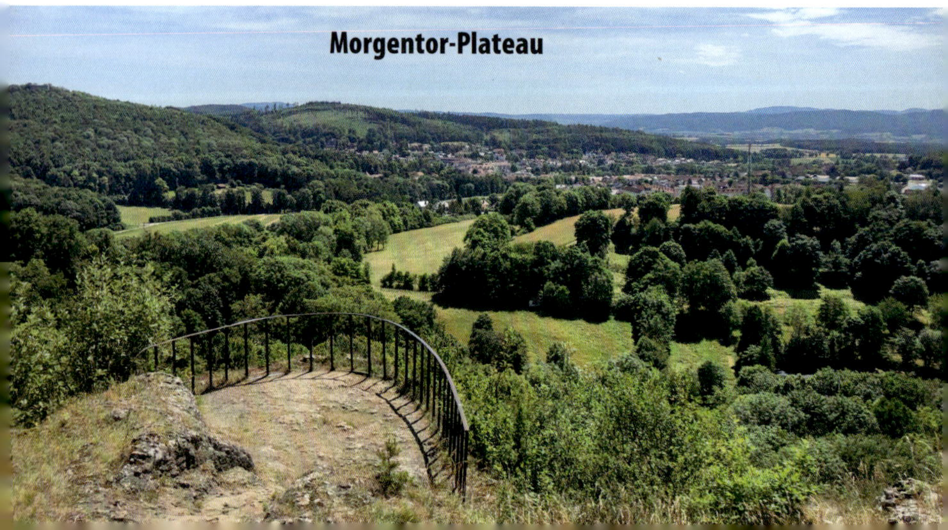

Morgentor-Plateau

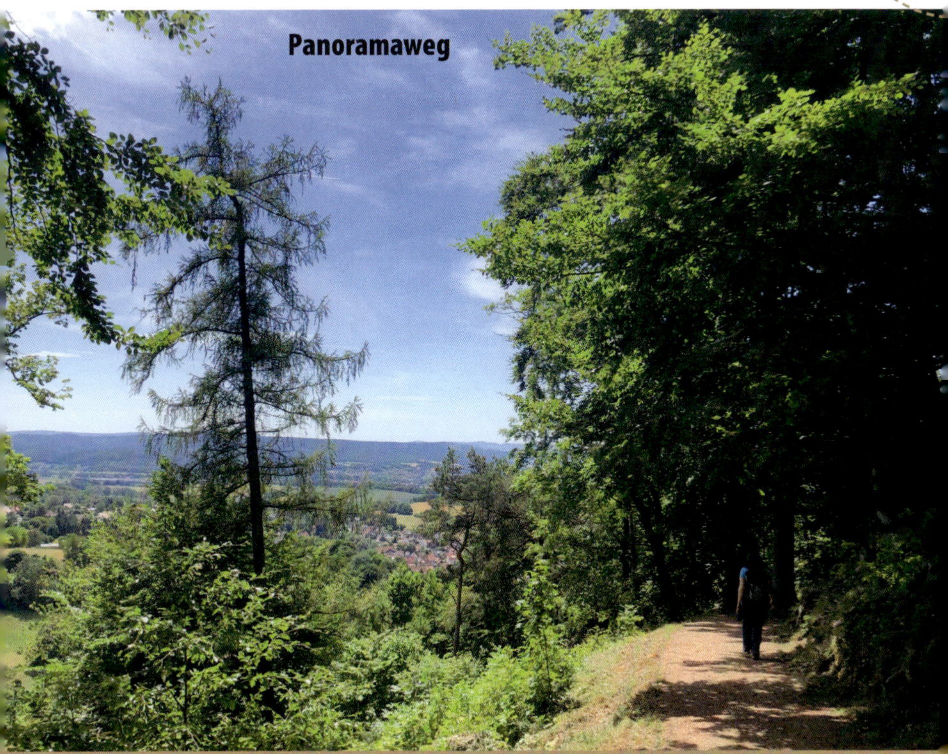
Panoramaweg

Für die Seele

Im Farbenrausch der Terrassenbeete von Schloss Altenstein genießen wir beglückende Momente der Muße.

Wieder zurück auf dem Weg, wandern wir durch herrlichen Buchenwald zum **Bernhardsplatz ⑤**. Dort legen wir auf einer runden Bank eine kurze Ruhepause ein und lassen die Parkatmosphäre auf uns wirken.

Ausgeruht und erfüllt mit neuer Energie folgen wir dem Hohlensteiner Weg Richtung Blumenkorbfelsen. Abzweigenden Wegen, die nach unten führen, schen-

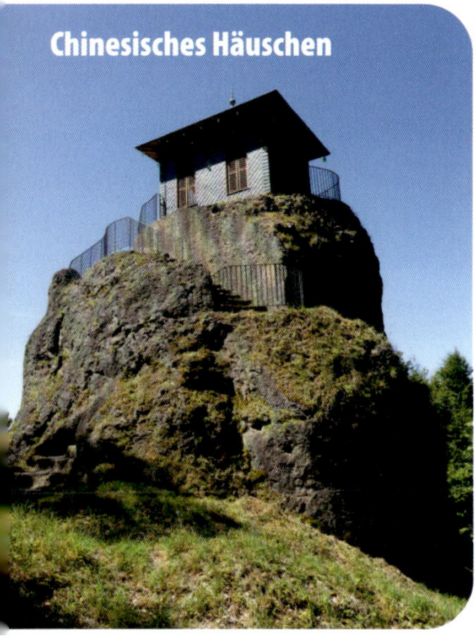

Chinesisches Häuschen

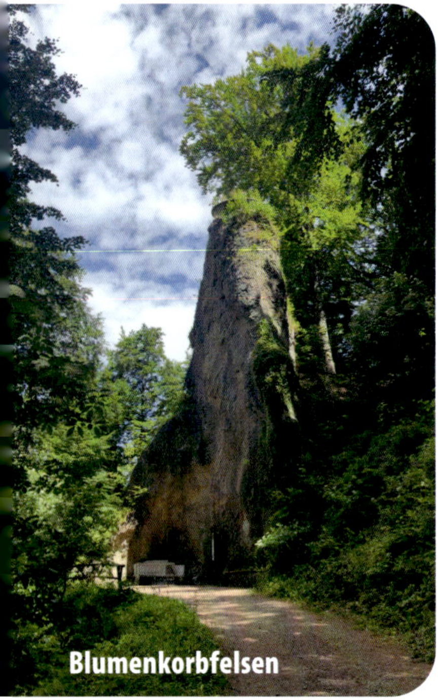

Blumenkorbfelsen

ken wir keine Beachtung. Schon nach wenigen Wanderminuten erreichen wir den **Blumenkorbfelsen** ❻. Das Monument hat die Form einer Felsnadel. Am Fuß des Felsens stehen die Reste der halbrunden Greifenbank, die an den Seiten mit Greifen-Motiven verziert war. Sie war ursprünglich so ausgerichtet, dass der Blick des Betrachters auf einen bestimmen Bildausschnitt gelenkt wurde.

Wir machen einen kleinen Abstecher hinauf zur Felsspitze. Dafür wandern wir einmal um den Felsen herum, bis wir über Steintreppen nach oben zu dem großen Sandsteinkorb kommen, der üppig mit Blumen bepflanzt ist.

Wir steigen wieder hinab und gelangen zurück auf den Hauptweg, auf dem wir nach rechts Richtung Bonifatiusfelsen gehen. Entspannt folgen wir der Wegweisung hinunter zur Straße nach Altenstein. Auf der anderen Straßenseite geht es auf einem Naturweg weiter. Wir durchschreiten ein Gatter und biegen kurz dahinter nach rechts ab. Nach einem kurzen Aufstieg erreichen wir den **Bonifatiusfelsen** ❼. Bis zum 15. Jahrhundert befand sich hier die Neuenburg. Steinerne Stufen führen hinauf zur Kanzel des Felsens. Die schönere Aussicht haben wir jedoch am Fuß des Felsens. Dort steht eine alte Linde und unter ihrem schützenden Blätterdach eine Sitzbank. Sie bietet einen traumhaften Blick hinunter zum Schloss.

Wir begeben uns wieder zurück auf den Hauptweg und folgen ihm nach links unten Richtung Schloss. Noch einmal links abgebogen, am Springbrunnen vor-

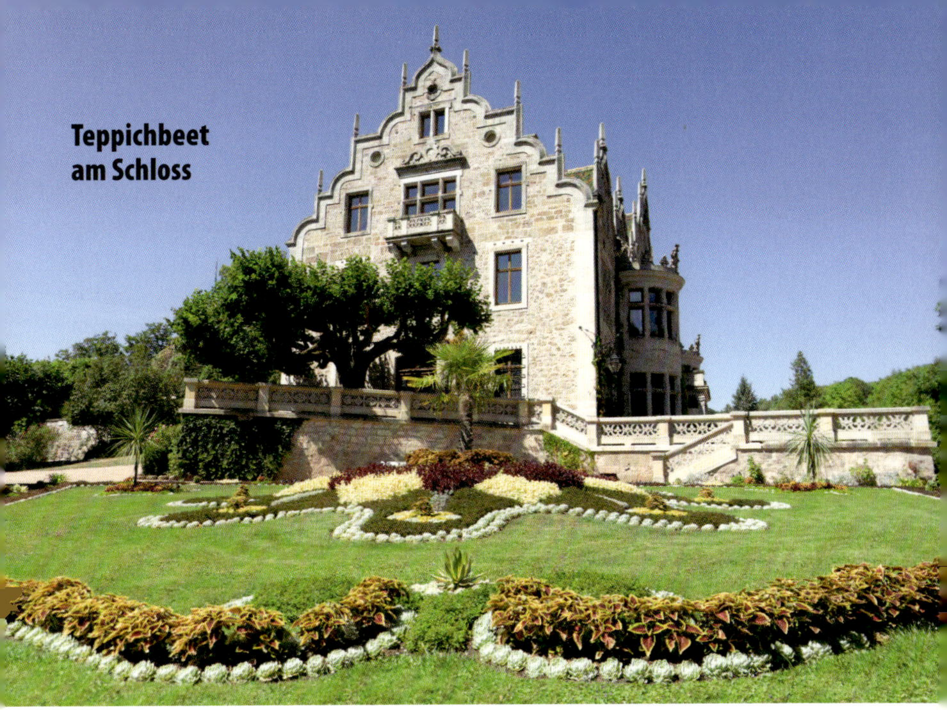

Teppichbeet am Schloss

bei, dann stehen wir auch schon vor **Schloss Altenstein ⑧.**

An der Südseite des Schlosses befindet sich das sogenannte Teppichbeet, das jedes Jahr nach historischen Vorbildern bepflanzt wird. Gemütlich lustwandeln wir durch die Außenanlage, entdecken Skulpturen und lassen uns von der farbenfrohen Gartenarchitektur verzaubern.

Unser Müßiggang führt uns am **Tarresfelsen** mit **Resten einer mittelalterlichen Burg ⑨** vorbei und dann durch die Terrassengärten. Von dort wandern wir in einem Halbbogen um das Schloss herum, zur neugotischen **Ritterkapelle ⑩,** die auf eine Felsklippe gebaut ist. Über Steinstufen gelangen wir zu dem kleinen Gebäude. Es ist zwar verschlossen, doch wir können durch die großen Fenster einen Blick ins Innere werfen.

Draußensein macht hungrig, daher wandern wir von der Ritterkapelle aus nach rechts in den **Schlosspark** und weiter zum Informationszentrum. Dort gehen wir durch das Eingangstor hinaus auf die Straße und nach links zur Einkehr ins **Café und Restaurant Altenstein ⑪.**

Sein heutiges Aussehen verdankt ***Schloss Altenstein*** *dem „Theaterherzog" Georg II. von Sachsen-Meiningen. Er ließ das einstige Barockschloss um 1890 im englischen Herrenhausstil umgestalten.*

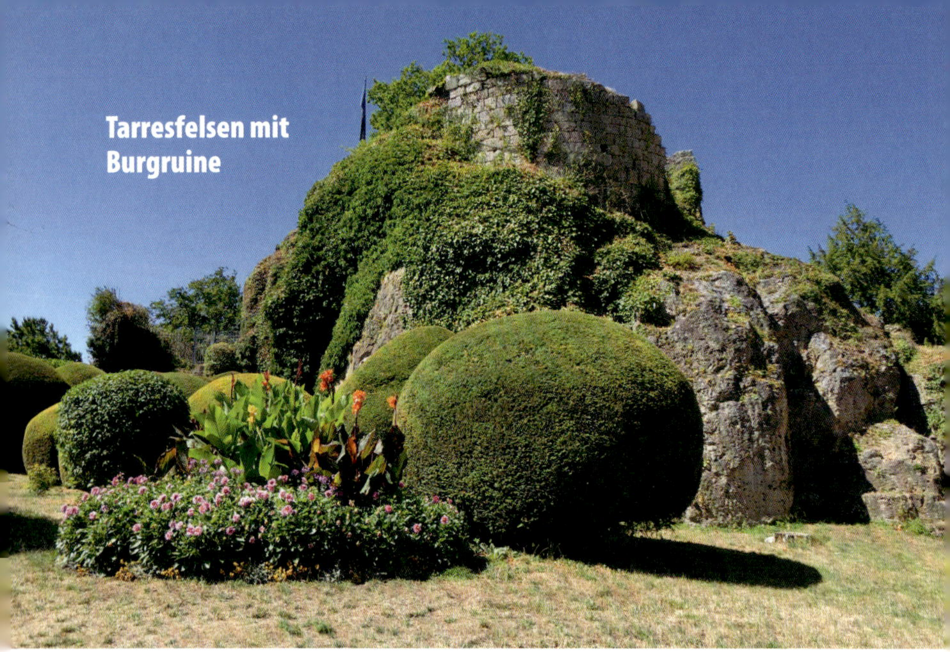

Frisch gestärkt machen wir uns wieder auf den Weg, begeben uns zurück in den Schlosspark und folgen dem Wegweiser nach rechts Richtung **Teufelsbrücke.** Erneut durchschreiten wir ein Gatter und laufen geradeaus weiter. An einem Wegekreuz werden wir nach links geleitet und erreichen nach wenigen Minuten die **Teufelsbrücke ⑫ –** eine Hängebrücke, die zwischen zwei Felsen über eine Schlucht gespannt ist. Die Ruhe an diesem Ort ist wohltuend, und einen schönen Blick auf das Schloss haben wir auch noch.

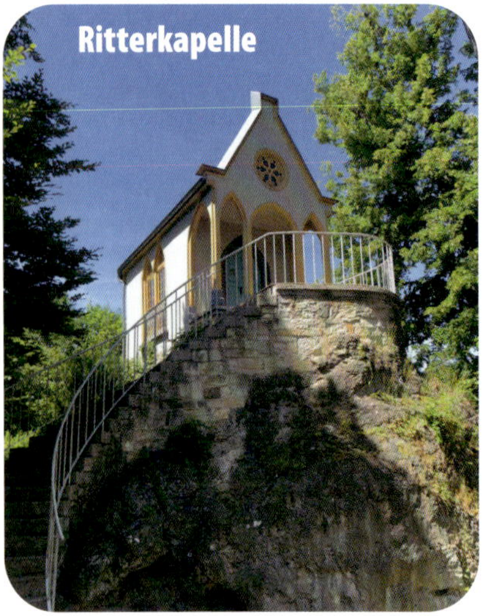

Wir gehen den gleichen Weg zurück zum Wegekreuz, an dem wir nun links abbiegen. An den beiden folgenden Abzweigen halten wir uns links Richtung **Luisenthaler Wasserfall.** Eine besondere Aura herrscht im Rotbuchenwald, den wir jetzt durchwandern. Schlanke Baumsäulen ragen in die Höhe, silbrig-grau schimmern die Stämme im Sonnenlicht.

An der folgenden T-Kreuzung biegen wir rechts ab und kommen an einen kleinen Teich. Vor dem Gewässer führt ein

Waldweg nach links über den Luisenbach und an einem Wasserlauf entlang. Mit dem beruhigenden Plätschern des Wassers im Ohr wandern wir leicht bergab Richtung **Sennhütte**, bis wir zu einem Felsvorsprung gelangen. Dort geht es nach links über Stufen den Berg hinunter direkt zum Waldteich am **Luisenthaler Wasserfall ⑬.** Das Luisenthal mit dem künstlichen Wasserfall und der Sennhütte geht auf die Anfänge des Parks zurück und soll an alpine Landschaften erinnern. Hier genehmigen wir uns eine Auszeit und tanken eine Portion Wasserenergie.

Am Teich überqueren wir erneut den Luisenbach und wandern links von ihm talwärts Richtung Bad Liebenstein und Altensteiner Höhle. Unser Weg macht einen weiten Bogen nach links und führt uns in ein Waldstück. An den kommenden zwei Weggabelungen halten wir uns rechts. Kurz bevor wir eine Straße erreichen, gehen wir erneut rechts und folgen dem Wegweiser Richtung Altensteiner Höhle. Ein Trampelpfad

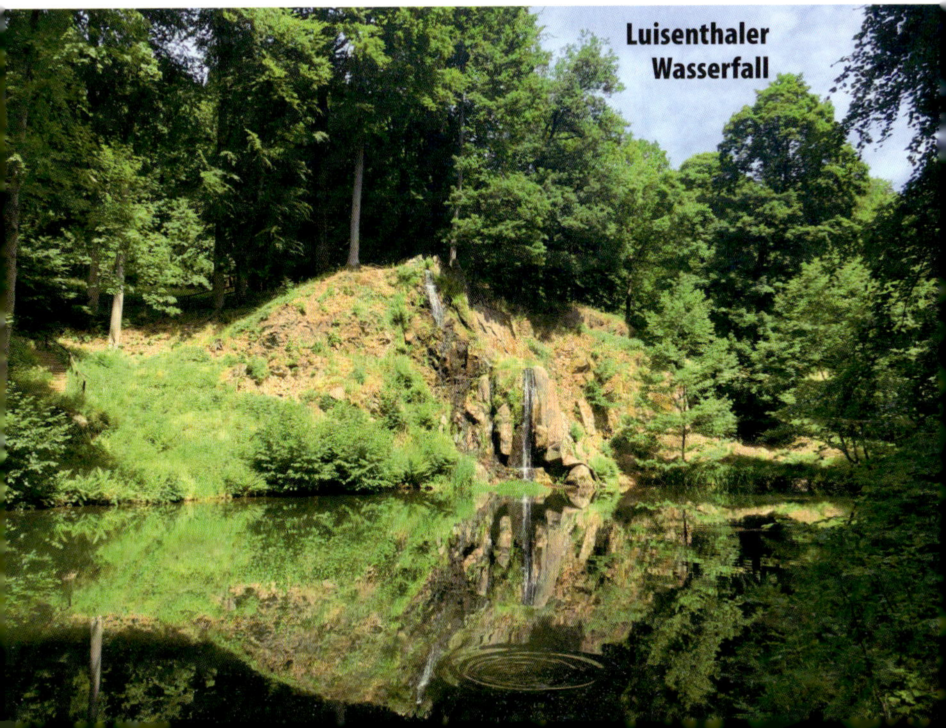

Luisenthaler Wasserfall

führt uns hinab zur Kisseler Straße. Wir überqueren sie und wandern auf der anderen Straßenseite auf einem Waldweg weiter. An einer Weggabelung halten wir uns rechts, laufen an den Häusern entlang aus dem Wald hinaus und kommen auf einen Rastplatz. Den verschlossenen Eingang der **Altensteiner Höhle** ⓮ finden wir linker Hand an dem mit Mauerwerk befestigten Hang. Wenn wir direkt vor dem Eingang stehen, spüren wir einen eiskalten Luftzug.

Mit dem Rücken zur Höhle laufen wir nach links, wenige Meter die ansteigende Straße entlang, und stoßen auf die Straße **Altenstein.** Auf ihr gelangen wir geradeaus zurück zum Parkplatz, wo unsere entspannende Seelenwanderung ihren Anfang nahm.

*Die **Altensteiner Höhle** ist eine Karsthöhle, entstanden inmitten der Kalkalgenriffe des Zechsteinmeers. Sie ist Thüringens älteste Schauhöhle. In ihrem Inneren verbergen sich ein Bachlauf und ein Höhlensee.*

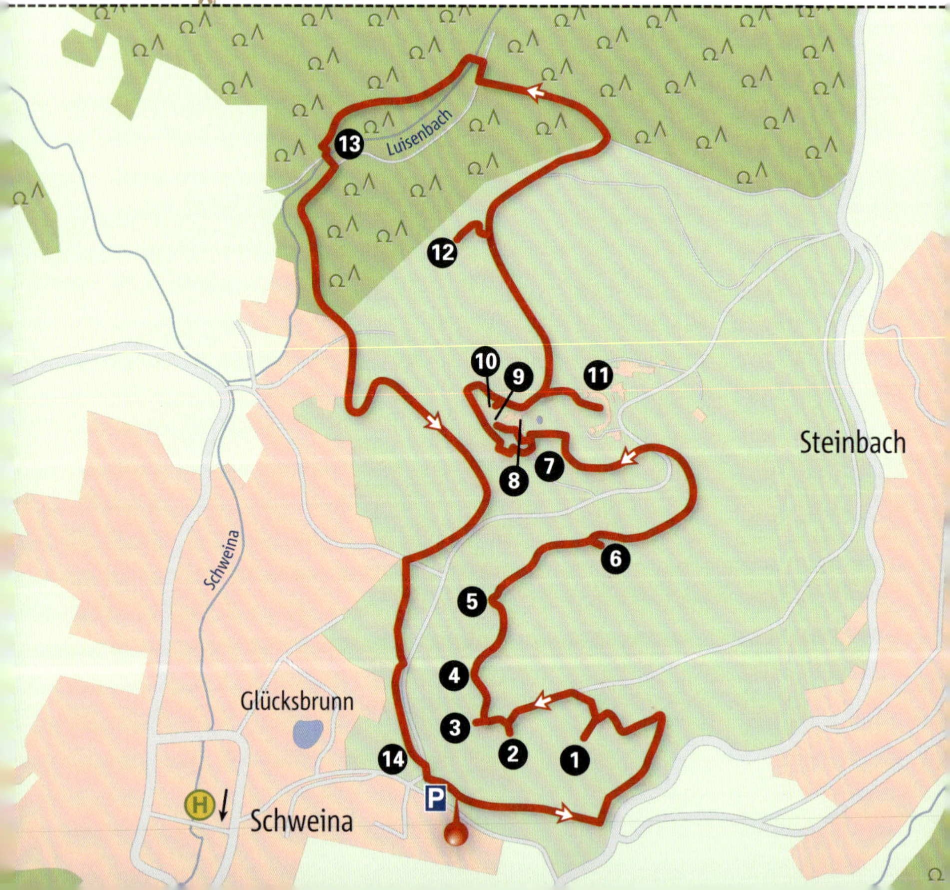

WIE & WANN:
Breite Waldwege, schmale Pfade, kurze asphaltierte Abschnitte am Informationszentrum und zum Parkplatz. Ganzjährig schön, bei Schnee- und Eisglätte sind die Felsen möglicherweise nicht begehbar.

HIN & WEG:
Auto: Parkplatz am Altensteiner Park, 36448 Schweina (GPS: 50.82816, 10.34668)
ÖPNV: Ab Eisenach Bf Bus 190 (Richtung Bad Salzungen) bis Schweina, Kunstschule; zu Fuß durch Schlossstraße über Viehmarkt zur Altensteiner Straße, links abbiegen, der Altensteiner Straße bis Brauersweg folgen, dort Straße überqueren (ca. 800 Meter gesamt)

ESSEN & ENTSPANNEN:
Café und Restaurant Altenstein ⓫ Altenstein 6, 36448 Bad Liebenstein, Tel. (03 69 61) 70 77 33, www.bad-liebenstein.de/gastronomie/cafe-altenstein

ENTDECKEN & ERLEBEN:
Felsplateau ❶ **Morgentor-Plateau ❷**
Morgentorfelsen ❸ **Chinesisches Häuschen ❹** **Bernhardsplatz ❺**
Blumenkorbfelsen ❻ **Bonifatiusfelsen ❼**
Schloss Altenstein ❽ Besucherzentrum Altenstein, Altenstein 8, 36448 Bad Liebenstein, Tel. (03 69 61) 70 05 67, www.thueringerschloesser.de (Besucherzentrum nur April bis Oktober geöffnet)

Entspannung ✱✱✱✱✱
Genuss ✱✱✱
Romantik ✱✱✱✱✱

Reste einer mittelalterlichen Burg ❾
Ritterkapelle ❿
Teufelsbrücke ⓬
Luisenthaler Wasserfall ⓭
Altensteiner Höhle ⓮ Altensteiner Straße 5, 36448 Schweina; Kontakt: Tourist-Information Bad Liebenstein, Herzog-Georg-Straße 66, 36448 Bad Liebenstein, Tel. (03 69 61) 6 93 20

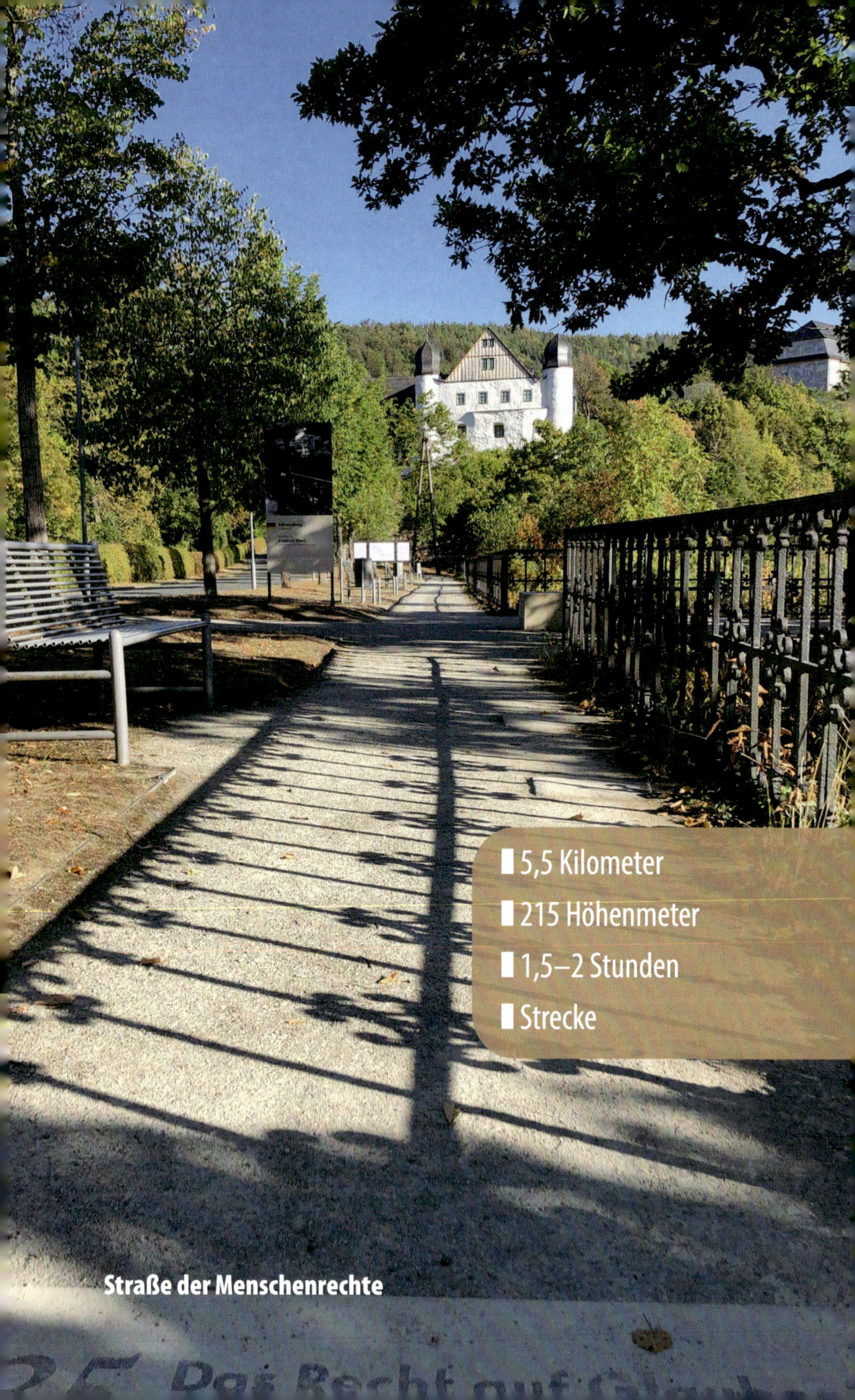

- 5,5 Kilometer
- 215 Höhenmeter
- 1,5–2 Stunden
- Strecke

Straße der Menschenrechte

Unsere Wandertour beginnt am Plateau auf der **Schlossstraße** in Schwarzburg. Bis zum Eingang des Schlosses laufen wir auf einer Promenade, der „Thüringer Straße der Menschenrechte und Demokratie". Entlang der Promenade sind einzelne Artikel des deutschen Grundgesetzes in steinerne Bodenplatten eingraviert. In regelmäßigen Abständen laden Parkbänke zu Momenten des Innehaltens ein. Mehrere Aussichtspunkte gewähren tiefe Blicke ins Schwarzatal. Ein Platz fällt besonders ins Auge: die Aussichtsplattform **Friedrich-Ebert-Blick ❶.** Hier stand der damalige Reichspräsident während seines Urlaubs in Schwarzburg und genoss den Blick auf das Schloss und die Umgebung.

Kurz bevor wir das Torhaus betreten, sehen wir links an der Mauer die Wegmarkierung des **Panoramawegs Schwarzatal (rotes Dreieck** auf weißem Quadrat). Dieser Markierung werden wir fortan folgen.

Im Torhaus ist das Besucherzentrum für **Schloss Schwarzburg ❷** untergebracht. Hier erhalten wir Informationen zur historischen Schlossanlage mit Kaiser-

***Schloss Schwarzburg** ist „Denkort" der Demokratie. Am 11. August 1919 unterschrieben der damalige Reichspräsident Friedrich Ebert und die Minister der Reichsregierung in Schwarzburg Deutschlands erste demokratische Verfassung, die Weimarer Verfassung.*

Mußezeit

Von Schwarzburg nach Sitzendorf

saal und zu den Schätzen des Fürstlichen Zeughauses Schwarzburg. Das **Zeughaus** ist der älteste Bau auf dem Schlossgelände. Es beherbergt eine der größten höfischen Waffensammlungen Europas. Schloss Schwarzburg wurde durch die Nationalsozialisten stark zerstört. Die Restaurierungsarbeiten werden noch viele

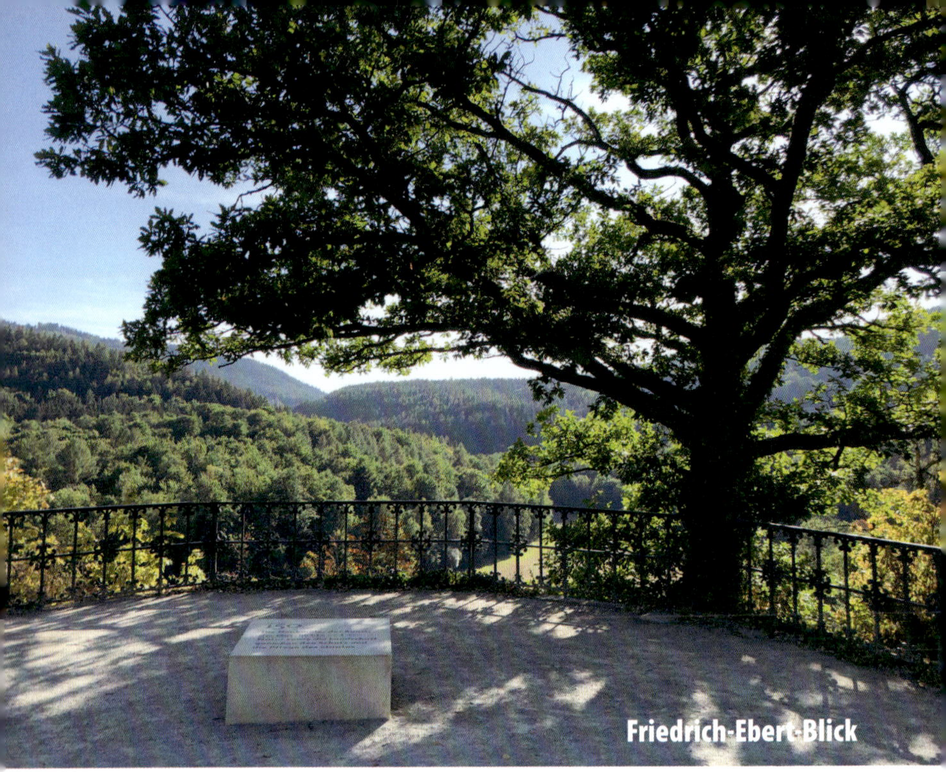
Friedrich-Ebert-Blick

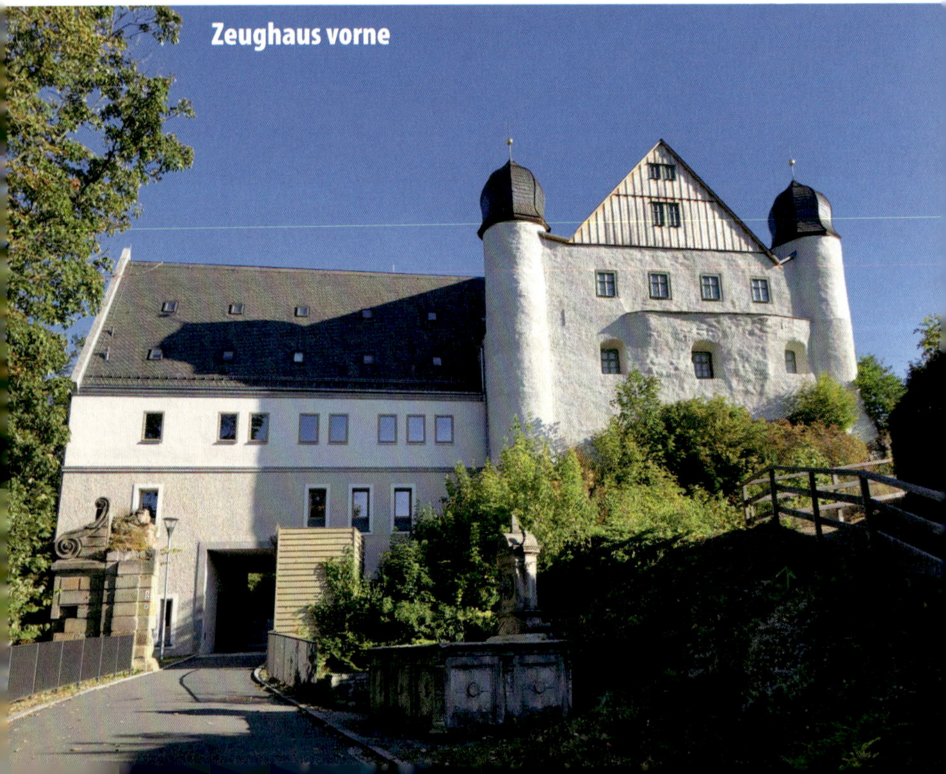
Zeughaus vorne

Jahre in Anspruch nehmen. Im Rahmen von Führungen ist eine Besichtigung der Schaubaustelle und anderer Gebäude möglich.

Die Wegmarkierung führt uns links an der Schlossmauer entlang in den überschaubaren Schlosspark. Von der Mitte des Parks bietet sich ein schöner Blick auf den **Kaisersaal.** Vor den letzten Gebäuden – dem Forsthaus und der Remise – steigen wir nach links ein paar Treppenstufen hinunter. Bevor wir dem Panoramaweg nach links folgen, wenden wir uns nach rechts und laufen einen schmalen Pfad entlang, durch ein steinernes Tor leicht bergab. Nach wenigen Metern erreichen wir eine **Ruhebank ③** an einem schroff aufragenden Schieferfelsen. Hier pausieren wir einen Moment, hängen unseren Gedanken nach und lauschen dem Rauschen der Schwarza tief unter uns im Tal.

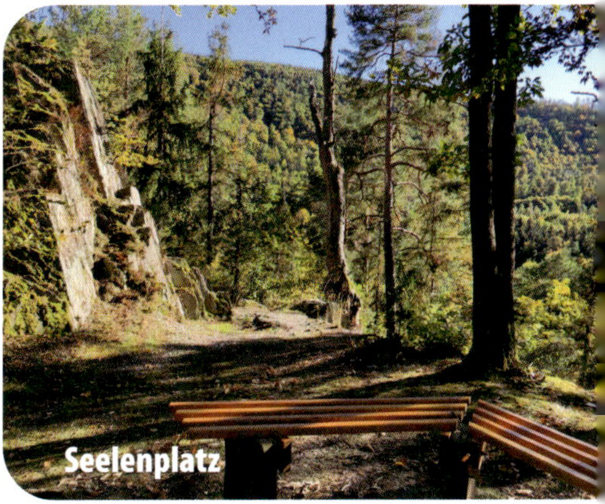

Seelenplatz

Für die Seele

Gefüllt mit Kultur und Historie am Schloss Schwarzburg, genießen wir an der Ines Ruh Momente der Muße und lassen auch unsere Gedanken ruhen.

Wir laufen den Pfad wieder hinauf durch das Tor und folgen nun dem roten Dreieck ein Stück an der Schlossmauer entlang. Dann werden wir nach rechts auf einen angenehm zu laufenden, weichen Waldpfad den Berg hinuntergeführt. Spitzahorn und Rotbuchen bestimmen das Waldbild. Der Weg wird steiler und ist

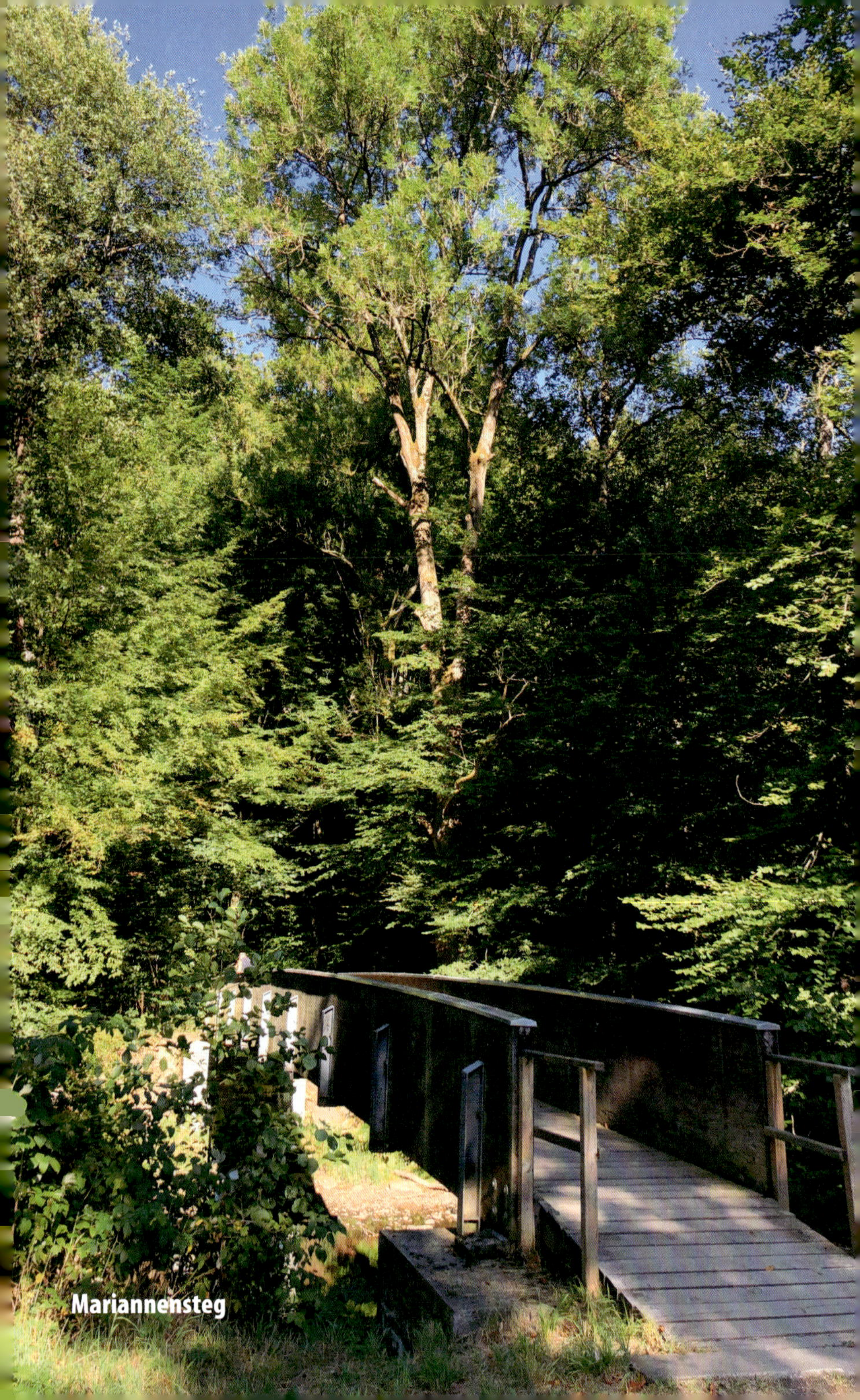

Mariannensteg

zunehmend mit grobem Gestein durchsetzt (Stolpergefahr!). Das Rauschen der Schwarza wird immer lauter, je mehr wir uns dem Tal nähern. Bevor der Pfad eine spitze Kehre nach rechts macht, durchschreiten wir eine Heidefläche. Im Spätsommer erfreut uns der zartrosa Blütenteppich des Heidekrauts. Wir achten auf die Wegmarkierung rechts von uns am Baum, damit wir die Kurve nicht verpassen, an der wir abbiegen müssen. Jetzt können wir zum ersten Mal auf den Fluss hinunterschauen. Achtsam begeben wir uns auf den absteigenden steinigen Weg. Rechts von uns ist der Hang mit einem leuchtend grünen Moosteppich überzogen. Riesige Buchen ragen aus dem Tal empor.

Unten angekommen, halten wir uns an einer großen Fichte rechts. Ein paar Meter weiter sehen wir das rote Dreieck an einem Baumstamm. Jetzt laufen wir rechts von der Schwarza entgegen der Strömung. Nach wenigen Minuten erreichen wir den **Mariannensteg** ④. Hier überqueren wir den Fluss und folgen danach dem roten Dreieck nach links Richtung **Mooshäuschen.** Nun laufen wir mit der Strömung. Fasziniert beobachten wir das Wasser. An manchen Stellen sprudelt es wild über die Gesteinsblöcke im Flussbett, dann wieder plätschert es ruhiger dahin. So wirkt die Schwarza auf uns abwechselnd anregend und beruhigend. An einer Holzbank gehen wir direkt ans Ufer und kühlen unsere Füße im eiskalten Flusswasser ab.

Erfrischt setzen wir unsere Wanderung fort und kommen an einer Sitzgruppe vorbei. Hier verabschieden wir uns vom Fluss, folgen der Markierung nach rechts und wandern auf einem breiten Schotterweg bergauf. Oberhalb der Schwarza gelangen wir an einen weiteren Rastplatz. Noch einmal dem Wasserkonzert lauschen, dann geht es weiter auf dem Panoramaweg Schwarzatal, nach rechts auf einen schmalen Waldweg. Nach einem kurzen Aufstieg stehen wir vor dem **Mooshäuschen** ⑤.

*Das **Mooshäuschen** wurde von Forststudenten nach Vorlagen aus der ersten Hälfte des 19. Jahrhunderts gebaut. Ihren Namen verdankt die Hütte dem Weißmoos, das dekorativ zwischen die Holzstreben der Außenwände eingebracht wurde.*

Das rote Dreieck lotst uns an der Hütte vorbei. Der Weg beginnt wieder anzusteigen. An Kreuzungen und Gabelungen orientieren wir uns stets an unserer Markierung. Am Beetgarten biegen wir rechts ab und kommen auf einen breiten, befestigten Weg. Es geht weiterhin bergauf bis zur Tanzbuche, an der wir links und wenige Meter später gleich wieder rechts abbiegen. In regelmäßigen Abständen finden wir das rote Dreieck in Sichthöhe an den Baumstämmen. Für einen letzten steilen Anstieg werden wir schließlich belohnt: Rechter Hand sehen wir die Schutzhütte **Sitzendorfblick ⑥,** von der wir eine wunderbare Aussicht ins Tal haben. Hier können wir wieder zu Atem kommen.

Nach einer Regenerationspause kehren wir von der Schutzhütte zurück auf den Weg und biegen rechts ab. Immer geradeaus folgen wir dem roten Dreieck, Abzweige lassen wir außer Acht. Der Waldweg führt uns auf eine Lichtung, die durch Windbruch entstanden ist.

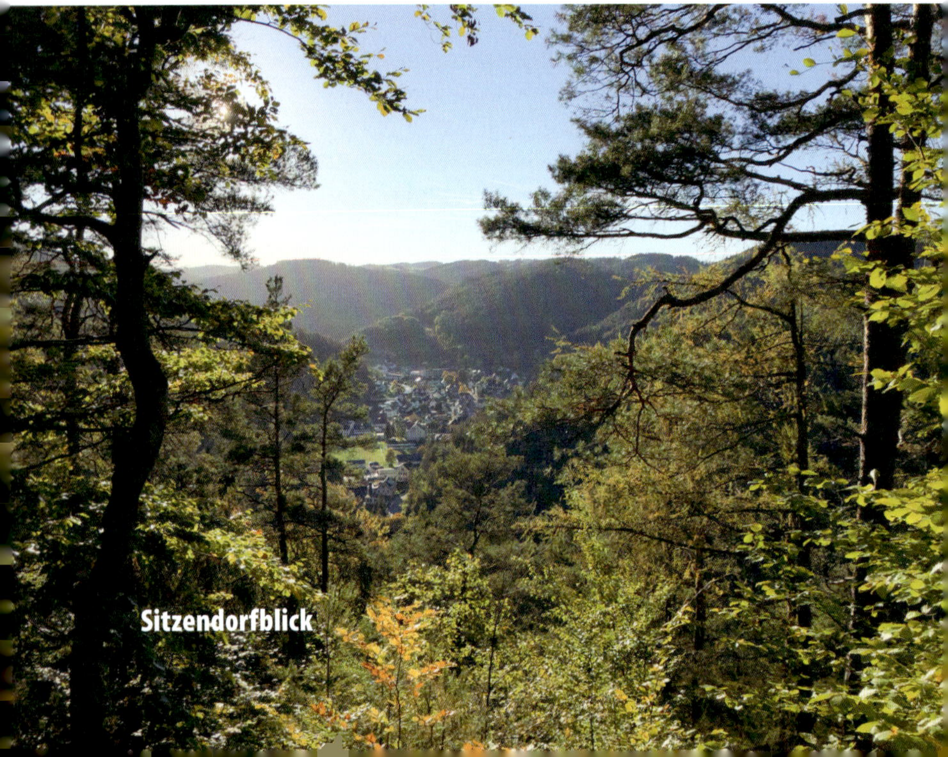

Sitzendorfblick

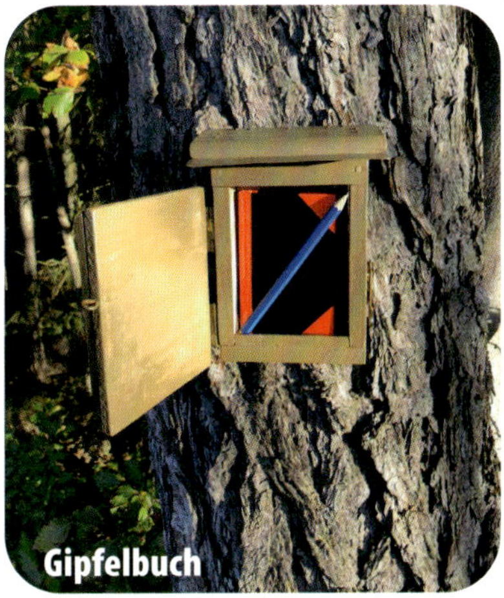

Gipfelbuch

Hier laufen wir in einem Bogen nach rechts und folgen der Markierung. Auf einem weichen Waldweg wandern wir sodann leicht bergab und erreichen kurze Zeit später über einen kurzen Stichweg den Aussichtspunkt **Ines Ruh** ⑦. Am Baum hinter der Sitzbank entdecken wir ein kleines Kästchen mit einem Gipfelbuch und nutzen die Gelegenheit aufzuschreiben, was uns durch den Kopf geht.

Zurück auf dem Wanderweg, gehen wir nach rechts weiter talwärts. Nun befinden wir uns auf einem weichen Waldpfad. Nachdem wir den Bergkamm überschritten haben, windet sich der Pfad in schmalen Serpentinen abwärts. Während des Abstiegs kommen wir an einem letzten Seelenplatz vorbei, dem **Fürstin-Anna-Blick** ⑧ auf dem Batzenberg. Auch hier nehmen wir uns Zeit, um die Natur auf uns wirken zu lassen.

*Das Gestein des **Batzenbergs** besteht aus den sogenannten Frauenbachschichten des Erdaltertums. Es ist über 500 Millionen Jahre alt und kam während der Variszischen Gebirgsbildung vor etwa 300 Millionen Jahren an die Erdoberfläche.*

Anschließend wandern wir auf einem Trampelpfad durch eine Bergheide. Knorrige Eichen bestimmen das Bild. Geröllgestein und Wurzelstränge auf dem Weg zwingen zur Achtsamkeit.

Nach etwa 200 Metern endet der Pfad auf einem breiteren Waldweg. Die Markierung leitet uns nach rechts, hinunter zu einer Straße. Wir überqueren die Straße und folgen ihr nach rechts, um eine Kurve nach **Sitzendorf.** Auf der linken Straßenseite passieren wir eine Bushaltestelle, laufen weiter bis zu einer Brücke, die uns nach rechts über die Schwarza führt. Von der Brücke kommen wir auf einen breiten Kiesweg, dem wir geradeaus folgen bis zu einer T-Kreuzung. Hier biegen wir erst

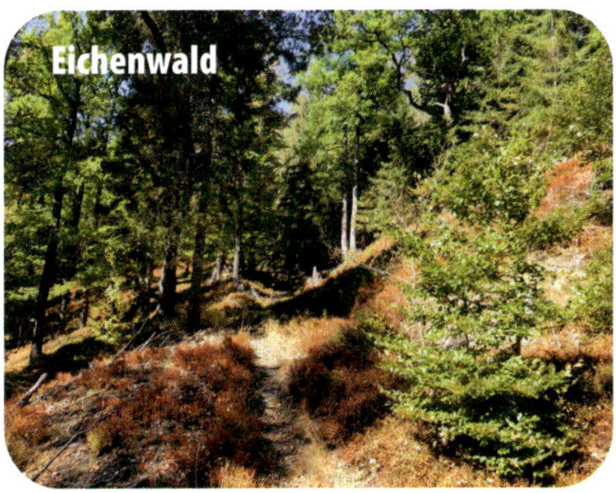

Eichenwald

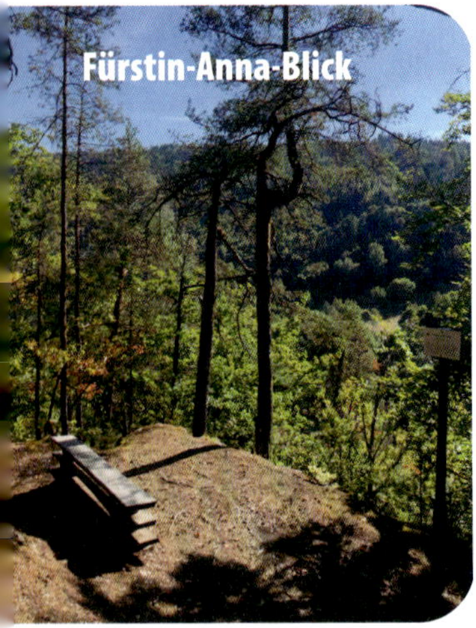

links ab auf den **Mittelweg** und gleich darauf rechts in eine Querstraße, der wir bis zur Hauptstraße folgen. Hier gibt es Möglichkeiten für eine abschließende Einkehr. Zur **Bushaltestelle Sitzendorf Parkplatz** kommen wir, indem wir auf der Hauptstraße rechts abbiegen. Mit dem Bus können wir entweder direkt nach Schwarzburg zur Haltestelle am Rondell fahren oder zum Bahnhof Sitzendorf/Unterweißbach, um von dort mit der Bahn nach Schwarzburg zu fahren.

Wenn wir auf dem Schlossparkplatz in Schwarzburg geparkt haben, können wir im **Café & Bistro Dittrich** ⑨ unseren erlebnisreichen Wandertag mit einer Einkehr beschließen.

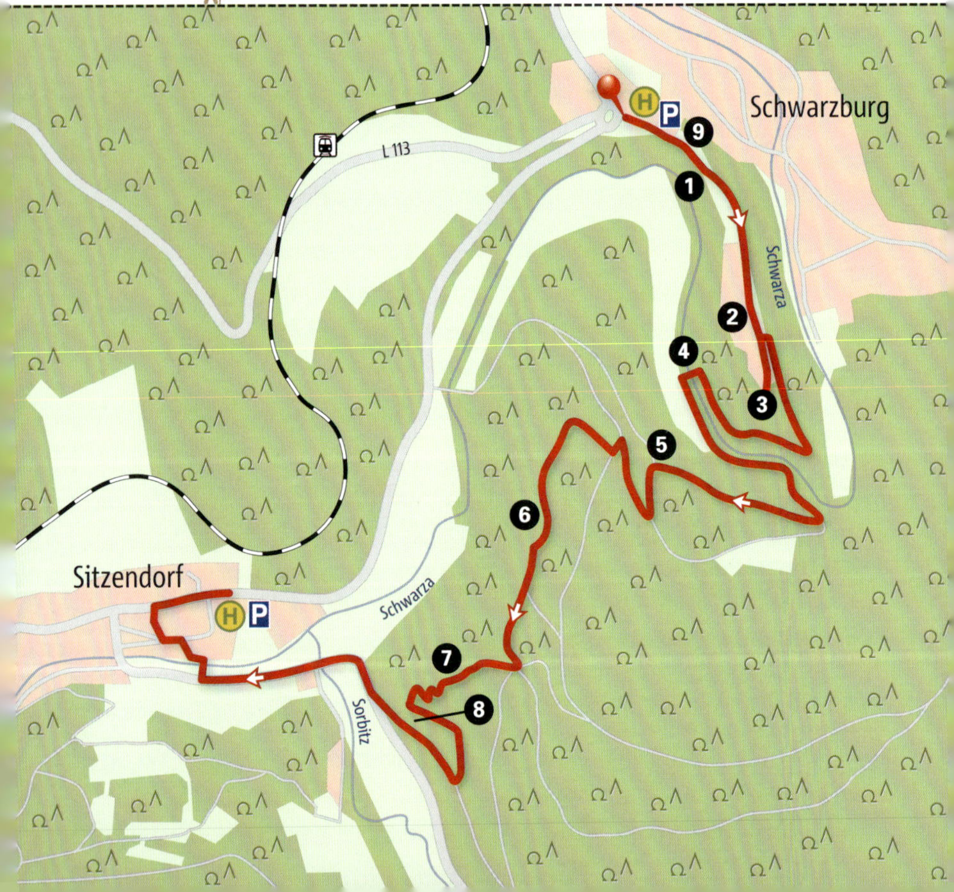

Alles auf einen Blick

WIE & WANN:
Breite Waldwege, schmale Pfade, asphaltierte Straße zum Schloss und in Sitzendorf zum Parkplatz. Beste Zeit April bis Oktober.

HIN & WEG:
Auto: Parkplatz am Schloss (kostenpflichtig), Friedrich-Ebert-Platz 17, 07427 Schwarzburg (GPS: 50.64275, 11.19081). Oder Parkplatz in Sitzendorf (kostenpflichtig), Hauptstraße, 07429 Sitzendorf (GPS: 50.63299, 11.17716)
ÖPNV: RB 60 bis Schwarzburg; zu Fuß entlang der L 1113 zum Ausgangspunkt. Oder ab Rudolstadt Bf Bus 390 (Richtung Oberweißbach, Schwarzatal) bis Schwarzburg Rondell
Rückkehr zum Ausgangspunkt: Ab Sitzendorf Parkplatz Bus 302 (Richtung Rudolstadt) bis Schwarzburg Rondell. Oder Bus 453 (Richtung Busbahnhof Saalfeld) zum Bahnhof Sitzendorf/Unterweißbach, von dort RB 60 bis Schwarzburg

ESSEN & ENTSPANNEN:
Café & Bistro Dittrich ❾ Friedrich-Ebert-Platz 18, 07427 Schwarzburg, Tel. (01 52) 28 38 65 46, www.cbd-schwarzburg.de

Diverse weitere Einkehrmöglichkeiten in Sitzendorf

Entspannung ✱✱✱✱✱ (4 von 5)
Genuss ✱✱✱✱✱ (2 von 5)
Romantik ✱✱✱✱✱ (4 von 5)

ENTDECKEN & ERLEBEN:
Friedrich-Ebert-Blick ❶
Schloss Schwarzburg ❷ Schlossstraße 1 a, 07427 Schwarzburg, Tel. (03 67 30) 39 96 30, www.schloss-schwarzburg.de
Ruhebank ❸ **Mariannensteg** ❹ **Mooshäuschen** ❺
Sitzendorfblick ❻ **Ines Ruh** ❼ **Fürstin-Anna-Blick** ❽

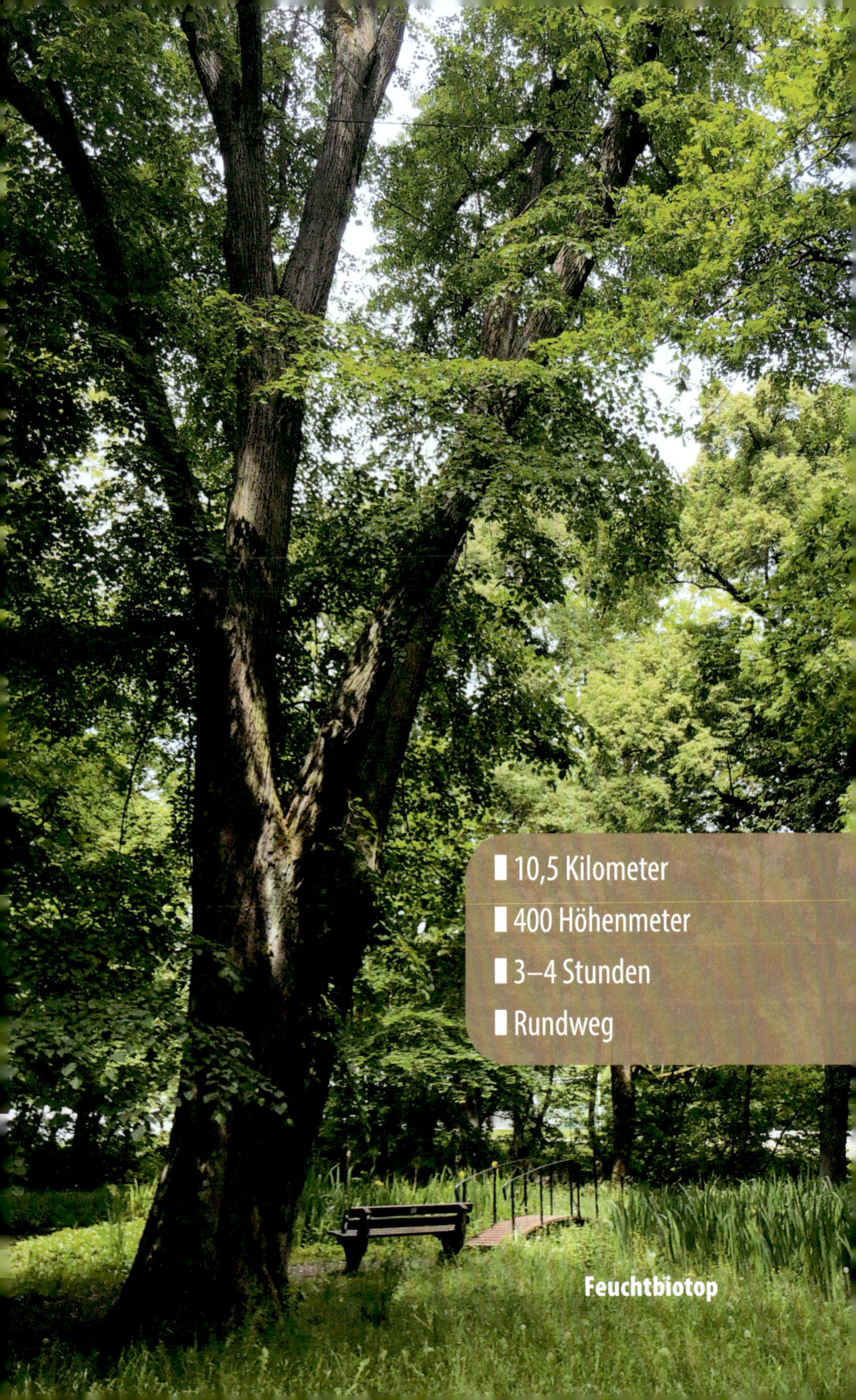

Feuchtbiotop

Heute werden wir größtenteils dem Wanderweg **Runde um den Kickelhahn** folgen, der durchgehend mit einem **schwarzen Turm**-Symbol auf weißem Grund markiert ist.

Wir starten am Parkplatz der Festhalle Ilmenau und biegen links ab in die Naumannstraße. Nach wenigen Metern wechseln wir nach rechts auf einen Kiesweg und laufen an einem Spielplatz vorbei. Dann nehmen wir einen Weg nach links, der unter Bäumen durch den Stadtpark führt. Etwa nach 300 Metern gelangen wir an ein idyllisches **Feuchtbiotop ❶.** Mehrere Sitzbänke am Wasser laden zu einer kurzen Sinnespause ein.

Zurück auf dem Weg, halten wir uns links und meistern einen kurzen steilen Anstieg. Danach überqueren wir die Rennsteigbahn, halten uns rechts und wandern auf einem breiten Sand-Kies-Weg an den Gleisen entlang. Von da an lassen wir uns von der Markierung mit dem **schwarzen Turm** leiten.

Wir haben die Stadt hinter uns gebracht, mit dem Eintauchen in die Waldatmosphäre fällt der Alltagsballast von uns ab. Es geht leicht bergauf, der kiesige Sandweg wird zum Naturweg, weich ist der Untergrund und

Waldesruh

Goethewanderung bei Ilmenau

angenehm zu laufen. Kurzzeitig wandern wir auf Gras an einer Wiesenfläche vorbei, dann macht unser Weg eine Kurve nach links. Uns steht ein etwa zehnminütiger steiler Aufstieg bevor. Danach stoßen wir auf den **Höllkopfweg** und folgen ihm nach rechts. In einem Halbbogen wandern wir um den Höllkopf und entde-

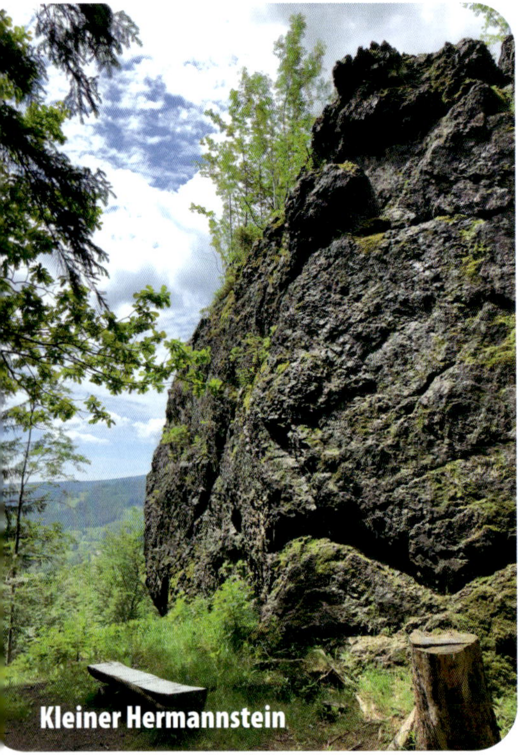
Kleiner Hermannstein

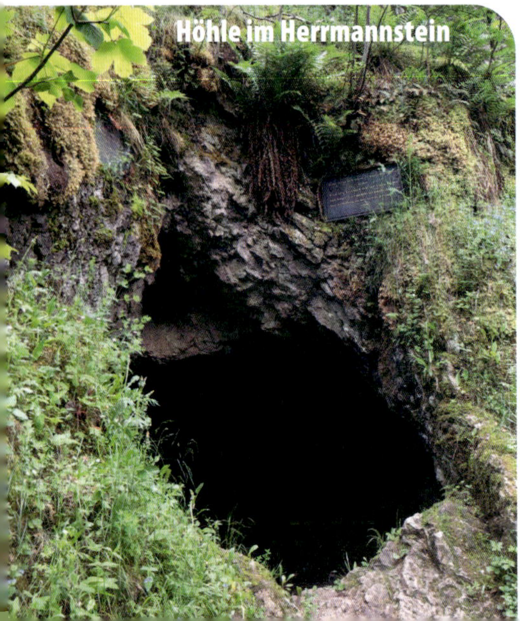
Höhle im Herrmannstein

cken nach etwa 1 Kilometer linker Hand, vor einer Kurve, einen steigähnlichen Waldpfad. Diesem folgen wir und befinden uns nun oberhalb des Höllkopfwegs. An einem Baumstamm sehen wir die Wegmarkierung schwarzer Turm. Über diesen wundervollen Pfad gelangen wir zum **Kleinen Hermannstein ❷.** (Falls wir den Pfad übersehen haben, können wir auf dem Höllkopfweg bis zum Kleinen Hermannstein weiterlaufen und den Auf stieg über eine Steintreppe bewältigen.) Auf einer einfachen Holzbank gönnen wir uns eine Atempause und bestaunen das magmatische Felsgestein.

Jetzt haben wir genug Energie und Kraft geschöpft für den 1 Kilometer langen Aufstieg zum Großen Hermannstein. Zuverlässig leitet uns die Wegmarkierung an der **Sophienquelle ❸** vorbei und ein Stück geradeaus hinunter auf den **Goethewanderweg** (geschwungenes grünes **G**), der hier parallel zur Kickelhahn-Runde verläuft. Ab jetzt geht es deutlich bergauf. Am Ende der Steigung werden wir auf einen Abzweig nach rechts aufmerksam. Ihm folgen wir und erreichen wenige Minuten später eine stählerne Leitertreppe, über die wir hinauf zur **Höhle im Herrmannstein ❹** gelangen. Johann

Wolfgang von Goethe hat seinerzeit die Höhle mehrmals aufgesucht, um sich inspirieren zu lassen. Nun stehen wir, über 200 Jahre später, an diesem Ort, den Goethe in einer seiner Zeichnungen verewigt hat.

Von der Höhle aus müssen wir den gleichen Weg wieder ein Stück zurücklaufen, um dann nach rechts zum **Großen Hermannstein** ⑤ hinaufzugelangen. Auch hier führt eine Stahlleiter nach oben auf die Aussichtsplattform, von der wir einen traumhaften Blick auf das Ilmtal und die umliegenden Erhebungen des Mittleren Thüringer Walds haben.

*Der **Große Hermannstein** besteht aus dem sogenannten Kickelhahnporphyr, einem vulkanischen Gestein. Er steht als Geotop unter Schutz und ist Lebensraum für über 100 verschiedene Moos- und Flechtenarten.*

Vom Hermannstein aus wandern wir auf einem Waldweg weiter bergan Richtung Goethehäuschen. Die Markierung der Runde um den Kickelhahn ist lückenlos, so können wir uns entspannt von ihr leiten lassen. Als Ersatzmarkierung dient uns das G des Goethewanderwegs. Wir passieren die Dachsquelle und wandern kurz darauf durch

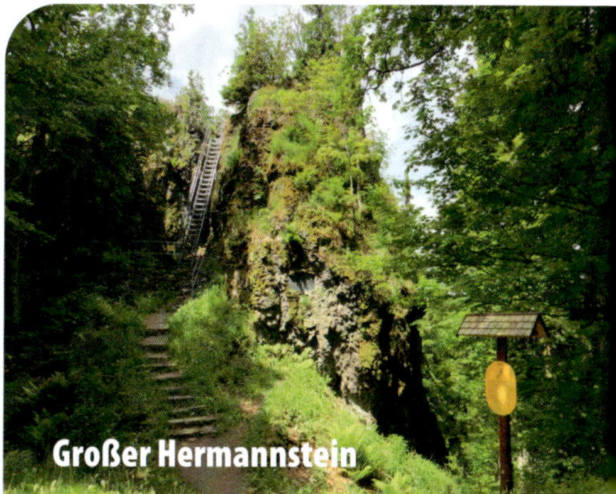

Großer Hermannstein

Für die Seele

Auf Goethes Spuren wandern wir zu stillen Lieblingsplätzen und aussichtsreichen Gipfeln, die den Dichter zu manch Meisterwerk inspiriert haben.

ein Niedrigwäldchen aus Ebereschen, das einem kleinen Urwald gleicht. Angetan von der wildromantischen Aura dieses Abschnitts erreichen wir das sogenannte **Goethehäuschen** ⑥.

Nachdem wir ihm einen Besuch abgestattet haben, entdecken wir draußen einen idyllisch gelegenen Ruheplatz – eine kreisrunde grüne Insel, umgeben von

In einer Jagdhütte am Kickelhahn schrieb Goethe 1780 die Zeilen seines berühmten Gedichts „Über allen Gipfeln ist Ruh" an die Wand, was ihr den Namen ***Goethehäuschen*** *bescherte. Der heutige Bau ist eine Nachbildung der 1870 abgebrannten Holzhütte.*

jungen Ebereschen. Wir setzen uns auf eine der Holzbänke und lassen uns die Sonne ins Gesicht strahlen. Ein paar tiefe Atemzüge, Energie tanken, dann setzen wir unsere Wanderung fort.

Nun lotst uns ein Wegweiser des Goethewegs nach links zur Ausgrabungsstätte **Historische Jagdanlage** ❼ der damaligen Herzöge von Sachsen-Weimar. Auf halber Strecke befindet sich der Nachbau eines Jagdschirms, der als Unterstand für die Jäger diente.

Von der Ausgrabungsstelle laufen wir nach rechts zum Kickelhahn, dem Hausberg von Ilmenau und höchsten Punkt unserer Wandertour. Eine Wendeltreppe aus Stahl mit 110 Stufen schraubt sich nach oben zur Plattform des **Kickelhahnturms** ❽. Ein fantastischer Rundumblick auf die Erhebungen des Thüringer Walds erwartet uns. Die Hälfte der erlebnisreichen Wanderung liegt bereits hinter uns. Jetzt haben wir uns ein leckeres Essen in der **Berggaststätte Kickelhahn** ❾ verdient.

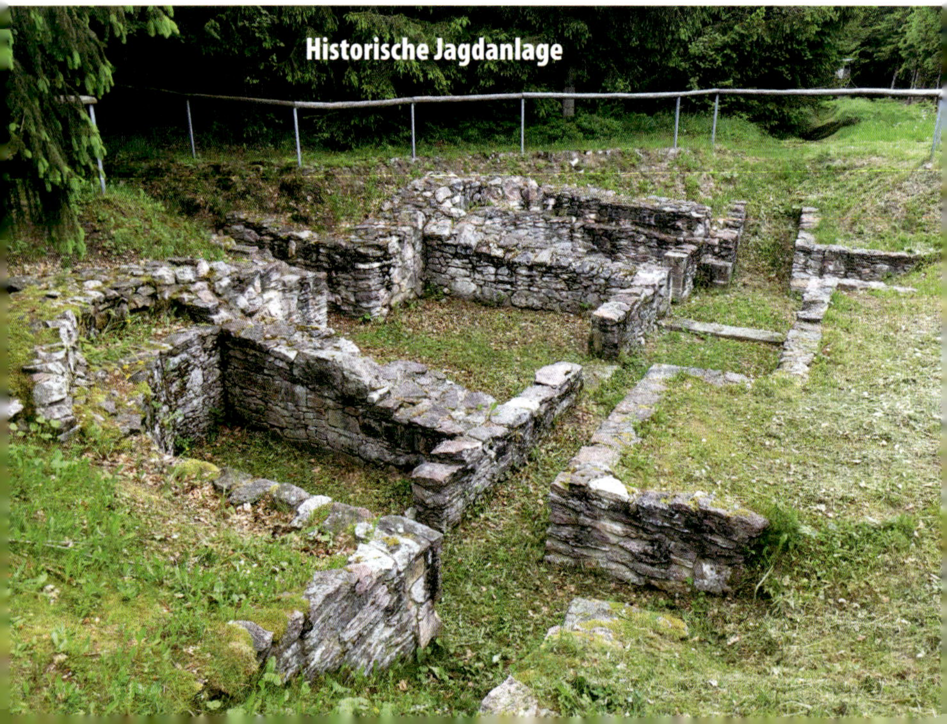
Historische Jagdanlage

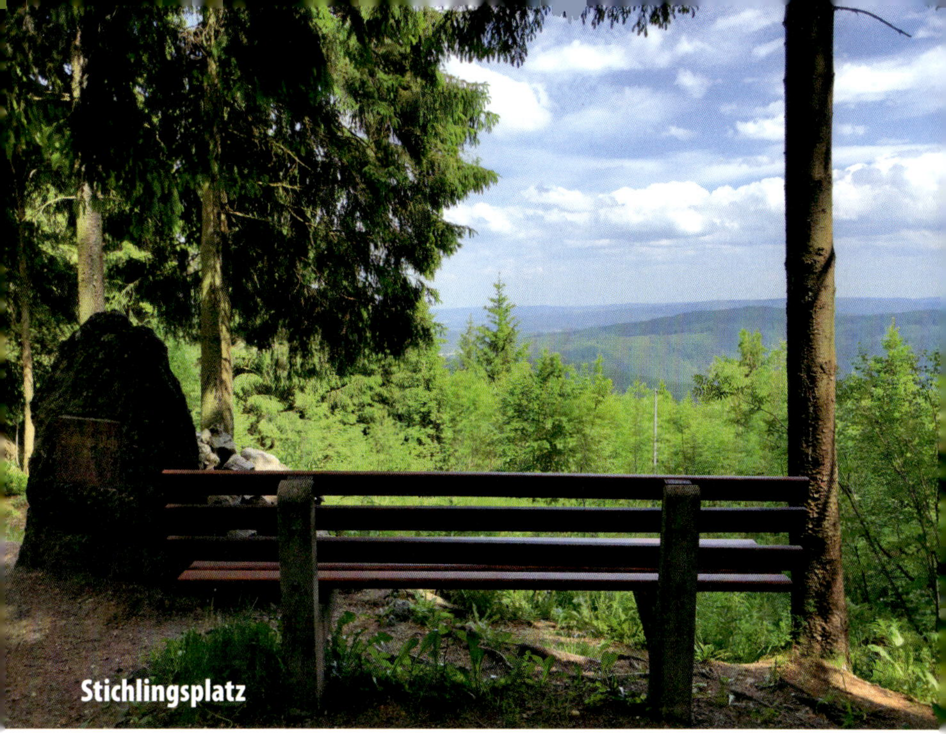

Stichlingsplatz

Vor der Gaststätte stehend wenden wir uns nach links und finden einen Schilderbaum mit unserer Wegmarkierung **schwarzer Turm,** die uns auf einen steinigen Waldweg lotst, Richtung **Jagdhaus Gabelbach.** Wir laufen leicht absteigend an einem Sendemast und Stromhäuschen vorbei und gelangen an den **Stichlingsplatz ⑩.** Dieser Platz wurde zu Ehren von Dr. Gottfried Theodor Stichling angelegt, dem Mitbegründer der Goethe-Gesellschaft in Weimar. Herrliche Ruhe umgibt uns. Ein letztes Mal genießen wir die großartige Aussicht, bevor es weiter talwärts geht. Nach 800 Metern erreichen wir das weitläufige Areal mit dem **Baumbachdenkmal,** das an den Dichter des bekannten Volkslieds „Hoch auf dem gelben Wagen" erinnert, und dem **Museum Jagdhaus Gabelbach ⑪.**

Nach unserem Museumsbesuch folgen wir der vertrauten Wegmarkierung Richtung **Ilmenau.** Mit dem Rücken zum Museum gehen wir geradeaus über den Platz, am großen Schilderbaum vorbei in den Wald hinein. Wir wandern circa 700 Meter geradeaus den Berg

*Die Ausstellung im spätbarocken Bau des **Jagdhauses Gabelbach** informiert nicht nur über die Jagd und das gesellschaftliche Leben am Weimarer Hof, sondern greift auch das Thema Nachhaltigkeit in der Waldnutzung auf.*

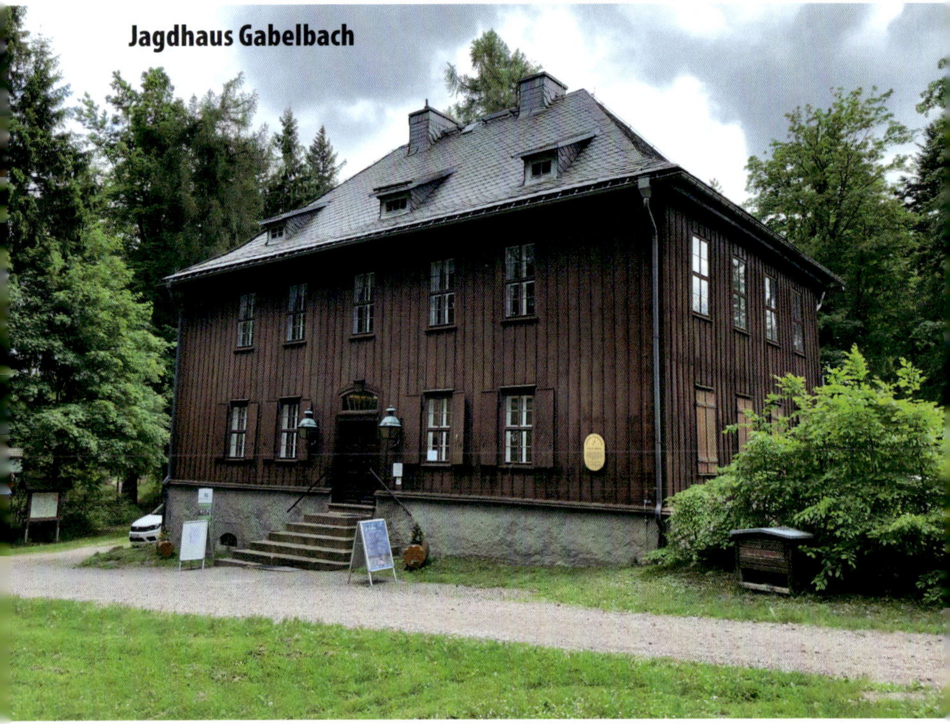

hinunter, bis zu einer Wegkreuzung. Hier biegen wir rechts ab auf einen breiten Forstweg. Der Weg macht einen Bogen nach links und führt uns durch den Scheffelgrund hinunter zum **Scheffeldenkmal** ⓬ an der Waldstraße, das dem Dichter Dr. Josef Viktor v. Scheffel gewidmet ist. Achtsam überqueren wir die Straße und gleich darauf eine Holzbrücke über den Gabelbach. Danach wandern wir links auf einem breiten Waldweg am Bachlauf entlang, Richtung **Alte Rodelbahn/Ilmenau.** Die Luft ist angenehm frisch und kühl. Alte Ahornbäume stehen am Wegesrand. Beruhigend plätschert das Bachwasser. Wir kommen an einer alten Sprungschanze vorbei, überqueren einmal den Bach nach links, laufen bis zu einer **Tennisanlage** und wechseln dort erneut die Bachseite. Ein herrliches Wiesenidyll empfängt uns – ein Flächennaturdenkmal, das zum Biotop **Ritze-**

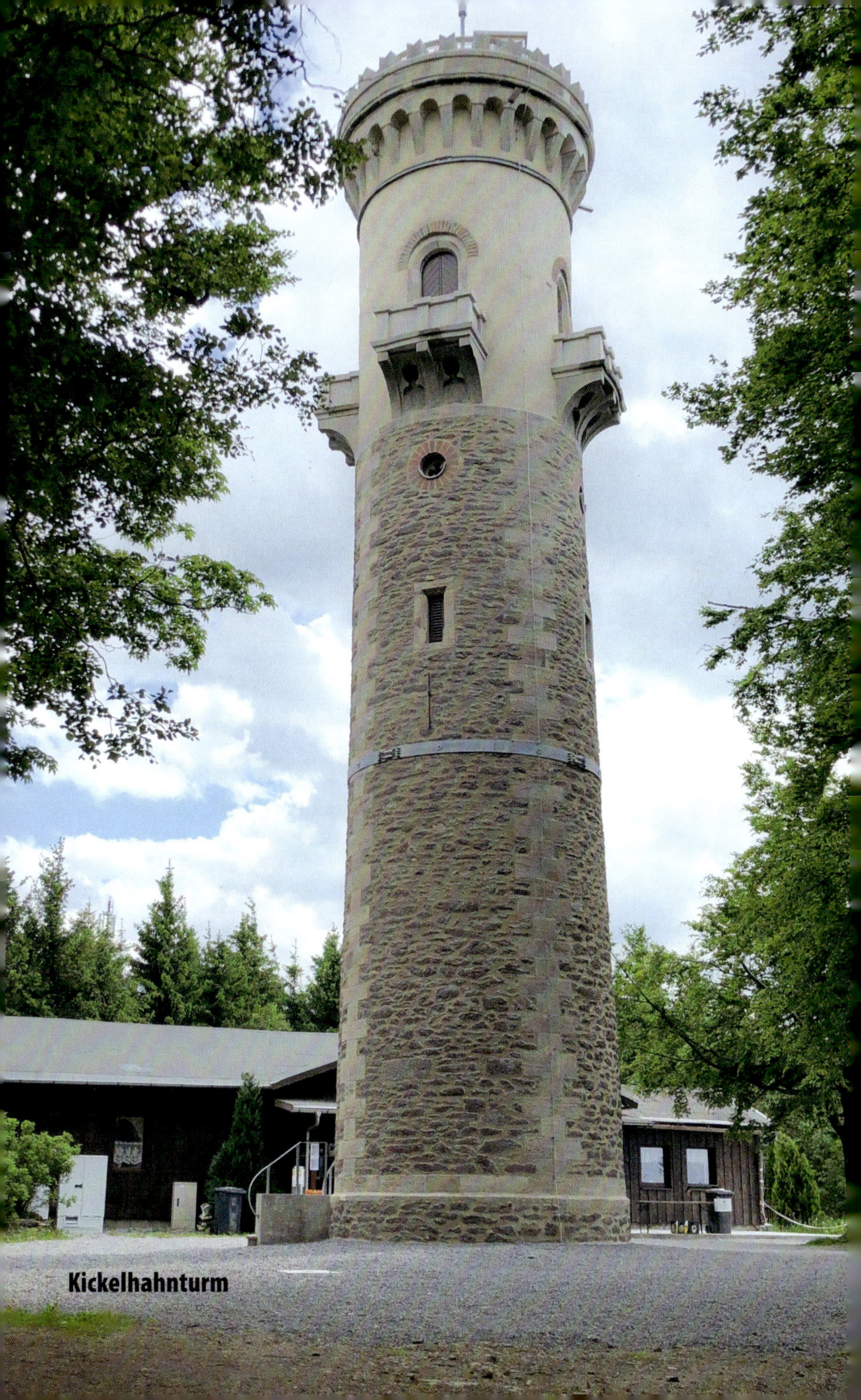

Kickelhahnturm

bühler Teich ⓭ gehört. Am Teich gönnen wir uns eine letzte Ruhepause, bevor wir uns vom Wegweiser **Ilmenauer Rundwanderweg** (schwarze 1 in gelbem Ring) über die Waldstraße zum Friedrich-Hofmann-Denkmal leiten lassen. Rechts vom Denkmal steigen wir ein paar Stufen empor und ein kurzes steiles Stück den Berg hoch, auf die **Prellerpromenade.** Nach wenigen Gehminuten werden wir an einem Pavillon über Stufen nach rechts hinunter in die Stadt geführt. Geradeaus laufen wir die **Theodor-Körner-Straße** entlang bis zur **Goetheallee.** Hier biegen wir rechts und wenige Meter weiter am **Haus Nr. 24 A** gleich wieder links ab. Auf einem Treppenweg geht es geradeaus über die Bahngleise zurück zum Parkplatz an der Festhalle.

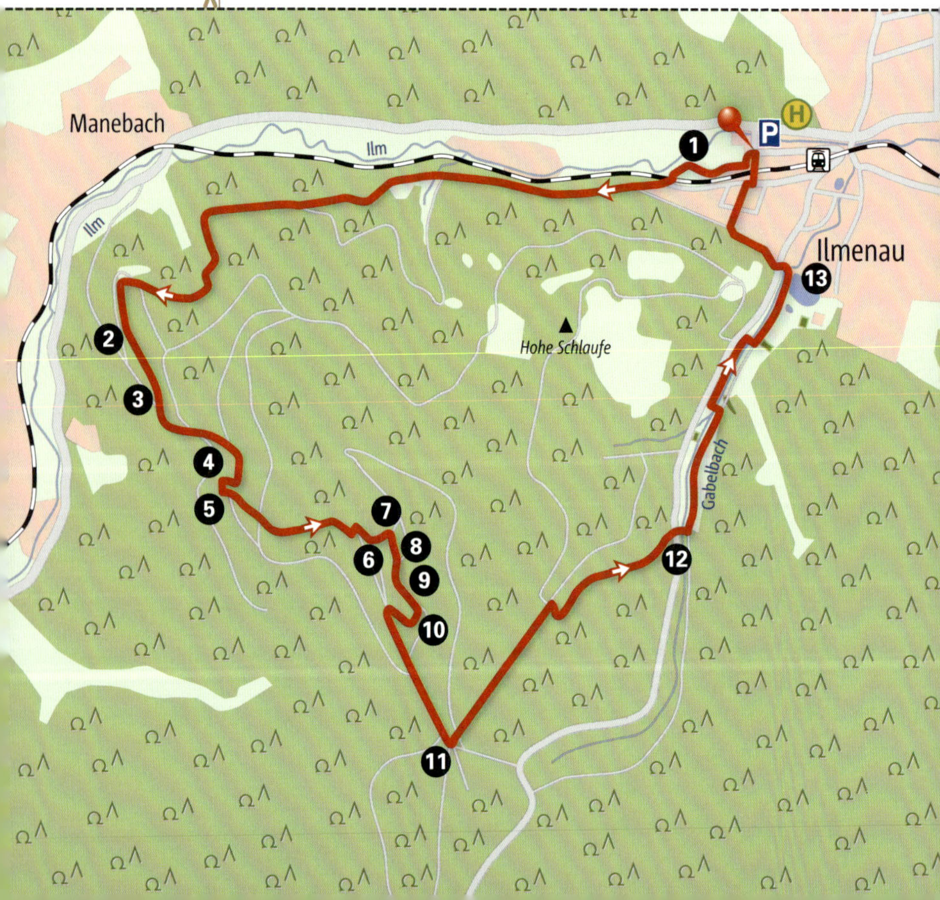

Alles auf einen Blick

WIE & WANN:
Breite Wald- und Forstwege, schmale Pfade, Asphaltwege in der Stadt. Beste Zeit April bis Oktober.

HIN & WEG:
Auto: Parkmöglichkeit an der Festhalle, Naumannstraße 12, 98693 Ilmenau (GPS: 50.68175, 10.90400)
ÖPNV: RB 46 bis Ilmenau Bad; zu Fuß über Naumannstraße zum Ausgangspunkt. Oder ab Ilmenau Bf oder Suhl Bf Bus 300 bis Ilmenau, Festhalle

ESSEN & ENTSPANNEN:
Berggaststätte Kickelhahn ❾ Auf dem Kickelhahn, Kickelhahn 1, 98693 Ilmenau, Tel. (0 36 77) 20 20 34

Zusätzlich Rucksackverpflegung empfehlenswert

ENTDECKEN & ERLEBEN:
Feuchtbiotop ❶ **Kleiner Hermannstein ❷**
Sophienquelle ❸ **Höhle im Hermannstein ❹**
Großer Hermannstein ❺ **Goethehäuschen ❻**
Historische Jagdanlage ❼ **Kickelhahnturm ❽**

Entspannung ★★★★☆
Genuss ★★★☆☆
Romantik ★★★★★

Stichlingsplatz ❿
Museum Jagdhaus Gabelbach ⓫ Waldstraße 24, 98693 Ilmenau, Tel. (0 36 77) 20 26 26
Scheffeldenkmal ⓬
Ritzebühler Teich ⓭

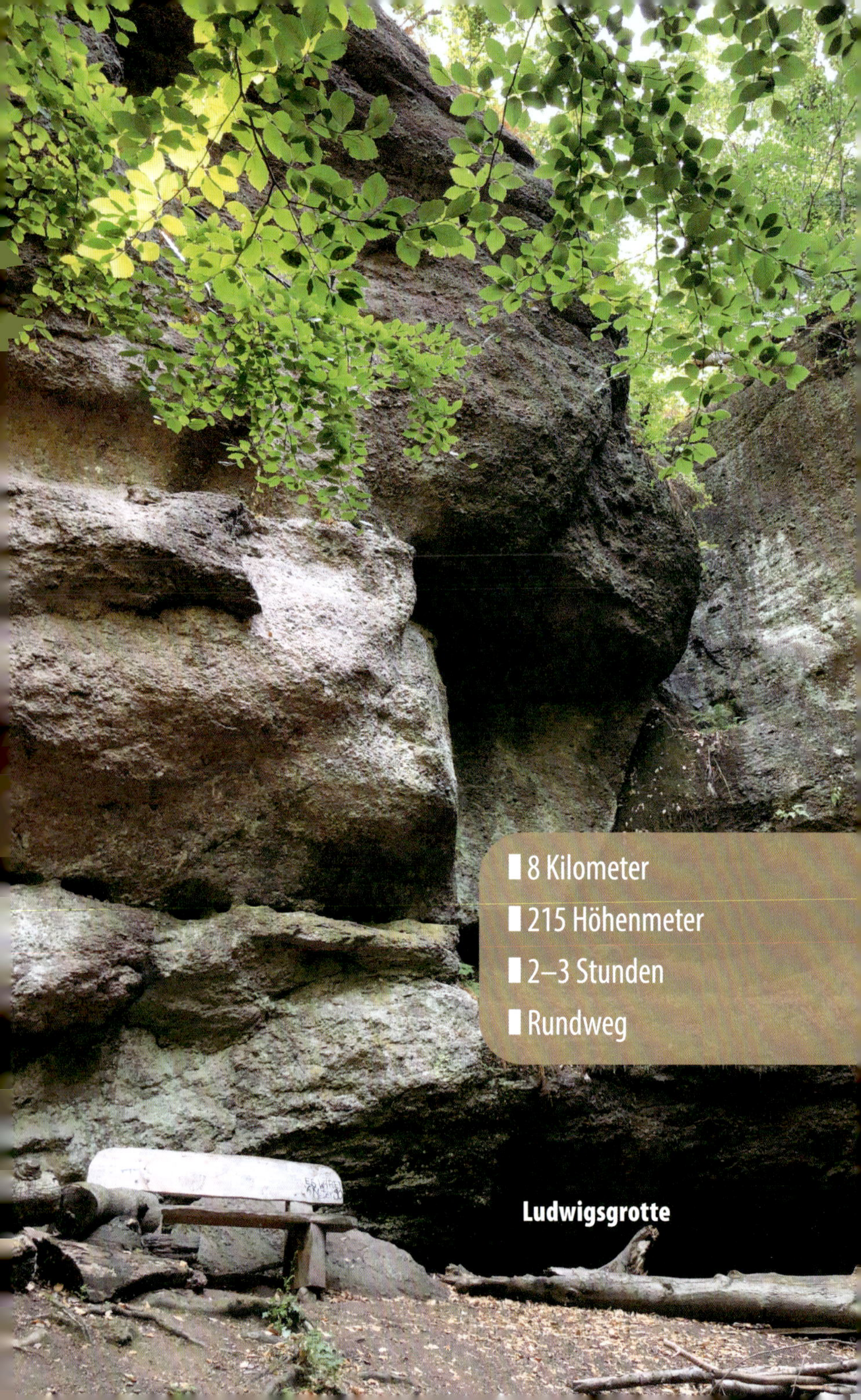

- 8 Kilometer
- 215 Höhenmeter
- 2–3 Stunden
- Rundweg

Ludwigsgrotte

Wir starten am Parkplatz am Prinzenteich, überqueren die B 19 (Mariental) und folgen nach links der Promenade am **Prinzenteich** ❶. Am **Restaurant Prinzenteich** sehen wir einen Schilderbaum, der uns die Richtung zum **Johannisthal** weist (Markierung Rundweg **EA2**). Wir gehen nach rechts, um das Café herum, und laufen auf der linken Seite die Straße entlang, bis wir an eine Gabelung kommen. Hier biegen wir links ab Richtung Tennisanlage. Nach einer Kurve befinden wir uns in der **Philipp-Kühner-Straße.** Ihr folgen wir bis zur T-Kreuzung am **Karthausgarten.** An der Mauer vor uns sehen wir die Markierung **roter Punkt,** die uns von nun an leiten wird. Wir biegen rechts ab in die **Kurstraße** und sehen linker Hand nach wenigen Metern einen Naturweg und einen Wegweiser, der uns die Richtung zum **Burschenschaftsdenkmal** weist. An einer Litfaßsäule laufen wir links vorbei und folgen dem hangseitigen **Feodora-Promenadenweg** etwa 500 Meter durch lichtoffenen Laubmischwald. Dann sehen wir rechter Hand einen Rastplatz mit angrenzendem Parkplatz. Hier verlassen wir den Promenadenweg nach rechts, gehen die Stufen

Lustwandelei

Johannisthal bei Eisenach

hinunter und überqueren den Parkplatz. Dort finden wir einen Schilderbaum. Wir folgen wiederum dem roten Punkt links in den Wald Richtung **Ludwigsklamm.** Ab hier befinden wir uns in einem Totalreservat, in dem keine forstwirtschaftlichen Arbeiten mehr durchgeführt werden. Krankes und abgestorbenes Holz verbleibt im Wald als wichtiger Baustein im Ökosystem.

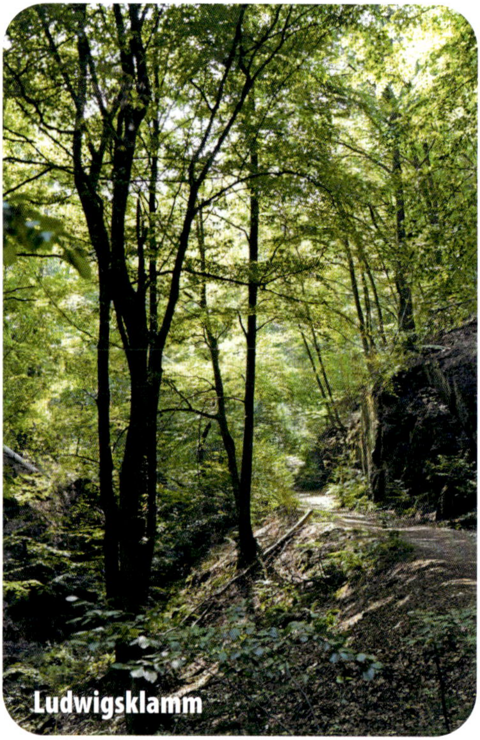
Ludwigsklamm

Wenige Gehminuten später betreten wir das geologische **Naturdenkmal Ludwigsklamm ❷** im Johannisthal – eine „schluchtartige Erosionsrinne im Wartburgkonglomerat des Oberrotliegenden", wie wir auf einer Hinweistafel lesen. Wir folgen dem Waldweg nach links um eine Kurve und wandern bergan in die urwüchsige Klamm. Die Wildheit dieses Naturraums wirkt befreiend auf uns. Fasziniert bewundern wir die moosbedeckten Felsen und die tiefe Rinne, die der Sengelsbach über Jahrmillionen in den Fels geschnitten hat. Eine angenehme Kühle umgibt uns. Zunehmend nimmt die Klamm einen schluchtartigen Charakter an. In regelmäßigen Abständen sehen wir an Baumstämmen den roten Punkt, der uns verlässlich auf unserem Weg begleitet.

Ungefähr 500 Meter haben wir in der Klamm zurückgelegt, dann entdecken wir einen schmalen Abzweig nach links unten. Wir folgen dem Pfad, schreiten über eine Holzbrücke und stehen vor der **Ludwigsgrotte ❸.** Der Anblick dieser mächtigen Felsformation überwältigt uns. Am Fuße des Felsens entdecken wir eine höhlenartige Vertiefung mit einer Holzbank davor. An diesem wundervollen Ort der Stille legen wir eine kurze Sinnespause ein.

Wir laufen wieder zurück zum Hauptweg und setzen unsere Wanderung entlang der Klamm fort. Es

*Die **Eiche** gilt als Sinnbild für Beständigkeit und Stärke. Zu Recht: Bei optimalen Wuchsbedingungen kann sie über 40 Meter hoch und über 800 Jahre alt werden.*

geht sanft bergauf, dann rechts um eine Kurve in einen Rotbuchenwald bis zu einer Wegspinne. Ein Wegweiser mit dem roten Punkt leitet uns nach links auf einen Sand-Schotter-Weg, Richtung **Herzogseiche/Mosbacher Linde.** Nach 400 Metern kommen wir zum **Naturdenkmal Herzogseiche ❹.** Eine Sitzgruppe lädt uns zu einer Rast ein.

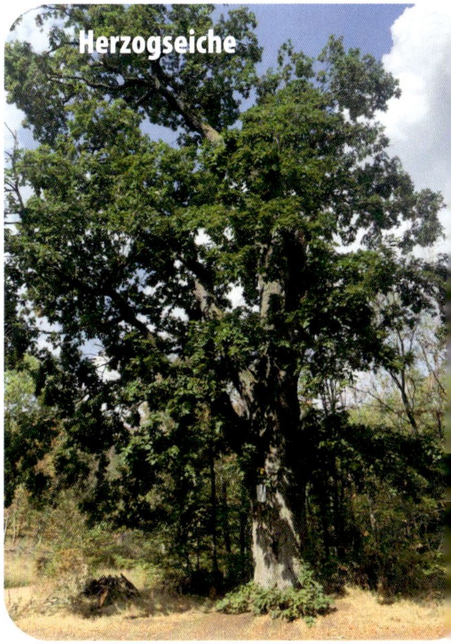
Herzogseiche

Unsere Augen erkunden den altehrwürdigen Baum, dessen Alter wir auf mindestens 350 Jahre schätzen. Bevor wir unseren Weg fortsetzen, berühren wir seine knorrige Rinde und wünschen uns, dass sich seine Kraft und Energie auf uns übertragen möge.

An dieser Stelle verabschieden wir uns von der Markierung roter Punkt, denn von hier aus folgen wir dem **Urwaldpfad Eisenach** und seiner Markierung, die symbolhaft einen schwarz-weißen **Käfer** auf einem Buchenblatt darstellt. Wir schlagen die Richtung zum **Burschenschaftsdenkmal** ein

Für die Seele

Wir sitzen an der Ludwigsgrotte am Fuß einer mächtigen Felswand und spüren die ungeheure Kraft der urwüchsigen Natur, die uns umgibt.

und wandern weiter auf dem breiten Sand-Schotter-Weg. Schon nach wenigen Minuten sehen wir einen Trampelpfad, der am Hang hinaufführt zum **Carolinenblick ❺,** einer Steinbank mit herrlicher Sicht auf das Wahrzeichen Eisenachs: die Wartburg.

Weiter geht es auf unserem Weg durch alte Eichentrockenwälder, danach durch herrlichen Laubmischwald. Dabei genießen wir den kühlen Schatten, den uns die Baumkronen spenden. Wir folgen immer dem schwarz-weißen Käfer, ohne den abzweigenden schmalen Wegen Beachtung zu schenken.

Nach einer gemütlichen Viertelstunde Wanderzeit kommen wir an eine Weggabelung, an der wir links auf den Radweg **Weinstraße** abbiegen. Hier verabschieden wir uns von dem Käfer-Symbol des Urwaldpfads und folgen dem Wegweiser Richtung Burschenschaftsdenkmal, dieses Mal ohne Markierung. Sanft geht es abwärts durch lichtoffenen Laubmischwald. An einem Baumstamm auf der linken Seite des Weges finden wir die grüne Wegmarkierung **EH,** die uns ein kurzes Stück als Orientierung dienen wird. Vor uns öffnet sich der Wald, und wir erreichen die **Schutzhütte am Naturdenkmal Mosbacher Linde ⑥.**

*Die **Mosbacher Linde** ist eine rund 300 Jahre alte Winterlinde und von einem einzigartigen alten Baumbestand umgeben. Bei guter Sicht reicht der Blick bis zum Nationalpark Hainich.*

Wir sitzen auf der Holzbank vor der Hütte, lauschen dem sanften Rascheln der Blätter im Wind und lassen unsere Gedanken treiben.

Von der Linde laufen wir nach links unten und folgen dem Wegweiser Richtung **Burschenschaftsdenkmal.**

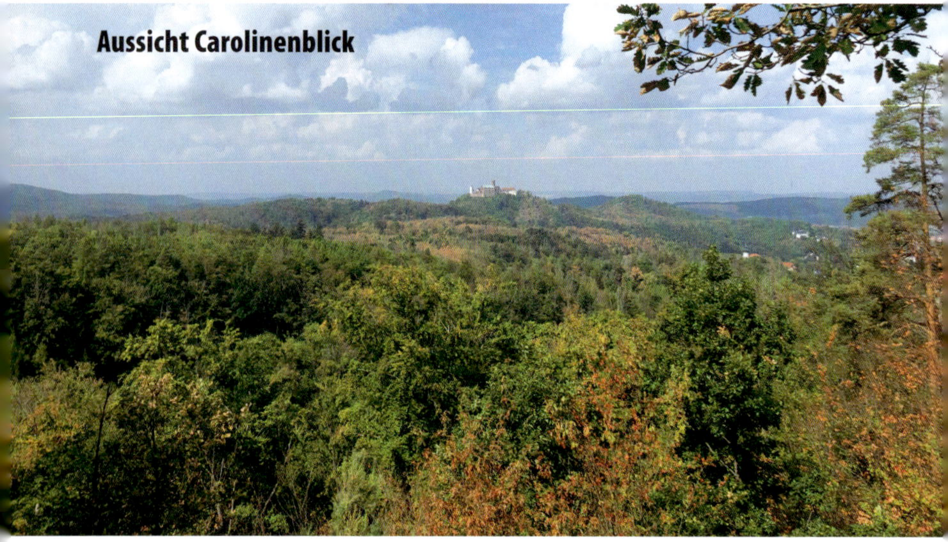

Aussicht Carolinenblick

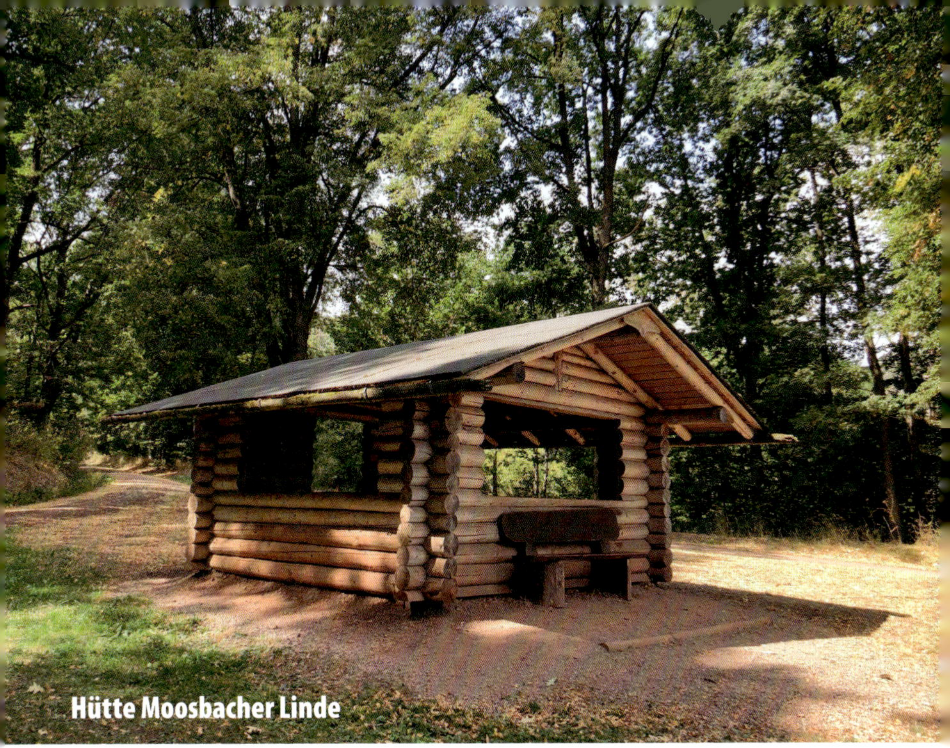

Hütte Moosbacher Linde

Den links abzweigenden Pfad (Markierung **EH** und **blauer Punkt)** ziehen wir dem breiten Radweg vor. Nach etwa 200 Metern vereinigen sich die beiden Wege wieder, und wir bewegen uns auf historischem Kopfsteinpflaster. Viele Mosbacher Frauen, die ihre Produkte auf dem Eisenacher Markt anboten, rasteten einst an der Winterlinde und nutzten diesen Handelsweg. Wie laut muss es damals gewesen sein, wenn die Karren über das grobe Pflaster gerattert sind?

Wir gelangen an eine Wegscheide, an der sich der Wald nach rechts hin öffnet und den Blick auf eine Bergwiese freigibt. Wir verlassen den Radweg, wenden uns nach links und folgen einem schmalen Waldweg mit der grünen Markierung **EH** leicht bergauf. Wie durch einen Tunnel laufen wir unter jungen Buchen hindurch und sind gleich darauf von majestätischen Rotbuchen umgeben. In sanftem Auf und Ab folgen wir dem Waldweg und gelangen zur **Louise-Bornemann-Bank 7.** Von hier haben wir nochmals einen schönen Blick zur Wartburg.

Das **Burschenschaftsdenkmal** auf der Göpelskuppe ist all jenen gewidmet, die im 19. Jahrhundert für Einheit und Freiheit gekämpft haben. Zu DDR-Zeiten war das 33 Meter hohe Monument ein ungeliebtes stilles Mahnmal für die deutsche Einheit.

Wenige Gehminuten später lenkt uns ein Holzgeländer nach rechts auf einen Fußweg, der uns bergab direkt zum beeindruckenden **Burschenschaftsdenkmal 8** führt.

Vom Denkmal aus laufen wir nach links einen Asphaltweg bergab und gelangen zum **Berghotel Eisenach 9.** Auf der Terrasse sitzend lassen wir uns mit regionalen Speisen kulinarisch verwöhnen und genießen dabei einen großartigen Blick zur Wartburg.

Nachdem wir unseren Hunger gestillt haben, folgen wir dem asphaltierten Weg weiter bergab auf einen großen Parkplatz. Wir laufen geradeaus über den Platz und begeben uns auf einen breiten Sandweg, der oberhalb der Straße nach links abzweigt. Es ist der **Panoramaweg,** der uns auf einer Anhöhe an der Stadtgrenze entlangführt. Sitzbänke fordern dazu auf, sich Zeit zu nehmen und die atemberaubende Aussicht auf Wartburg und Eisenach zu würdigen.

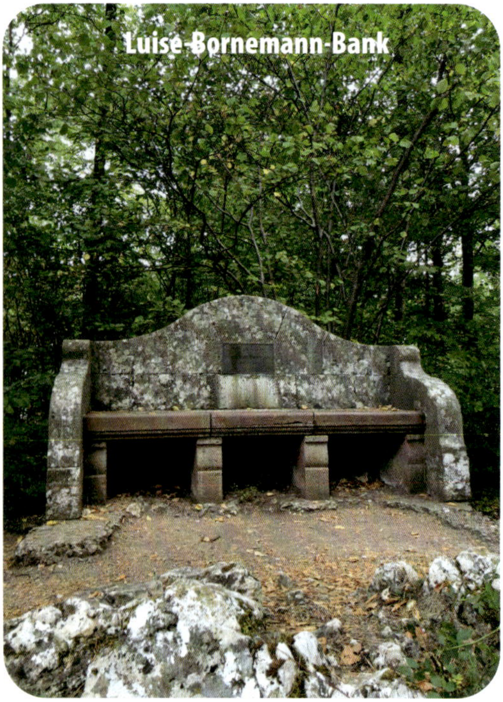
Luise-Bornemann-Bank

An der folgenden Weggabelung halten wir uns rechts und folgen einem Naturweg in sanftem Abstieg. Schritt für Schritt nähern wir uns der Stadt. Wir folgen der **Ernst-Böckel-Straße** am Villenviertel von Eisenach entlang. Sie mündet in die **Waisenstraße,** der wir nach links folgen. In weitem Bogen laufen wir am Karthausgarten entlang, bis wir linker Hand seinen Eingang finden. Wir durchqueren einen Spielplatz und wenden uns nach rechts. Auf einem breiten Sandweg erreichen wir die **Wandelhalle im Karthausgarten 10.** Auf

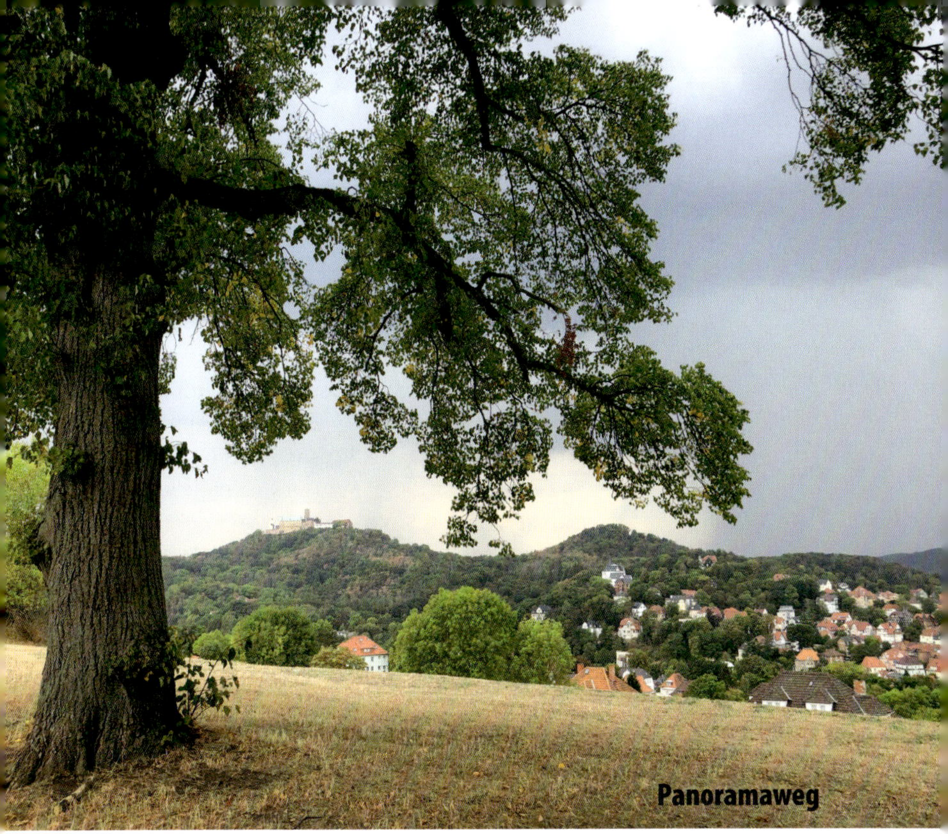
Panoramaweg

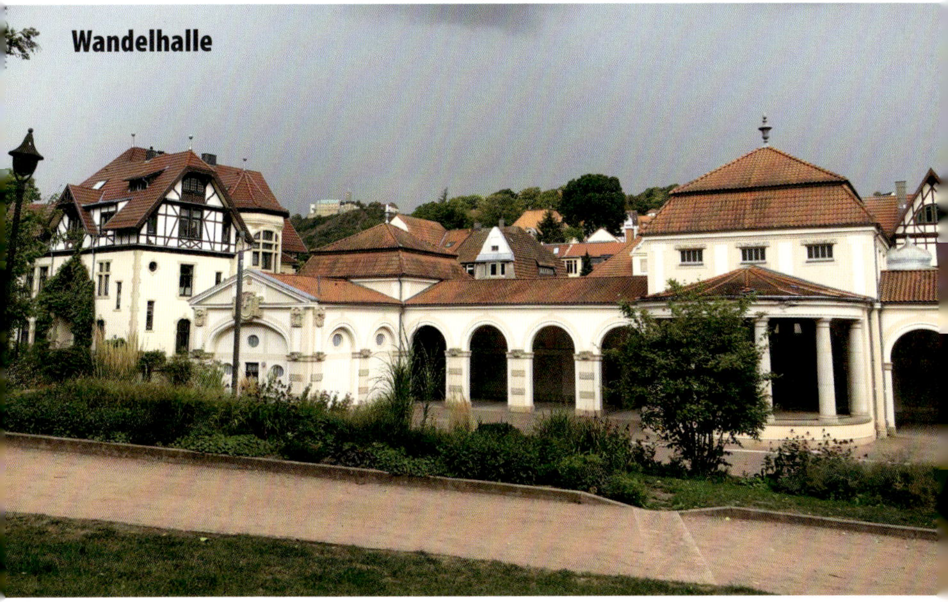
Wandelhalle

einer Bank sitzend betrachten wir das imposante Gebäude, im Hintergrund thront oben auf dem Berg die Wartburg.

Ein Kiesweg bringt uns nach links bis zu einer Weggabelung. Dort halten wir uns erneut links und gehen immer geradeaus, bis wir auf die **Kurstraße** stoßen. Hier biegen wir noch einmal links ab und laufen bis zur Ecke Philipp-Kühner-Straße. Diese Stelle kennen wir, denn hier waren wir bereits am Anfang unserer Wanderung. Wir folgen der **Philipp-Kühner-Straße,** biegen an der Gabelung rechts ab und sind wieder am **Prinzenteich.** Jetzt freuen wir uns auf Kaffee und Kuchen im **Restaurant Prinzenteich ⓫.** Ein schöner Abschluss unserer erlebnisreichen Wanderung.

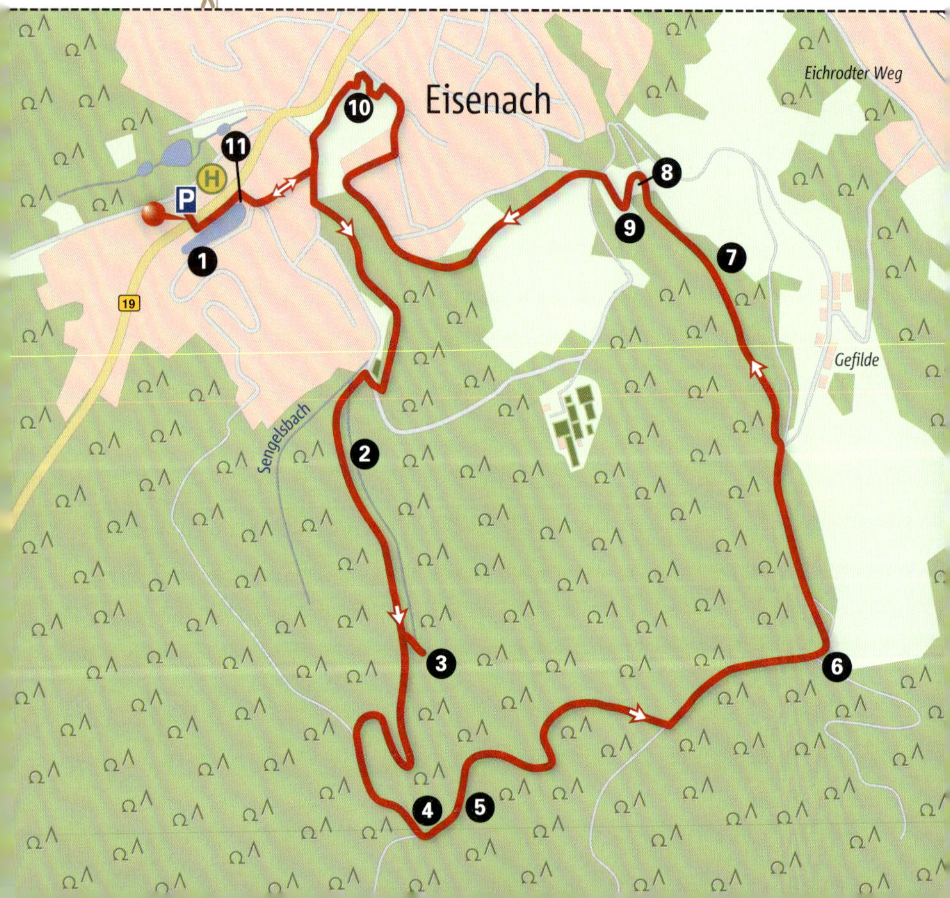

Alles auf einen Blick

WIE & WANN:

Breite Waldwege, schmale Pfade, Asphaltweg zum Parkplatz. Ganzjährig schön, bei Glätte Felsen nicht begehbar.

HIN & WEG:

Auto: Parkplatz am Prinzenteich, Mariental 4, 99817 Eisenach (GPS: 50.96577, 10.31808)
ÖPNV: Ab Eisenach Bf Bus 190 (Richtung Bad Liebenstein über Mariental) bis Eisenach, Prinzenteich

ESSEN & ENTSPANNEN:

Berghotel Eisenach ❾ An der Göpelskuppe 1, 99817 Eisenach, Tel. (0 36 91) 2 26 60, www.berghotel-eisenach.de
Restaurant Prinzenteich ⓫ Mariental 19, 99817 Eisenach, Tel. (0 36 91) 21 00 60, restaurant-prinzenteich.eatbu.com

ENTDECKEN & ERLEBEN:

Prinzenteich ❶
Naturdenkmal Ludwigsklamm ❷
Ludwigsgrotte ❸
Naturdenkmal Herzogseiche ❹
Carolinenblick ❺

Entspannung ✱✱✱✱✱
Genuss ✱✱✱✱✱
Romantik ✱✱✱✱✱

Schutzhütte am Naturdenkmal Mosbacher Linde ❻
Louise-Bornemann-Bank ❼
Burschenschaftsdenkmal ❽
Wandelhalle im Karthausgarten ❿

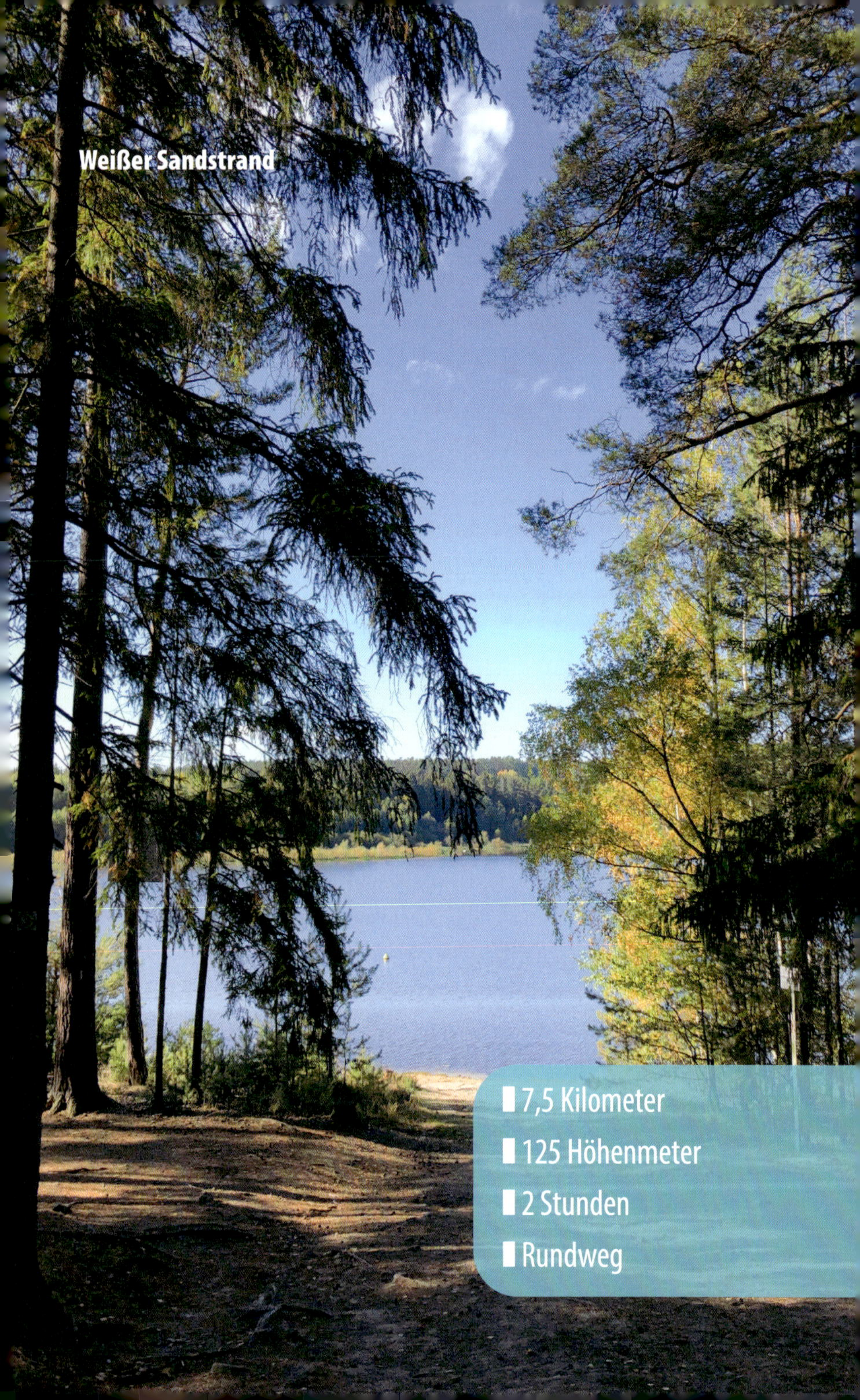

Weißer Sandstrand

- 7,5 Kilometer
- 125 Höhenmeter
- 2 Stunden
- Rundweg

Unsere Wandertour beginnt an der **Staumauer der Talsperre Heyda** ❶. Wir folgen der Markierung des Wanderwegs **Rund um die Talsperre Heyda** (Nummer **3** in gelbem Ring). Die ersten Meter legen wir auf dem asphaltierten Abschnitt über die Staumauer zurück. Eine leichte Brise Süßwasserduft weht uns um die Nase und weckt sofort ein Gefühl von Urlaub an der See. Am Ende der Staumauer werden wir rechts in den Wald hineingeleitet und wandern kurzzeitig auf einem breiten Waldweg durch Kiefernforst. Nach wenigen Minuten Gehzeit allerdings verändert sich die Vegetation: Der Wald wirkt zunehmend natürlicher und ist mit anderen Baumarten durchmischt. Vom breiten Weg werden wir rechts auf einen Pfad gelenkt. Erstaunt schauen wir uns um: Uns umgibt Fichtenwald mit beeindruckend altem Baumbestand. Der Weg macht einen Bogen, und schon nähern wir uns wieder dem Wasser. Uns fällt ein Trampelpfad auf, dem wir hinunter ans Ufer folgen zu einem schön gelegenen **Aussichtspunkt** ❷ mit Blick auf die Staumauer und den nördlichen Teil des Stausees. Fortan wandern wir in unmittelbarer Nähe zum Wasser. Mehrfach haben wir die Gelegenheit, direkt ans Ufer zu gehen, um dort einen Moment innezuhalten.

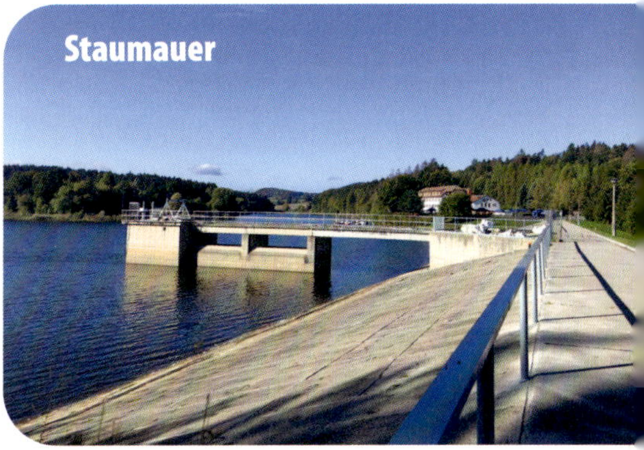
Staumauer

*Der südliche Teil der **Talsperre Heyda** liegt in einem nach den Richtlinien der EU für Flora-Fauna-Habitate ausgewiesenen Schutzgebiet. Geschützt sind beispielsweise die Verlandungszonen, Moore, Feucht- und Bergmähwiesen sowie naturnahe Bachabschnitte.*

Dicke Wurzelstränge durchziehen den Waldweg und fordern unsere Achtsamkeit. An einer Weggabelung fehlt die Markierung, hier halten wir uns rechts und bleiben in Ufernähe. Ein spannendes Waldbild umgibt uns: auf der einen Seite die forstliche Ordnung des Kiefernwalds, auf der anderen junge Birken und ein Hauch von befreiter Wildnis. Und dann kommen wir wieder in Fichtenwaldabschnitte mit dichten Baumkronen und ausgedehnten Moosteppichen am Boden.

Nach etwa 20 Minuten Wanderzeit werden wir kurzzeitig vom Wasser weggeleitet, denn die besonders schützenswerte Uferzone gehört zum Natura-2000-Gebiet Wipfragrund – Stausee Heyda.

Auch dieser Schlenker hat seinen Reiz, denn er führt uns durch einen sehr schönen Fichtenbestand. Wir nehmen ein paar tiefe Atemzüge der belebenden Waldluft. Schon nach wenigen Hundert Metern kommen wir nach rechts zurück ans Seeufer. Zwischen den Fichten schimmert das blaue Wasser hindurch. Wir nähern uns dem Ufer und haben plötzlich weißen Sand unter unseren Füßen. Ist das ein Traum? Nein, wir stehen tatsächlich an einem **weißen Sandstrand ③**. Wir suchen uns ein schönes Plätzchen und setzen uns in den

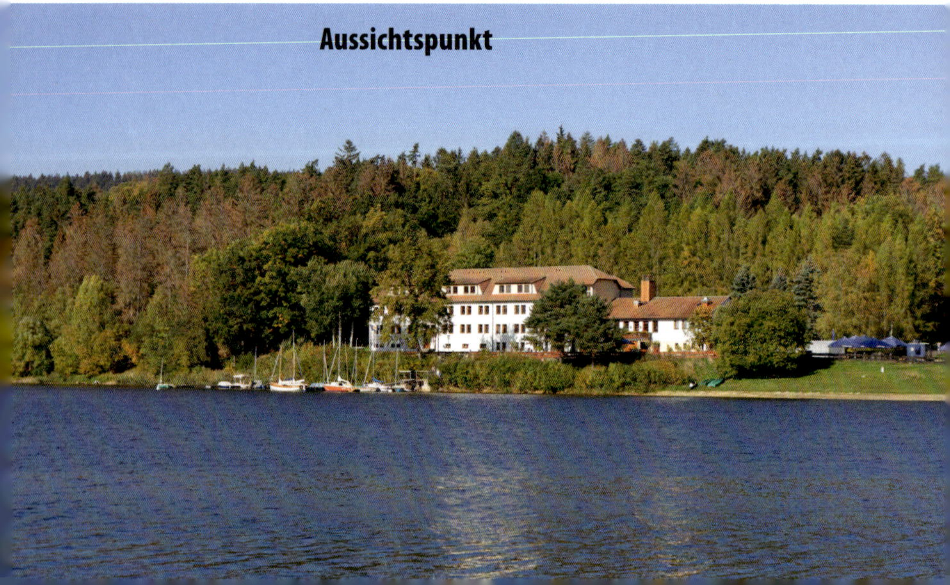

warmen Sand. Danach laufen wir noch ein wenig am Strand entlang, es gibt mehrere Stichwege, die zurück auf den Wanderweg führen.

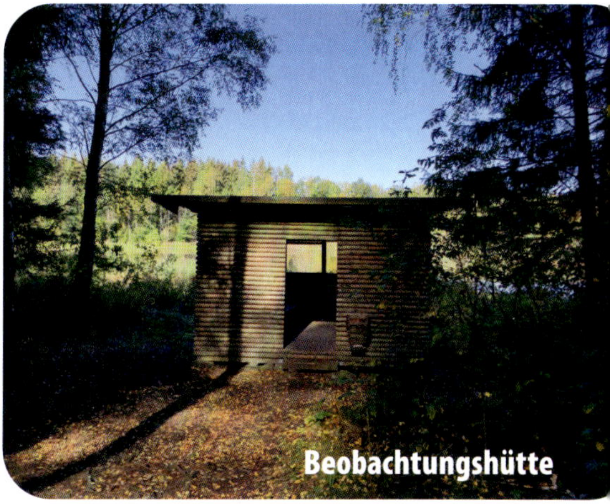
Beobachtungshütte

Beseelt von der Urlaubsstimmung setzen wir unseren Weg fort und überqueren nach circa 500 Metern die Mündung des Schlotterbachs in den Stausee. Wir können es zwar nicht sehen, aber das Gebiet der sogenannten Bösen Wiesen hinter uns ist Habitatfläche des Kammmolchs. Eine Sitzbank mit Seeblick verführt uns zu einer kurzen Pause.

Danach gelangen wir auf einen breiten, befestigten Waldweg, auf dem wir 5 Minuten später wieder näher ans Ufer geführt werden. Rechter Hand entdecken wir, etwas versteckt unter den Fichten, eine **Beobachtungshütte 4**. Ein idealer Platz, um eine erste Vesperpause zu machen. Aus den Fenstern der Hütte blicken wir hinaus auf eine idyllische Wasserwelt und können gut Vögel beobachten – oder einfach nur die Ruhe dieses Orts auf uns wirken lassen. Mit etwas Glück erspähen wir Silberreiher, die elegant durchs Wasser stolzieren und Ausschau nach Beute halten.

__Wasservögel__ machen auf ihrer Reise ins Sommer- und Winterquartier an der Talsperre Heyda Rast. Über 150 Vogelarten wurden bisher beobachtet. Höckerschwan, Haubentaucher und Bachstelze sind häufige Gäste am südlichen Ufer des Stausees.

Entspannt setzen wir unsere Wanderung fort. Zuverlässig begleitet uns die Wegmarkierung Nummer 3,

Für die Seele

Barfuß laufen wir am hellen Sandstrand entlang und fühlen uns wie im Urlaub am Meer.

an markanten Stellen finden wir Richtungsschilder, die uns den Weg weisen.

Etwa nach der Hälfte der Wanderstrecke überqueren wir den Fluss Wipfra, der in den Stausee mündet. Er ist Lebensraum des bedrohten Bachneunauges, das nur in strukturreichen Gebieten zu finden ist. Linker Hand erstreckt sich das Schutzgebiet **Große Streitwiese 5.** Inmitten dieses artenreichen Naturraums gibt es auch einen Rastplatz.

Unser Weg knickt nach rechts ab und führt an einer Wiesenfläche vorbei. Auf einem breiten Forstweg wandern wir anschließend um eine Art Landzunge und gelangen auf einen wunderschönen Wiesenpfad, der uns ans Westufer des Stausees bringt. Riesige Eichen stehen am Wegesrand, Haseln breiten ihre Arme wie ein schützendes Dach über uns aus. Hin und wieder bieten sich Durchblicke aufs Wasser, während wir mit weichem Gras unter unseren Füßen über die Wiesen wandern. Ein **Rastplatz unter hohen Eichen 6** lädt uns zu ei-

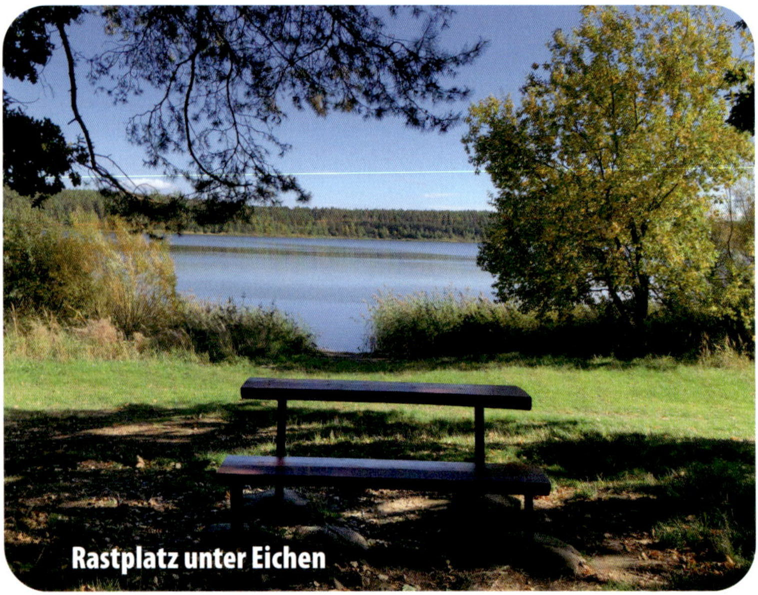

Rastplatz unter Eichen

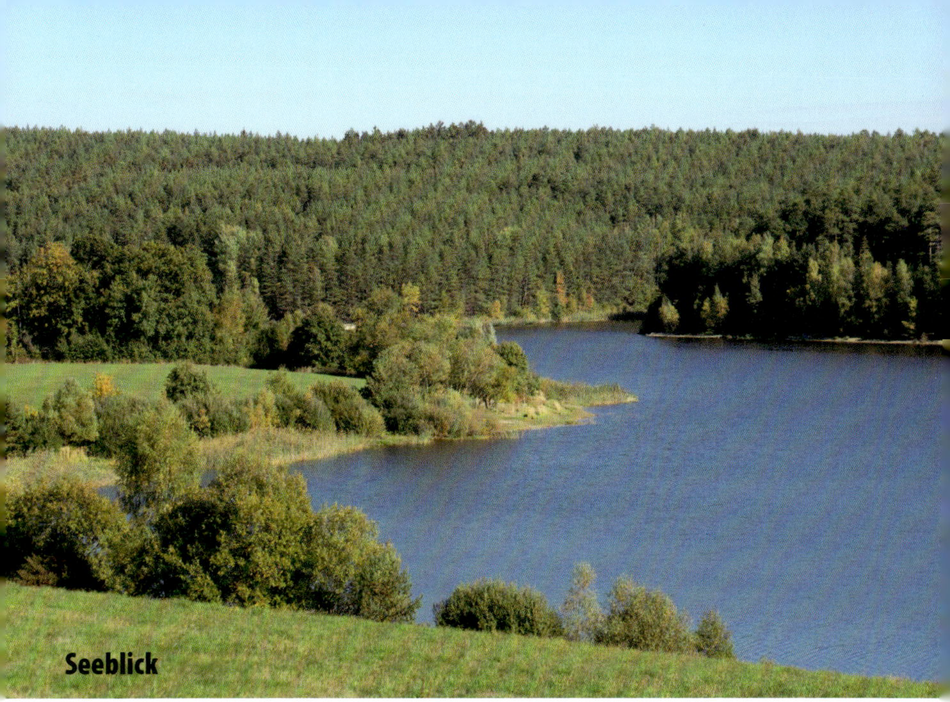

Seeblick

ner Pause ein. Wir schauen direkt auf den See, beobachten, wie sich das Schilf im Wind wiegt, und lauschen dem sanften Blätterrascheln.

Von der Raststelle führt uns der Wiesenweg nach links, am Waldrand entlang. Einen kurzen steilen Anstieg müssen wir bewältigen, um zu einer Sitzgruppe zu gelangen. Von dort bietet sich ein weiterer traumhafter **Seeblick** 7. Dann werden wir zurück in den Wald geleitet. Eichelhäher kündigen aufgeregt unsere Ankunft an. Fasziniert bemerken wir einen erneuten Vegetationswechsel, während wir vom Wiesenidyll in den mystisch dunklen Fichtenwald eintreten. Uns ist, als wären wir in einem Märchen gelandet. Der Boden ist mit Moos bedeckt, vereinzelt fallen Sonnenstrahlen durch das dichte Geäst und erzeugen kleine Lichtinseln am Boden.

Nach einer Kurve verändert sich die Umgebung wiederum: Aus dem Märchenwald geht es hinaus in offene Flur. Ein schöner Blick auf das Örtchen Heyda präsentiert sich uns. An einer Sitzbank mit **Dorfblick** 8 legen wir nochmals eine Pause ein.

Erfrischungstour 17

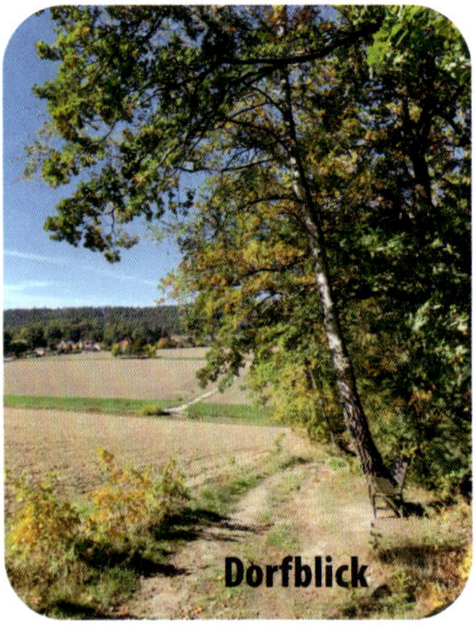

Dorfblick

Dann wandern wir auf einem Feldweg bergab. Wir überqueren eine Holzbrücke, laufen ein Stück Wiesenweg und landen auf einem betonierten Feldweg, dem wir ein kurzes, steiles Stück nach rechts folgen. Der Anstieg ist knackig, aber schnell geschafft. Oben angekommen, gönnen wir uns auf einer Sitzbank eine Atempause, bevor wir unseren Weg nach rechts Richtung Talsperre fortsetzen. Der Feldweg endet an einer Straße, die uns nach rechts zum Parkplatz an der Staumauer bringt. Dort angekommen, freuen wir uns auf eine abschließende Einkehr im Biergarten des **Steakhouse Riverdam 9**.

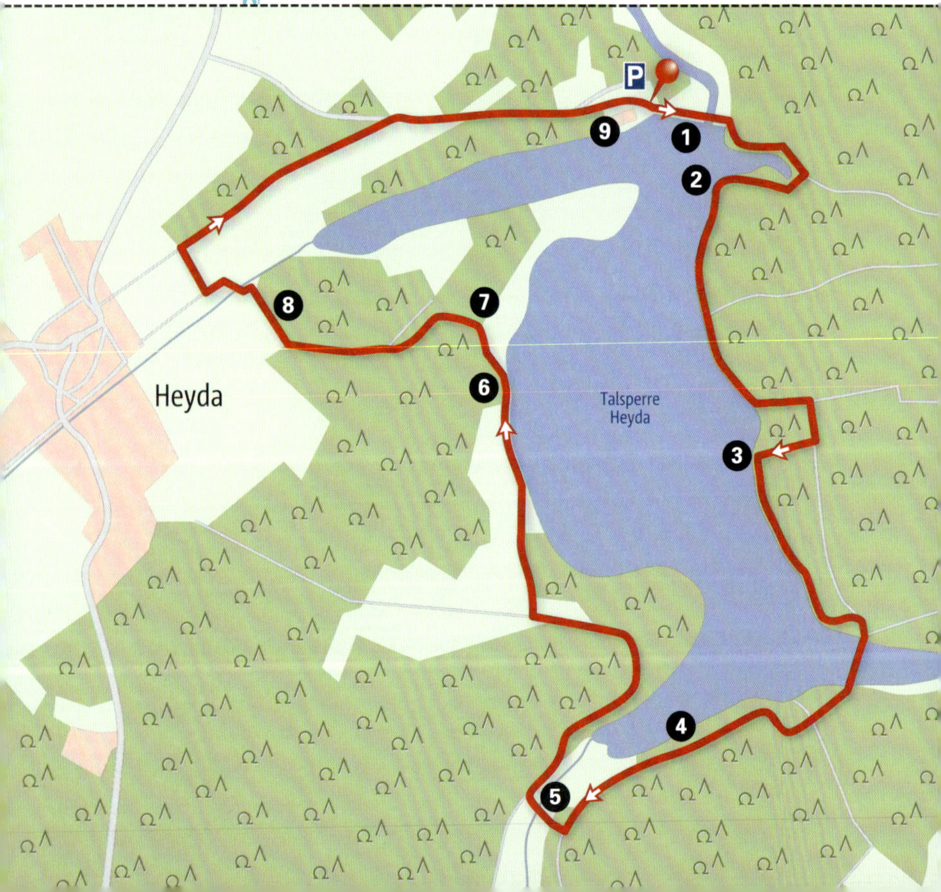

Alles auf einen Blick

WIE & WANN:
Waldwege und wurzelige Trampelpfade, Wiesen- und Feldwege, Asphaltweg zum Parkplatz und auf der Staumauer. Beste Zeit April bis Oktober.

HIN & WEG:
Auto: Wanderparkplatz an der Talsperre Heyda, 98693 Ilmenau (GPS: 50.74136, 10.95694)
ÖPNV: Keine direkte Anbindung

ESSEN & ENTSPANNEN:
Hotel & Steakhouse Riverdam ❾ An der Talsperre 1,
98693 Heyda bei Ilmenau, Tel. (0 36 77) 84 31 04, www.riverdam.de

ENTDECKEN & ERLEBEN:
Staumauer der Talsperre Heyda ❶
Aussichtspunkt ❷
Weißer Sandstrand ❸
Beobachtungshütte ❹
Große Streitwiese ❺
Rastplatz unter Eichen ❻
Seeblick ❼
Dorfblick ❽

Entspannung ★★★★★
Genuss ★★★★☆
Romantik ★★★★☆

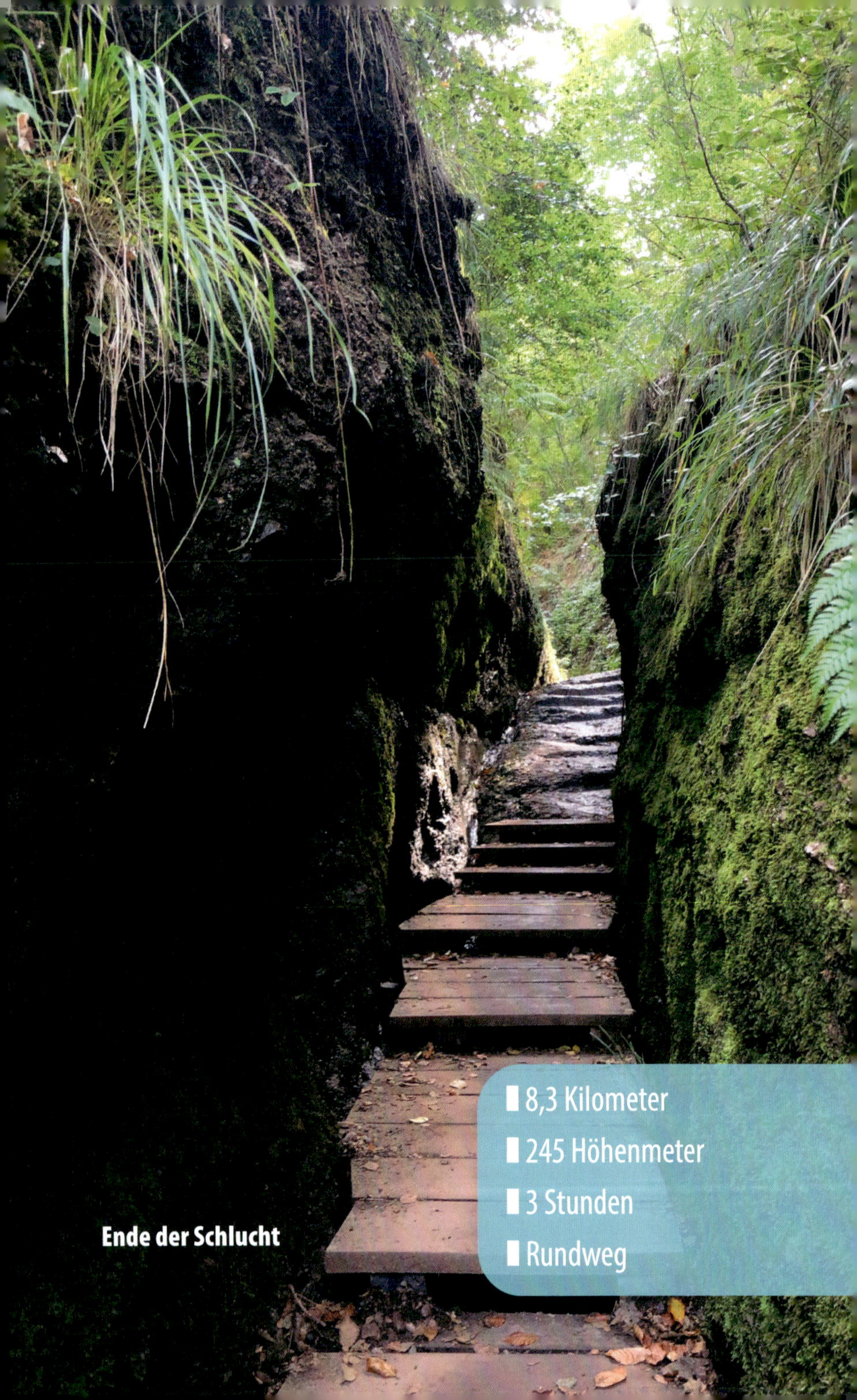

Ende der Schlucht

Am Parkplatz Hohe Sonne brechen wir zu unserer Schluchtenwanderung auf. Zunächst überqueren wir die Bundesstraße 19 und biegen am Schilderbaum links auf den Wanderweg **Weinstraße** ab, Richtung **Landgrafenschlucht** (Markierung **roter Punkt).** Die Weinstraße war früher eine wichtige Handelsstraße. Kaum sind wir gestartet, dürfen wir unser Baumwissen auf die Probe stellen. Wer kann die Baumarten ertasten und bestimmen?

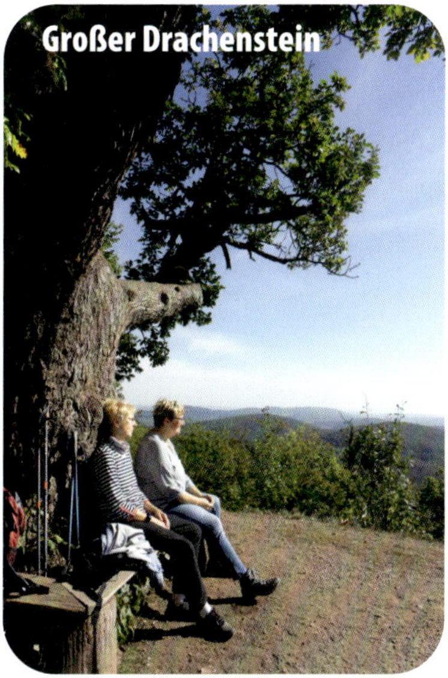
Großer Drachenstein

Auf dem breiten Waldweg wandern wir immer geradeaus durch lichtoffenen Mischwald, anfangs auf einem Sand-Schotter-Gemisch, später auf weichem Waldboden. Nach knapp einer Viertelstunde Wanderzeit bestaunen wir am **Marienblick ①** das UNESCO-Weltkulturerbe Wartburg auf einer gegenüberliegenden Anhöhe.

Ein Wegweiser gibt uns die Richtung zur **Landgrafenschlucht** an, über den Schluchtentour-Rundweg **EA1** (Markierung grüne **1** in grünem Ring). Ab jetzt wandern wir ein Stück bergan. An einer Weggabelung verlassen wir die Weinstraße, nehmen den rechten Abzweig und erreichen nach 600 Metern den **Großen Drachenstein ②.** Knorrige Eichen und Kiefern wachsen auf dem weitläufigen Bergplateau und umrahmen den sensationellen Blick auf Mosbach und den Großen Hörselberg. Bei klarer Sicht erkennen wir am Horizont sogar den

Naturparadies

Schluchtentour bei Eisenach

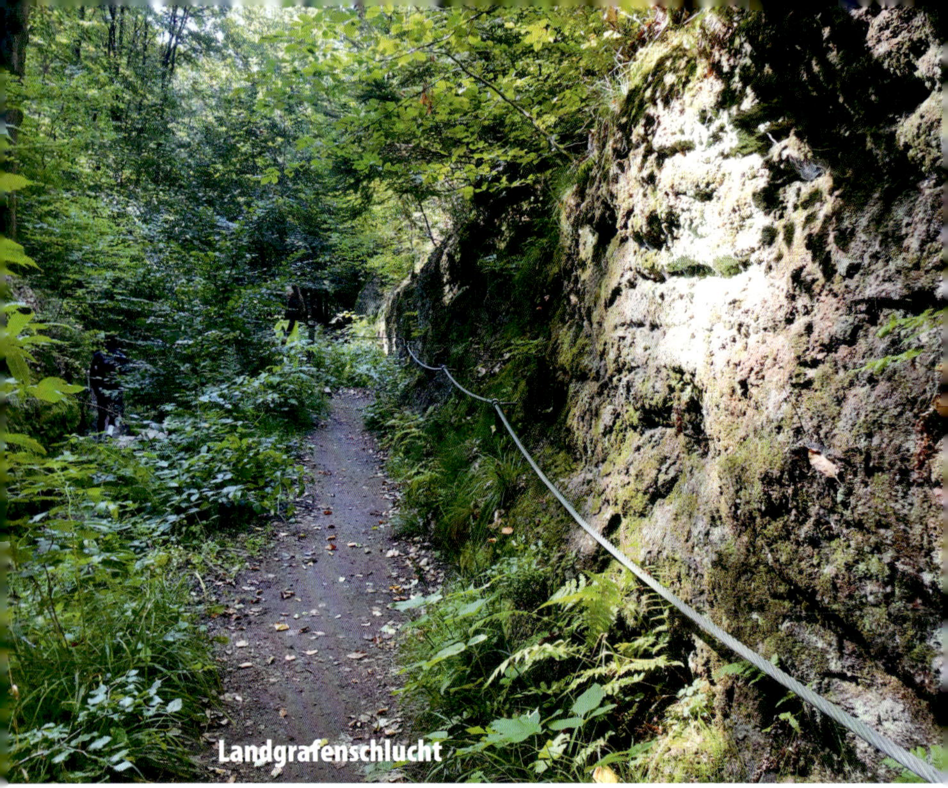

Turm auf dem Großen Inselsberg. Um eine dicke, uralte Eiche ist eine Holzbank gezimmert. Gemütlich sitzen wir in der wärmenden Sonne und lassen unsere Gedanken in die Ferne gleiten.

Beschwingt machen wir uns auf den Weg Richtung Landgrafenschlucht. Schon wenige Minuten später kommen wir zur Wegscheide an der **Schutzhütte Weinstraße,** wo wir links abbiegen. Von Weitem sehen wir zur Bestätigung die Markierung **EA1** an einem Baumstamm. Wir wandern talwärts, umgeben von Laubmischwald, wie er für den nordwestlichen Thüringer Wald typisch ist. Nach einer Wegbiegung werden wir weiter bergab geführt und spüren sogleich eine Veränderung: Es wird kühler, und die Baumkronen lassen deutlich weniger Sonne hindurch. Die wenigen Strahlen, die ihren Weg durch das Blätterdach finden, enden als kleine Lichtpunkte auf dem Waldboden. Dann, nach einer spitzen Kehre, tauchen wir ein in die mystische Waldwildnis der **Landgrafenschlucht ③.**

*Die 2 Kilometer lange **Landgrafenschlucht** stellt ein geologisches Naturdenkmal dar und befindet sich in einem Totalreservat, in dem die Natur sich frei entfalten darf.*

Anfangs bringt uns ein Holzsteg durch den feuchten Grund, dann werden wir auf schmalen Pfaden über Holzbrücken und Stege am Bachlauf entlanggeführt. Grün bemooste Felswände umgeben uns. Umgestürzte Bäume liegen an den Hängen oder quer über den Weg. In uns erwacht das Kind, das sich Zeit nehmen möchte für Entdeckungen. An einer Stelle wird der Bach etwas breiter. Wir blicken in das kristallklare Wasser und entdecken kleine Flohkrebse darin.

Unsere Wanderung durch die Landgrafenschlucht endet an der Wegspinne kurz vor der B 19. Dort

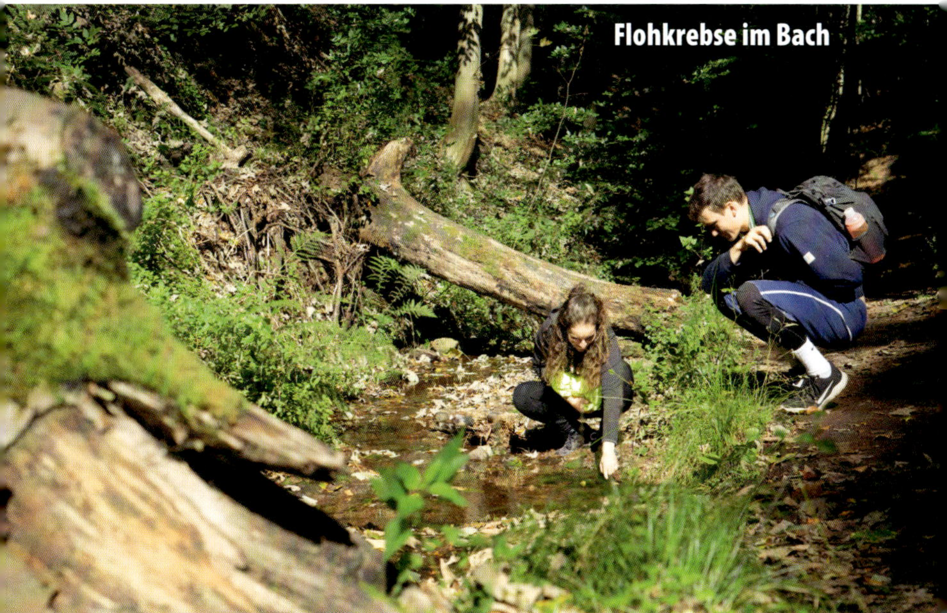

Flohkrebse im Bach

Für die Seele

Wir spazieren durch die atemberaubenden Felsenlandschaften zweier Schluchten und entdecken eine artenreiche Pflanzenwelt.

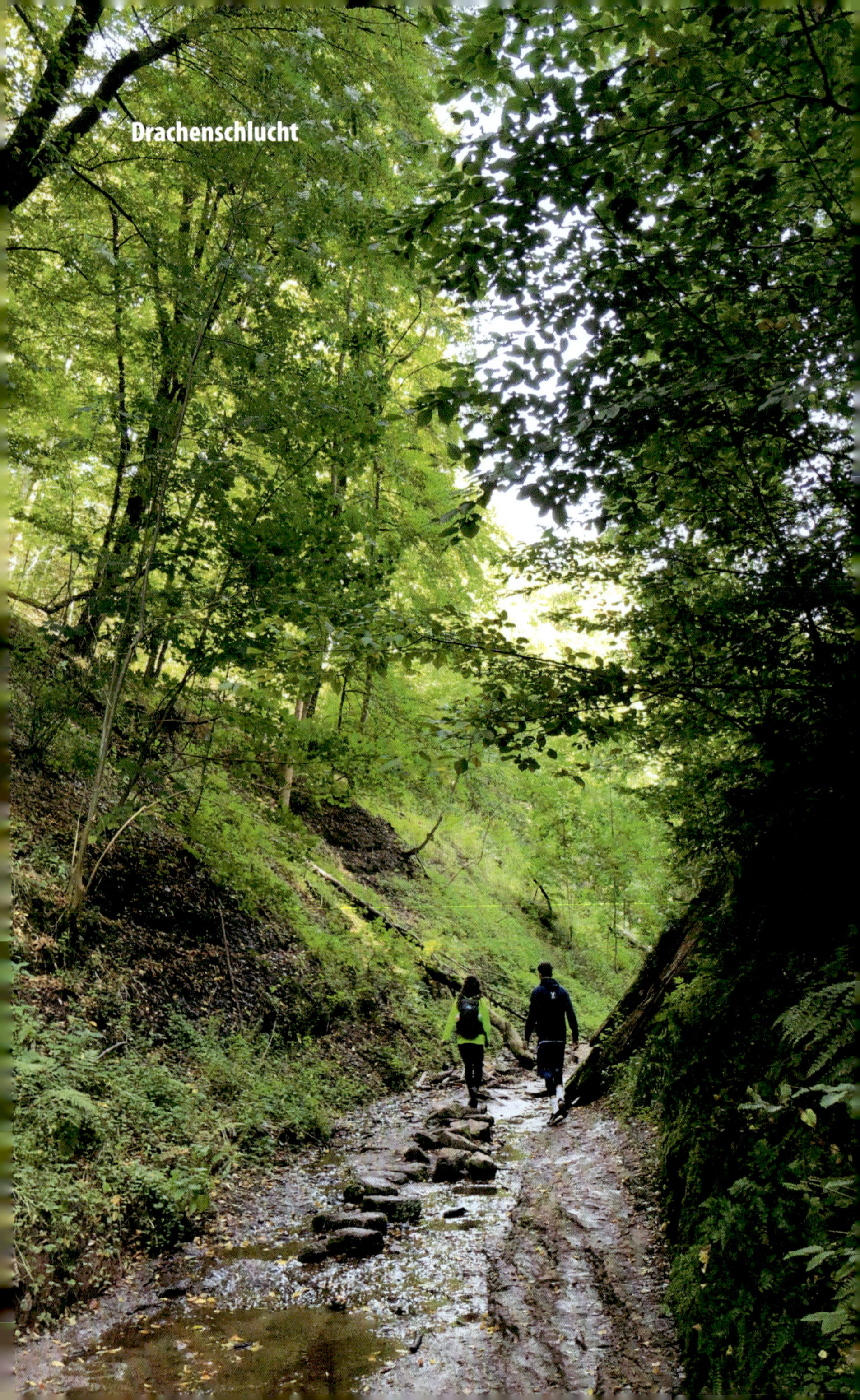
Drachenschlucht

werden wir erst nach links, dann wenige Meter weiter nach rechts über die Bundesstraße geleitet, Richtung Drachenschlucht (Markierung **EA1**). Wir laufen an einem Tümpel vorbei und betreten durch ein hölzernes Tor die **Drachenschlucht** ❹. 2,5 Kilometer voller Naturabenteuer liegen vor uns.

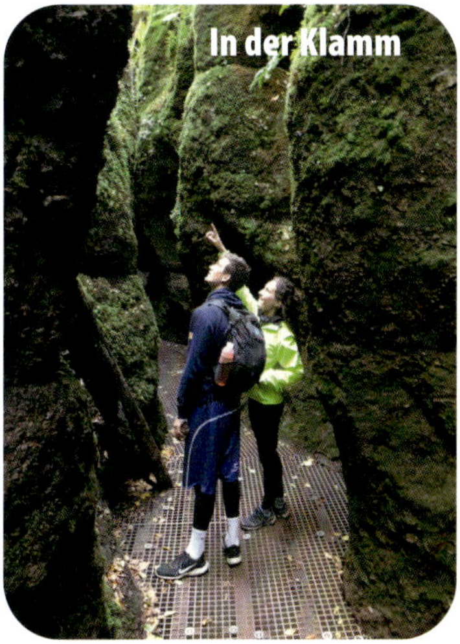
In der Klamm

Auf dem ersten Kilometer wandern wir auf einem Waldweg am Bachlauf entlang, umgeben von verwildertem Eichen-Buchen-Wald. Je tiefer wir in die Schlucht eindringen, desto höher ragen die bemoosten Felswände auf, von denen feine Rinnsale heruntertröpfeln. Wir hören das Plätschern von Wasser und nehmen eine erfrischende Kühle wahr. Der Waldweg wird von einem Holzbohlensteg abgelöst, der uns über ein feuchtes und morastiges Wegstück führt. Die Felswände werden steiler und stehen enger zusammen. Mittlerweile laufen wir auf einem Gittersteg, unter uns

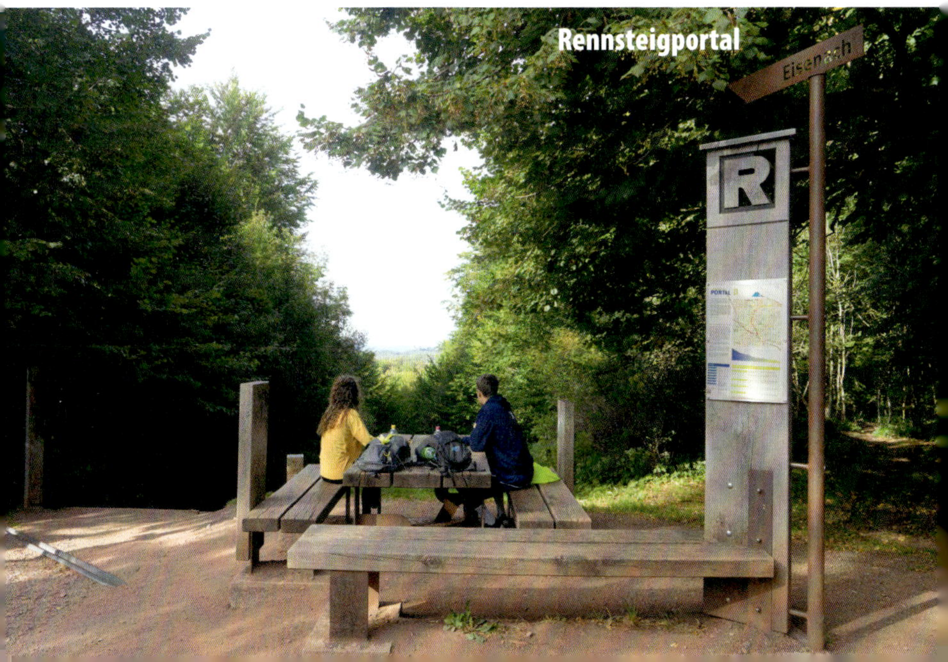

Rennsteigportal

Die 200 Meter lange Klamm innerhalb der **Drachenschlucht** gehört zu den bedeutendsten Geotopen des Thüringer Walds. Über Jahrmillionen hat ein Wildbach eine 10 Meter tiefe Kluft in die Gesteinsschichten des Oberrotliegenden geschnitten.

rauscht der Wildbach. Wir befinden uns in einer wildromantischen Klamm, die uns staunen lässt. Über 20 Meter ragen die Felsen in den Himmel. Überall an den steinernen Wänden dieses Canyons glitzert Feuchtigkeit. Wie schön muss das erst im Winter aussehen!

Die engste Stelle in der Klamm ist lediglich 70 Zentimeter breit. Gekonnt winden wir uns durch den Felsspalt.

Am Ende der Schlucht werden wir über einen Treppenstieg nach oben geleitet und erklimmen den letzten steilen Anstieg zur Hohen Sonne und zum **Rastplatz am Rennsteigportal Eisenach** ❺. Hier endet unsere abenteuerliche Schluchtentour mit einem Picknick inklusive Wartburgblick.

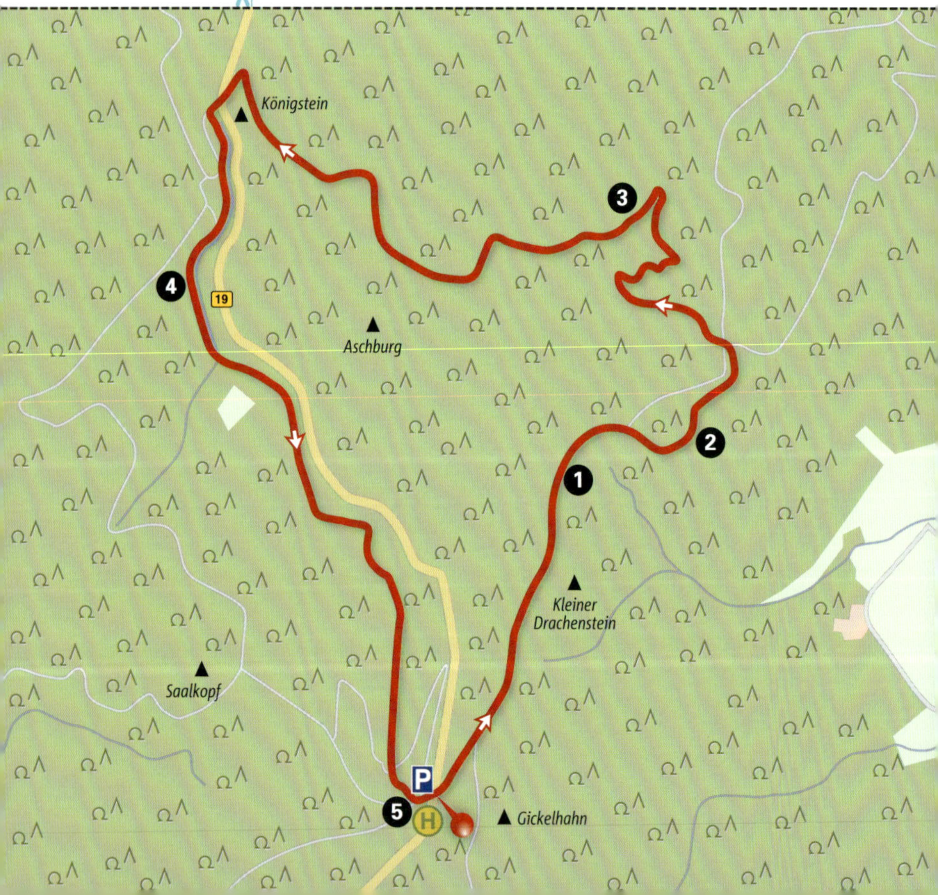

Alles auf einen Blick

WIE & WANN:
Waldwege und Pfade, in der Drachenschlucht enge Felsspalten, Holzbohlenabschnitte und Treppenaufstiege. Ganzjährig schön. Nach Sturm und Starkregen kurzfristige Sperrungen möglich, bei starkem Schneefall und Eisglätte ist die Drachenschlucht nicht begehbar.

HIN & WEG:
Auto: Hohe Sonne 2 Parking, 99817 Eisenach (GPS: 50.93271, 10.31879)
ÖPNV: Ab Eisenach Bf oder Bad Salzungen Bf Bus 190 bis Hohe Sonne

ESSEN & ENTSPANNEN:
Rucksackverpflegung für unterwegs; einfacher Imbiss an der Hohen Sonne:
Grill Hohe Sonne, Hohe Sonne (an der B19), 99817 Eisenach, Tel. (0 36 91) 73 29 03

ENTDECKEN & ERLEBEN:
Marienblick ❶
Großer Drachenstein ❷
Landgrafenschlucht ❸
Drachenschlucht ❹
Rastplatz am Rennsteigportal Eisenach ❺

Entspannung ✱✱✱✱✱
Genuss ✱✱✱✱✱
Romantik ✱✱✱✱✱

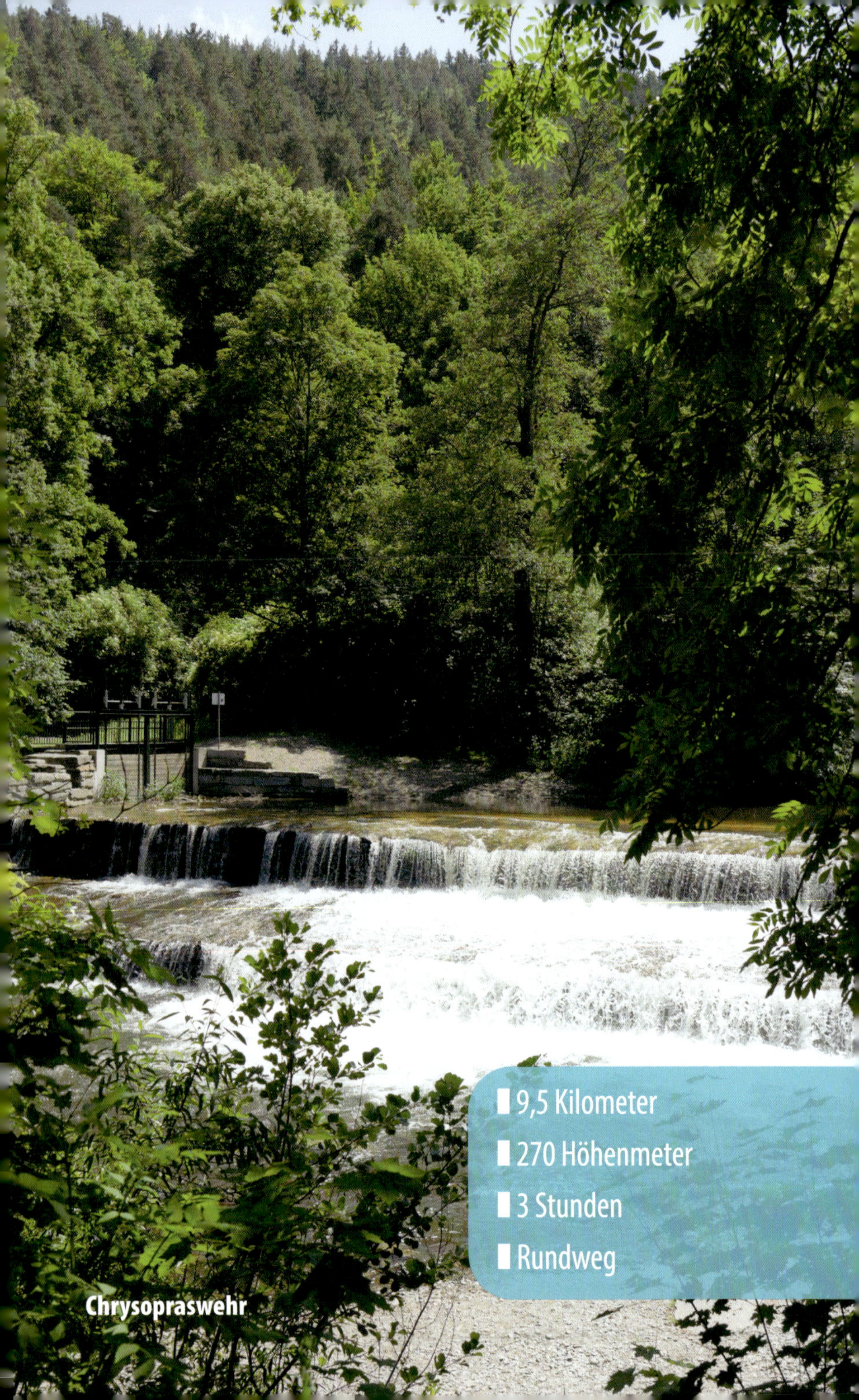

- 9,5 Kilometer
- 270 Höhenmeter
- 3 Stunden
- Rundweg

Chrysopraswehr

Vom Parkplatz am Chrysopraswehr gehen wir zum Schilderbaum am Schwarzatal-Radweg, der am Parkplatz vorbeiführt. Dort folgen wir dem Wegweiser zum **Katzenstein** ein Stück nach links (Markierung **weißes Quadrat)** und gleich darauf in einer spitzen Kehre nach rechts. Auf einem schmalen Waldweg wandern wir in leichtem Anstieg am Berghang entlang, bis wir nach etwa 600 Metern an eine Weggabelung kommen. Nach rechts zweigt ein Weg Richtung Schwarza-Ufer ab. Diesen Weg werden wir einschlagen, nachdem wir einen Abstecher zum Katzenstein gemacht haben. Wir nehmen also zuerst den linken Weg und stehen nach 200 Metern vor dem **Katzenstein 1.** Von einer Felsenwand lacht uns das Bild einer schwarzen Katze an. Es erinnert an den Umriss einer Katze, der einst durch eine natürliche Färbung im Felsen zu sehen war. Eine Sitzbank verführt zu einer kurzen Pause. Wenn wir um den Felsen herumgehen, können wir auf sein Plateau kraxeln.

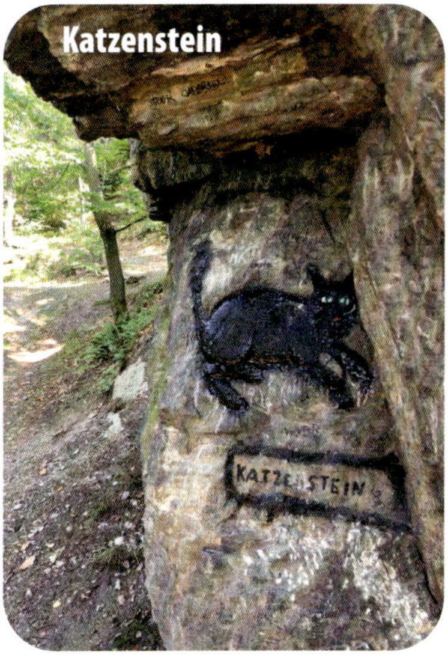

Katzenstein

Wieder zurück an der Gabelung, gehen wir nun den anderen Abzweig entlang und folgen der Markierung **orangefarbener Querbalken** auf weißem Quadrat. Im Zickzack wandern wir auf einem weichen Waldpfad gemütlich den Berg hinab. Ein paar schroffe, zerklüftete Schieferplatten lugen aus dem wilden Hangwald heraus. Unser Pfad stößt auf einen befestigten Kies-Sand-

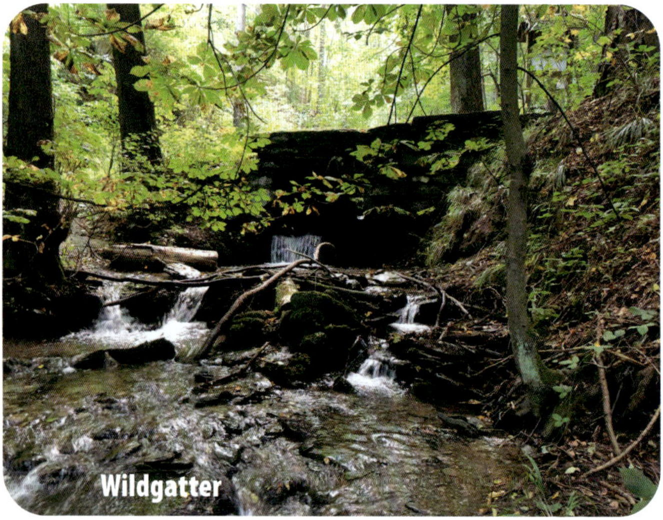

Weg, dem wir nach links ins Tal der Werre, eines Zuflusses der Schwarza, folgen. Wir wandern durch dichten, angenehm kühlen Bergmischwald. In einer Kurve sehen wir rechts unten an der Werre eine Fischzuchtanlage. Ab hier steigt unser Weg an und führt uns am Bach entlang durch das wildromantische Tal. In gemütlichem Tempo bewältigen wir den Anstieg hinauf zum **Wildgatter 2.** Noch heute sind gut erhaltene Mauerreste des ehemaligen Schwarzwildgatters zu sehen.

Jetzt macht unser Weg einen Bogen und führt uns auf die andere Bachseite. Wir folgen dem Wegweiser Richtung **Eberstein** (Wegmarkierung **weißes Quadrat,** wahlweise auch **grüne Fichte** auf weißem Quadrat). Auf der anderen Werreseite wandern wir etwas weiter oben am Hang und spüren an der wärmeren Temperatur, dass wir uns vom Wasser entfernen. Die Vegetation ist hier karger, stärker von Felsen durchsetzt. Etwa 800 Meter folgen wir dem Weg, dann gelangen wir an ein Gemäuer. Es sind die Reste einer Remise, eines Unterstands für Pferde und Fahrzeuge, die zum **ehemaligen Jagdschloss Eberstein 3** gehörte. Gleich werden wir dessen Ruine erreichen.

*Der damalige Schwarzburger Fürst ließ 1844 das **Jagdschloss Eberstein** im maurischen Stil auf einem Felssporn der Hünenkuppe erbauen. Es diente ihm unter anderem als Aufenthaltsort während der Wildschweinjagd.*

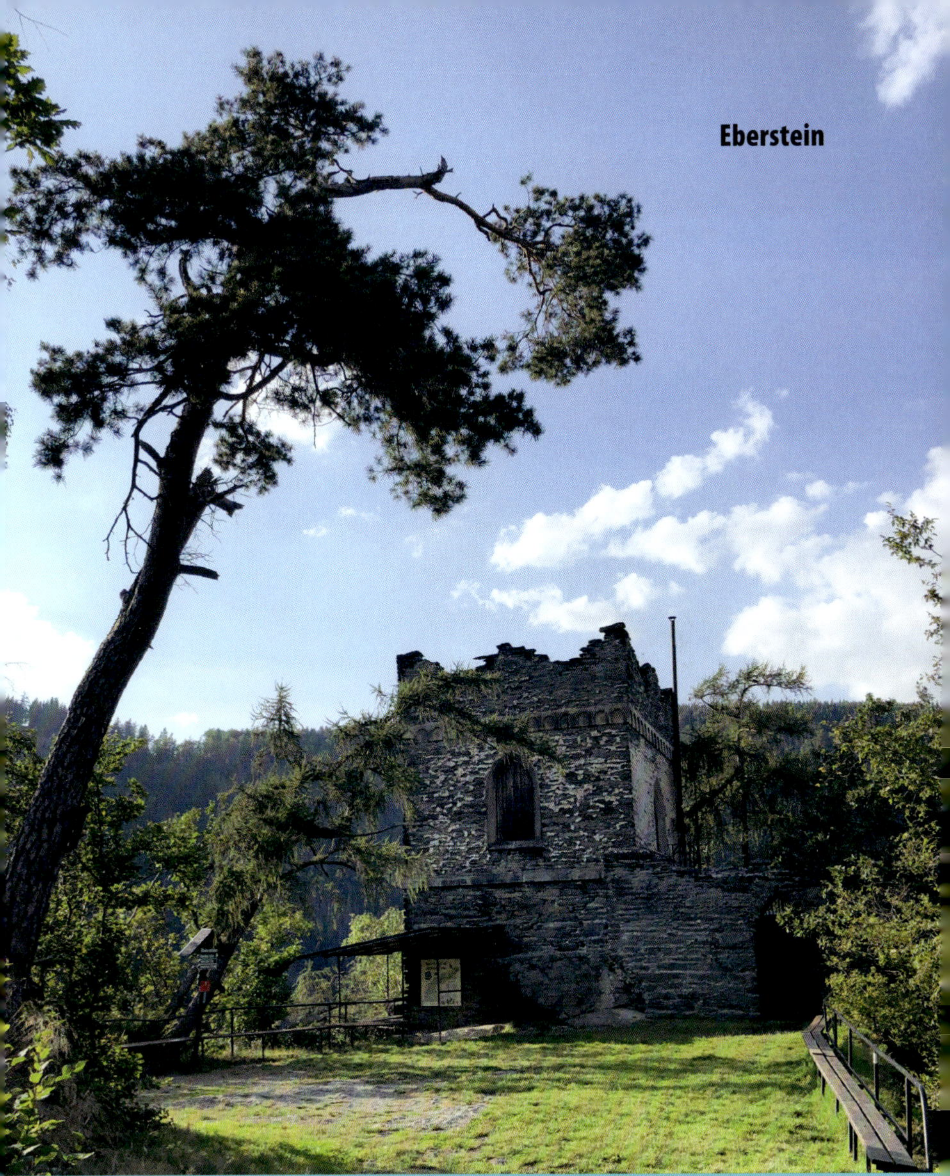

Für die Seele

Auf einer Felsstufe des Katzensteins sitzen wir in der wärmenden Sonne und genießen das süße Nichtstun.

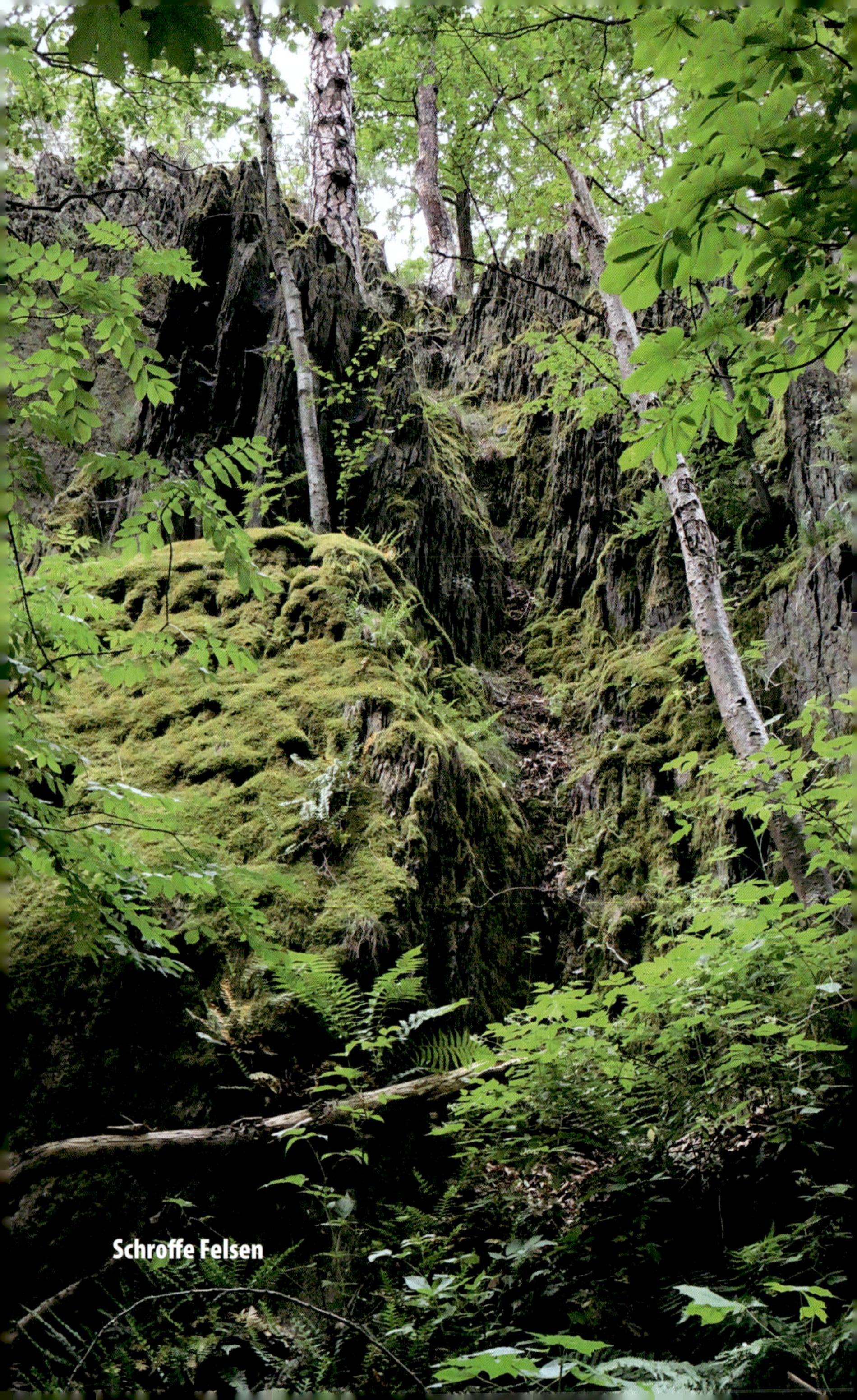

Schroffe Felsen

Holzbänke auf dem Vorplatz laden zu einer Atempause ein. Eine angenehme Stille herrscht hier oben. Wir lassen unsere Gedanken treiben und spüren, wie sich in uns Ruhe ausbreitet.

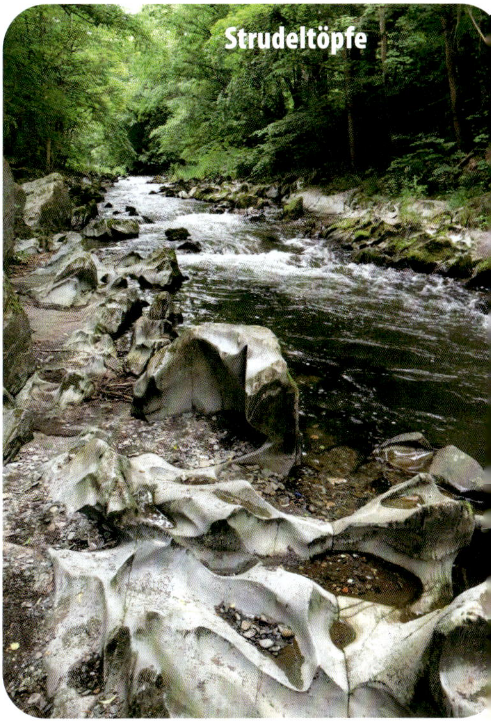

Nach der Rast laufen wir an der Ruine Eberstein vorbei, nach links um eine Kurve. Wir sehen die Markierungen **grüne Tanne** und **rotes Dreieck,** an denen wir uns orientieren. Auf einem breiten Naturweg geht es ohne große Anstrengung talwärts. Mit abnehmender Höhe wird der trockene Eichen-Kiefernwald durch einen von Buchen dominierten Bergmischwald abgelöst. Dazwischen ragen immer wieder schroffe Schieferplatten aus dem Hang, stille Zeitzeugen der Erdgeschichte. Wir brauchen nicht auf den Weg zu achten, es geht immer geradeaus. Nach etwa zwei Kilometern halten wir uns an einer Weggabelung rechts und kommen zur **Schutzhütte am Naturlehrpfad Heinrich Cotta.** Direkt am Ufer der Schwarza entdecken wir eine geologische Seltenheit: die sogenannten **Strudeltöpfe ④.**

Mit dem Rücken zur Schutzhütte wandern wir nach rechts und folgen der Schwarza flussabwärts. Dabei bestaunen wir die Mulden und Aushöhlungen im Gestein. Strudel und Stromschnellen wirbeln das Wasser auf, produzieren kleine Wellen, die über die Steine am Ufersaum schäumen. Ein andauernder Prozess seit Tausenden von Jahren. Gemütlich und ohne Eile schlendern wir auf dem breiten Rad- und Wanderweg an der Schwarza entlang. Wir entdecken mehrere Inseln und Landzungen im Flussbett, die kleine Wasserwelten entstehen lassen.

*Über Tausende von Jahren haben Wasserstrudel mit kreisenden Steinen Mulden in das Schiefergestein gemahlen. In den Vertiefungen eingeschlossene Steine werden vom Wasser in Bewegung gehalten und höhlen die Mulden trichterförmig zu **„Strudeltöpfen“** aus.*

Informationsschilder am Wegesrand machen auf besondere Bäume aufmerksam. Hin und wieder bietet sich die Gelegenheit, über Trampelpfade direkt ans Flussufer zu gelangen. An seichten Stellen, wie beispielsweise am **Rastplatz Waidmannsheil** ⑤, können wir unsere Füße im kühlen Flusswasser erfrischen. Etwa 4 Kilometer folgen wir dem Lauf der Schwarza, bis wir völlig entspannt am **Chrysopraswehr** und somit am Wanderparkplatz ankommen, wo unsere Erfrischungstour ihren Anfang nahm. Vom Parkplatz aus sind es nur wenige Gehminuten auf dem **Dittersdorfer Weg** zur **Gaststätte Flößerhütte** ⑥, wo wir bei einem leckeren Fischgericht den Tag gemütlich ausklingen lassen.

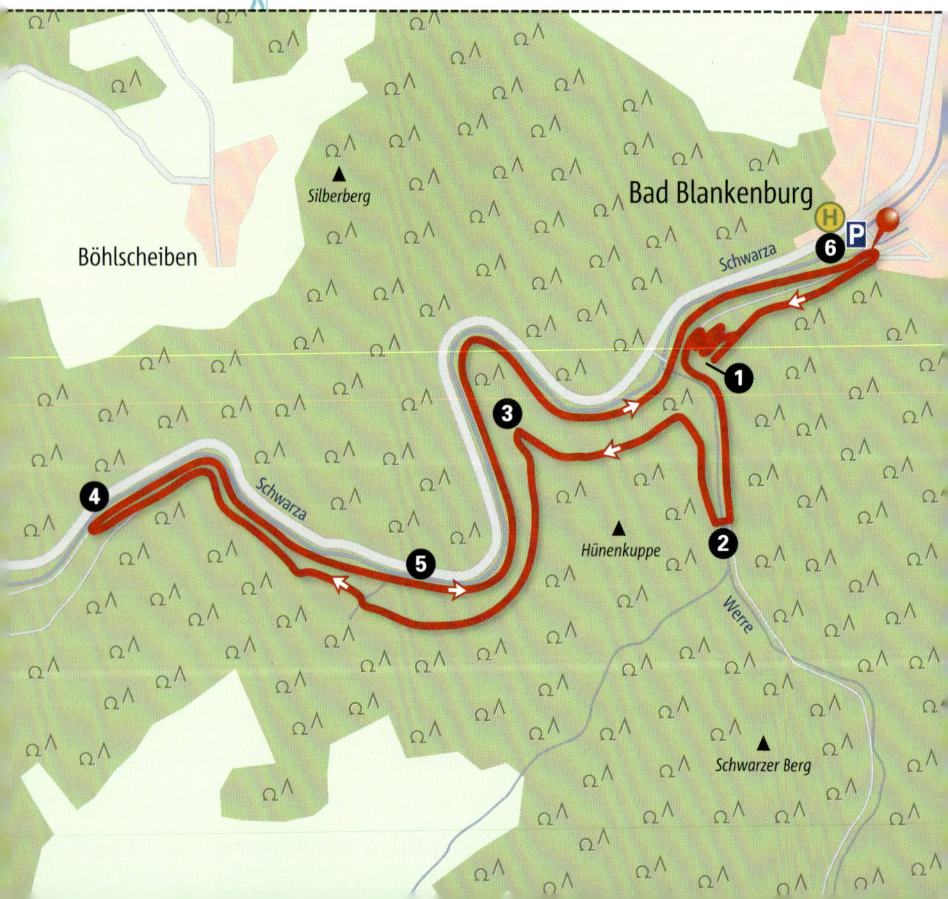

Alles auf einen Blick

WIE & WANN:
Breite Waldwege, schmale Pfade. Ganzjährig schön, bei Schnee- und Eisglätte Zugang zum Katzenstein eventuell eingeschränkt.

HIN & WEG:
Auto: Wanderparkplatz am Chrysopraswehr, Dittersdorfer Weg, 07422 Bad Blankenburg (GPS: 50.67326, 11.26682)
ÖPNV: Von Arnstadt Hbf RB 23 (Richtung Saalfeld/Saale) bis Bad Blankenburg, von dort Bus 390 (Richtung Oberweißbach) bis Chrysopraswehr. Oder von Rudolstadt Busbf Bus 302 (Richtung Sitzendorf/Neuhaus am Rennweg) bis Chrysopraswehr

ESSEN & ENTSPANNEN:
Gaststätte Flößerhütte ❻ Dittersdorfer Weg 236, 07422 Bad Blankenburg, Tel. (03 67 41) 26 95

ENTDECKEN & ERLEBEN:
Katzenstein ❶
Wildgatter ❷
Ehemaliges Jagdschloss Eberstein ❸
Strudeltöpfe ❹
Rastplatz Waidmannsheil ❺

Entspannung ★★★★☆
Genuss ★★★★☆
Romantik ★★★★☆

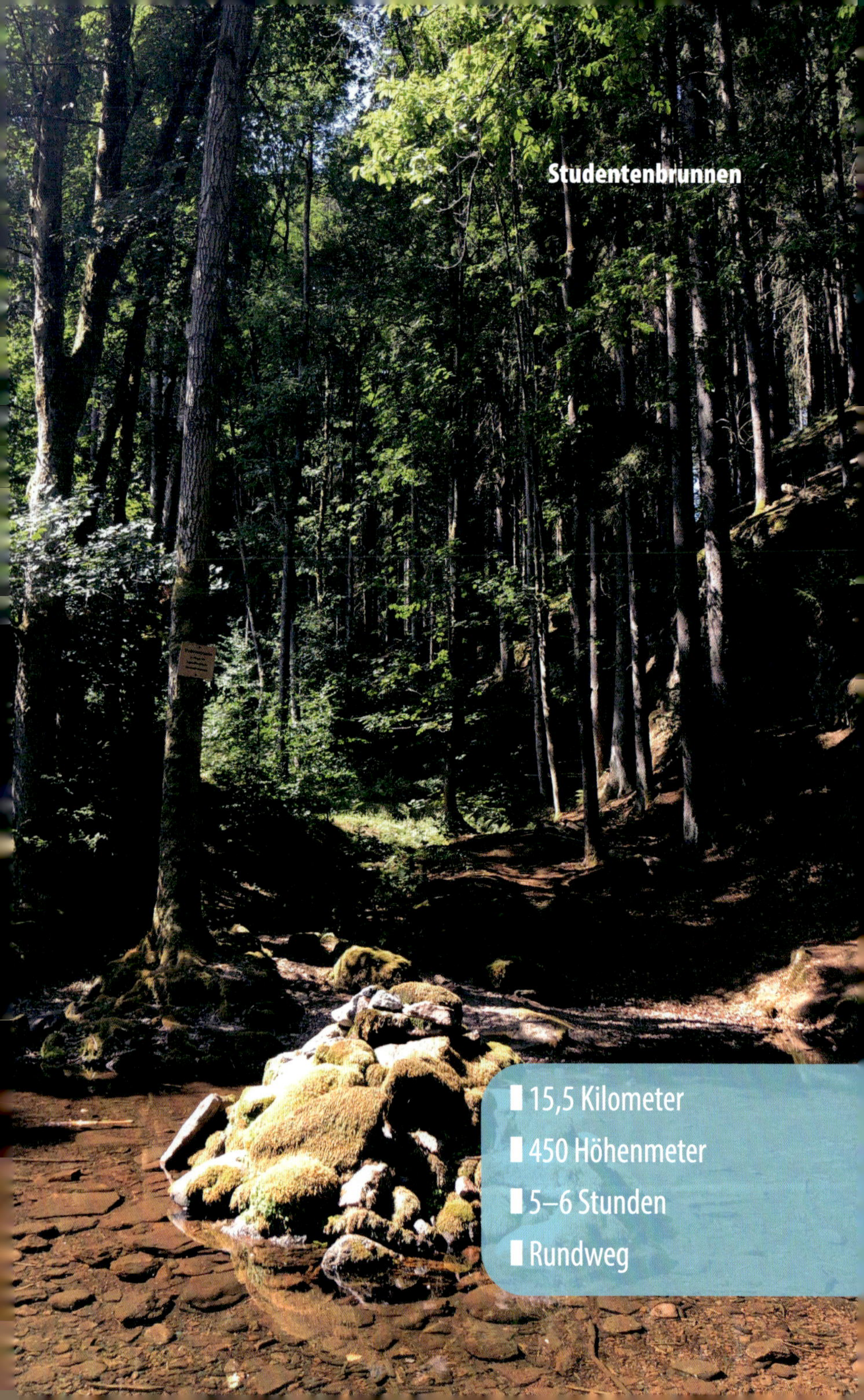

Studentenbrunnen

- 15,5 Kilometer
- 450 Höhenmeter
- 5–6 Stunden
- Rundweg

Lebenselixier

Von Tambach-Dietharz zum Bergsee

Unsere Erfrischungstour beginnt am großen Parkplatz in der Schützenstraße in Tambach-Dietharz. Von dort laufen wir links vom Bach auf der **Spitterstraße** Richtung Schwimmbad. Wir kommen an beeindruckenden Felswänden vorbei, an deren Fuß die Spitter entlangfließt. Das Rauschen und Plätschern ihres Wassers beruhigt uns. Wir folgen der Straße immer geradeaus, an Fischteichen vorbei, bis zum Schilderbaum am Wanderparkplatz, an der Grenze zum **Naturschutzgebiet Spittertal.** Ab jetzt folgen wir dem Wegweiser Richtung **Schnapsbuche** und **Ebertswiese** (Markierung **gelbes Quadrat** auf weißem Grund). Auf einem befestigten Sandweg wandern wir nach rechts an einer lang gezogenen Bergwiese entlang. Alte Fichten stehen am Wegesrand, dazwischen ein paar majestätische Rotbuchen. Wir genießen das Wiesenidyll und den kühlenden Schatten, den uns die hohen Bäume spenden.

*Das **Naturschutzgebiet Spittertal** bildet ein intaktes Bergbach-Ökosystem ab. Die hier vorkommenden seltenen Pflanzen- und Tierarten sind Spezialisten, die mit den extremen Lebensbedingungen an der Spitter gut zurechtkommen.*

Nach etwa einer halben Stunde Wanderzeit gelangen wir an eine Weggabelung, an der wir uns links halten. Versteckt unter Fichten entdecken wir eine **Schutzhütte.** Kurzerhand entschließen wir uns zu einer kurzen Pause in friedvoller Abgeschiedenheit. Zurück auf dem Weg, registrieren wir, dass der Wald zunehmend dichter

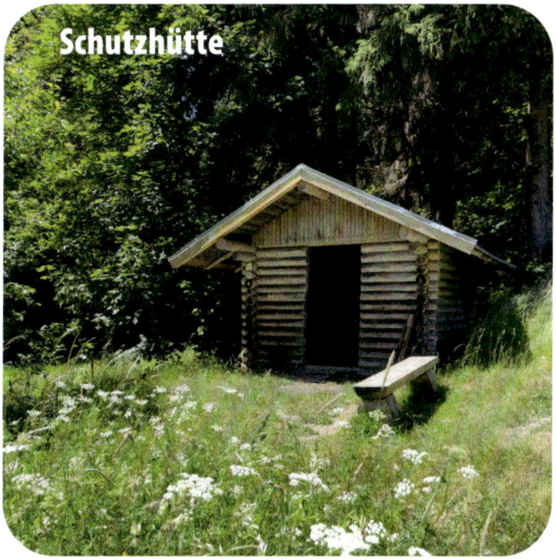
Schutzhütte

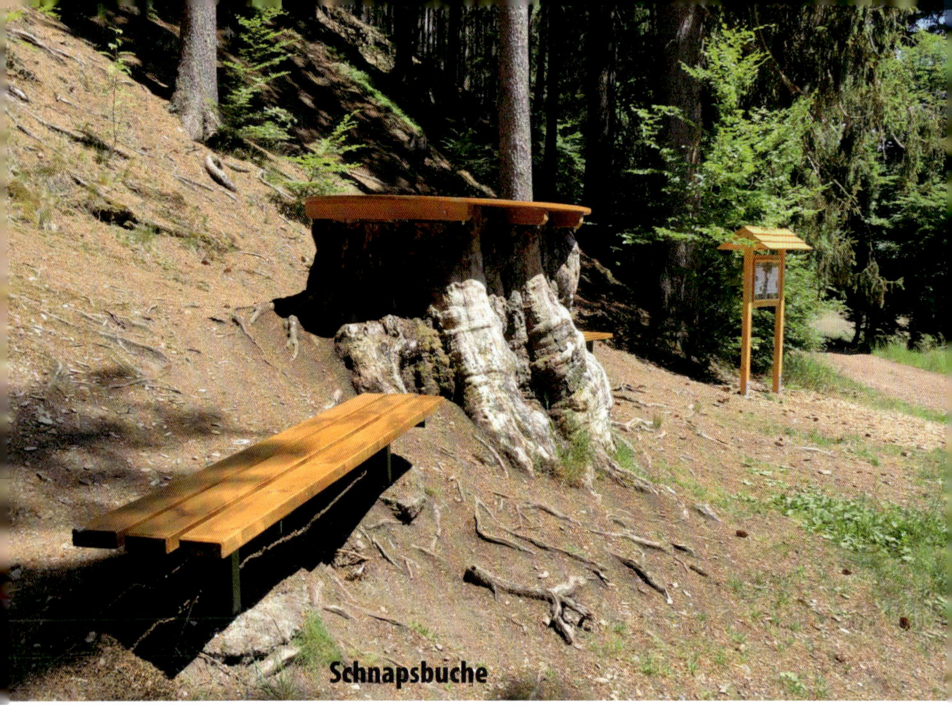

Schnapsbuche

wird – wir nähern uns dem Spittergrund. Links von uns können wir einen Blick in die Wasserwelt des quirlig plätschernden Gebirgsbachs werfen. Der folgende Wegabschnitt ist ein Fest für unsere Sinne. Wir passieren eine Bergwiese, beobachten Schmetterlinge und sehen einzigartige Naturräume. Mittlerweile haben wir etwa 3 Kilometer zurückgelegt und sind an der **Schnapsbuche** ❶ angelangt. An dieser Stelle haben Fuhrleute und Wanderer in früherer Zeit häufig Rast gemacht und sich ein Schnäpschen genehmigt. Die Buche musste im Alter von etwa 350 Jahren aus Sicherheitsgründen gefällt werden. Ein paar Meter entfernt finden wir ein Stück ihres Baumstamms.

Wir folgen dem Wegverlauf nach links, wandern weiter an der Bergwiese entlang und durchqueren einen herrlichen Buchenwaldabschnitt. Im zunehmend dichteren Wald nimmt der Bachlauf einen schluchtartigen Charakter an. Linker Hand werden wir auf den Wegweiser zu einem **alten Plattenbruch** aufmerksam. Wir folgen dem Abzweig, überqueren die Spitter und sehen uns nach etwa 100 Metern von steil aufragenden

Felswänden umgeben: der **Alte Plattenbruch ❷.** Was für einen mystischen, geheimnisvollen Ort haben wir da entdeckt – wie kühl und still es hier ist!

Wir laufen den Stichweg zurück und kommen auf dem ursprünglichen Weg nach wenigen Gehminuten zu einer Raststelle. Hinter der Sitzbank führt ein Stichweg mit einem Holzsteg zur **Quelle an der Nägelstedter Girn ❸.** Nur das beruhigende Plätschern des Wassers ist zu hören. Tief atmen wir den frischen Geruch ein.

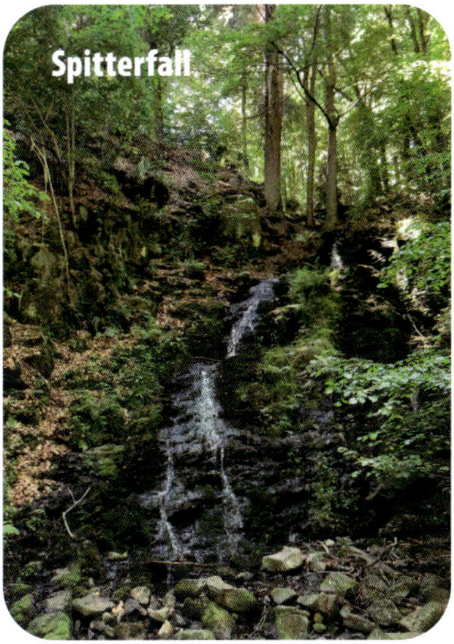

Zurück auf dem Weg, halten wir uns an einer Gabelung links und wandern leicht ansteigend links vom Bach entlang. Nach ungefähr 500 Metern gelangen wir an eine Wegkreuzung mit einer Informationstafel zum Naturschutzgebiet Spittergrund. Unsere Wegmarkierung leitet uns geradeaus Richtung Spitterfall und Ebertswiese. An der folgenden Gabelung gehen wir rechts. Der Wald nimmt jetzt einen urwaldähnlichen Charakter an. Eine Holzbrücke bringt uns über den Bach, dann laufen wir auf eine Schlucht zu. Nach einer Kurve sind wir am **Naturdenkmal Spitterfall ❹** angekommen. Hier machen wir eine kurze Pause und sammeln Kraft für den bevorstehenden steilsten Anstieg unserer Wandertour.

Ein weicher, mit Steinen und Wurzeln durchsetzter Waldpfad führt uns durch alten Buchenbestand

*Der **Spitterfall** ist Thüringens höchster natürlicher Wasserfall. In vier Kaskadenstufen stürzt das Wasser des Gebirgsbachs Spitter, der bei der Ebertswiese entspringt, über die Felsen in die Tiefe des Spittergrunds.*

Für die Seele

Am Spitterfall lauschen wir dem Tosen des herabstürzenden Wassers und spüren die kühlende Frische der feuchten Luft auf unserer Haut.

rechts am Wasserfall vorbei steil bergauf. Am Ende der Steigung geht es schnurgerade auf den **Rennsteig** zu. Auf ihn biegen wir nach links ab und kommen nach wenigen Metern zur Quelle **Löwen-Born ❺.** Auf der dortigen Sitzbank verschnaufen wir kurz. Hier befand sich der ehemalige Grenzstein Nr. 5 mit dem Namen „Springender Löwe“.

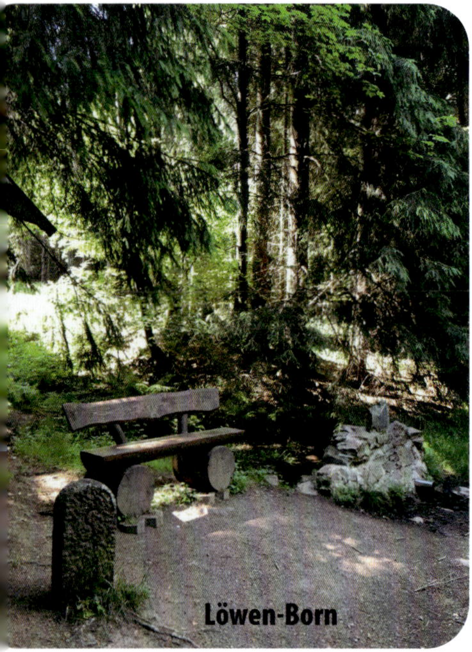
Löwen-Born

Der Rennsteig zweigt nach rechts ab (Markierung großes **R**). Ihm folgen wir ein kurzes Stück, zuerst über eine Holzbrücke, dann weiter auf einem schmalen Waldweg. Alternativ können wir auch auf dem breiteren Weg bleiben, der leichter zu laufen ist. Beide Wege treffen nach 200 Metern wieder aufeinander. An dieser Gabelung biegen wir, vom Rennsteig kommend, rechts ab und folgen einem breiteren, steinigen Waldweg weiter bergauf. Nach wenigen Gehminuten folgen wir einem nach links abzweigenden Trampelpfad zum Naturschutzgebiet **Ebertswiese ❻.** Wir finden einen Sitzplatz für eine kleine Rast.

Links neben dem Berghotel Ebertswiese sehen wir in der Wiese ein Richtungsschild, das uns den Weg zum **Bergsee** weist. Zunächst durchqueren wir auf einem Holzbohlenweg ein buntes Wiesenidyll, weiter geht es auf einem Grasweg. Eine herrliche Ruhe umgibt uns, und wir verfallen in einen Schlendergang. Vom Wiesenweg kommen wir auf einen breiten Wanderweg, dem wir nach links folgen, Richtung Bergsee. Wir kommen am **Steinbruchstübchen ❼** vorbei und können uns aussuchen, ob wir hier einkehren oder noch 200 Meter weiter zu **Kurtis Baude ❽** laufen und dort einen Imbiss zu uns nehmen. Oder wollen wir erst ein kühles Bad im **Bergsee ❾** nehmen? Ganz

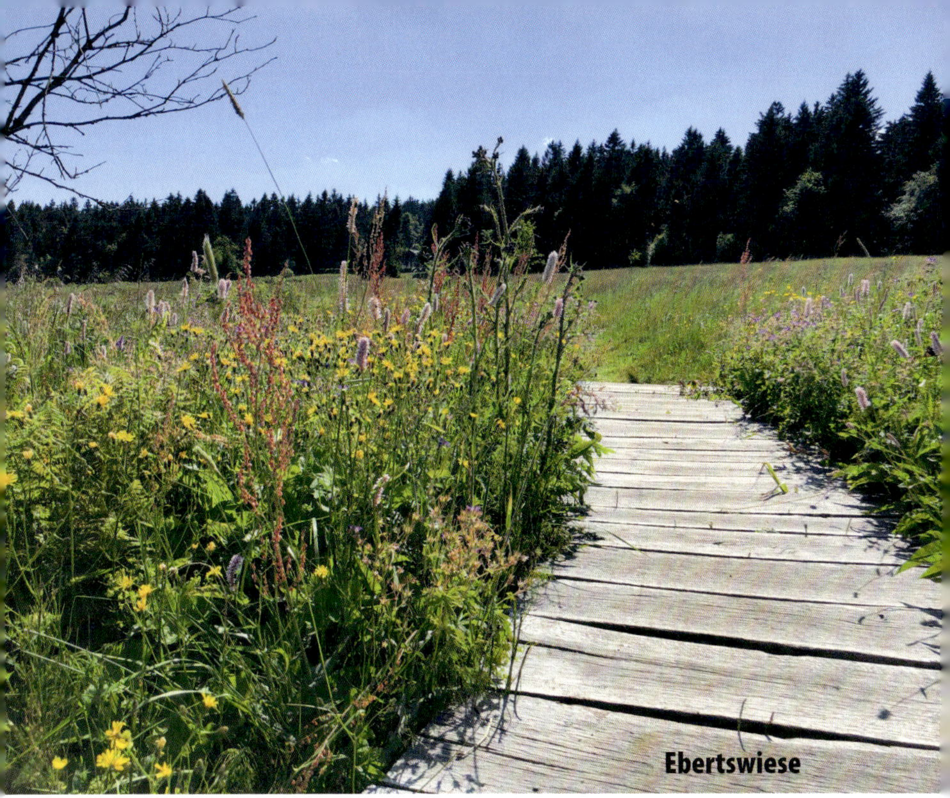

Ebertswiese

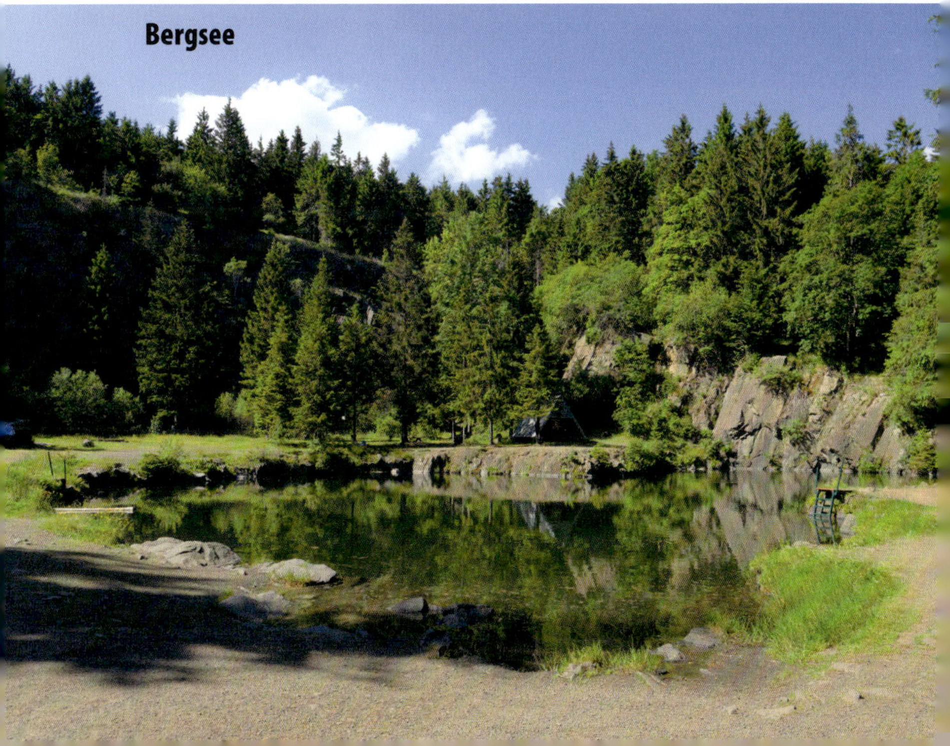

Bergsee

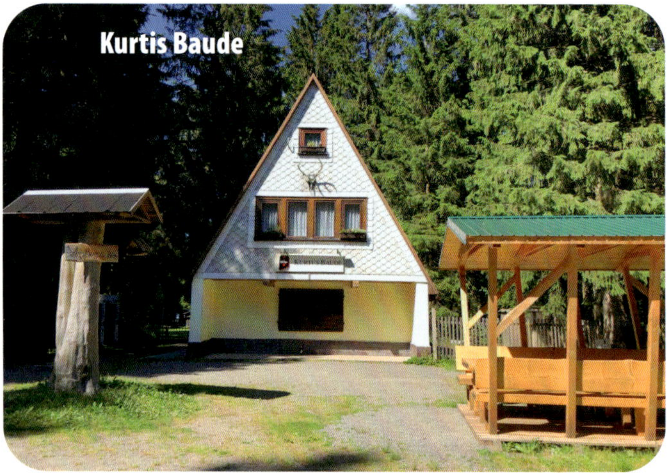

gleich, wofür wir uns entscheiden, jetzt haben wir uns eine ausgedehnte Pause verdient.

Vom Bergsee müssen wir ein Stück des Weges zurücklaufen, bis zum Parkplatz an der großen Kreuzung. Ab hier begleitet uns eine neue Markierung, das große Rennsteig-**R.** Wir laufen geradeaus über die Kreuzung und folgen dem Richtungsschild **Zum Rennsteig (0,9 km).** Nun laufen wir unterhalb der Bergwiese entlang bis zum **Rennsteigportal Floh-Seligenthal – Schmalkalden.** Dort biegen wir in einer spitzen Kehre nach rechts ab auf den geschotterten **Rennsteig,** Richtung **Neue Ausspanne.** Nach 300 Metern kommen wir zur **Neuen Schmalkaldener Hütte** an der **Goldborn-Quelle.** Von hier wandern wir auf dem Rennsteig bis zum Rastplatz **Alte Ausspanne.** Dort verlassen wir den Rennsteig und biegen links auf den **Lutherweg ⑩** ab, Richtung **Tambach-Dietharz – Spitalswiese** (Markierung grünes **L** in altdeutscher Schrift), und passieren ein weiteres **Rennsteigportal.**

Nach etwa 1 Kilometer gelangen wir zur **Schutzhütte an der Spitalswiese ⑪.** Unter unseren Füßen befindet sich das historische Pflaster des alten Handelswegs „Magna strada", der von Frankfurt am Main nach Leip-

Auf etwa 900 Kilometern verläuft der ***Lutherweg*** *durch Thüringen. Er verbindet bedeutende Wirkungsstätten des Reformators Martin Luther und Orte, an denen er sich während seiner Reisen aufgehalten hat.*

zig führte. Nach einem kurzen Päuschen laufen wir an der Hütte vorbei und finden einen Schilderbaum. Der Lutherweg zweigt hier nach rechts unten ab. Wir folgen ihm 500 Meter bis zur nächsten Weggabelung. Nun müssen wir aufpassen, denn wir verlassen hier den Lutherweg und biegen links ab, auf einen unmarkierten Weg. Diesem folgen wir für etwa 400 Meter, dann stoßen wir auf den Wanderweg mit der Markierung **gelbes Quadrat** auf weißem Grund. Diesem Symbol folgen wir für 1 Kilometer, bis wir an eine Wegspinne mit einer Sitzbank und einem Rondell in der Mitte kommen. Wir biegen links ab. Von nun an gibt uns die Markierung **grüner Punkt** auf weißem Quadrat die Richtung vor. Der grüne Punkt führt uns nach zirka 100 Metern vom Hauptweg herunter nach rechts, durch ein Holzgatter. Für wenige Minuten wandern wir durch eine mit einem Wildzaun geschützte Waldzone und werden an deren Ende erneut durch ein Gatter gelotst. Unser Weg macht einen großen Bogen, führt uns durch eine Windbruchfläche nach rechts über einen Bach. Von nun an

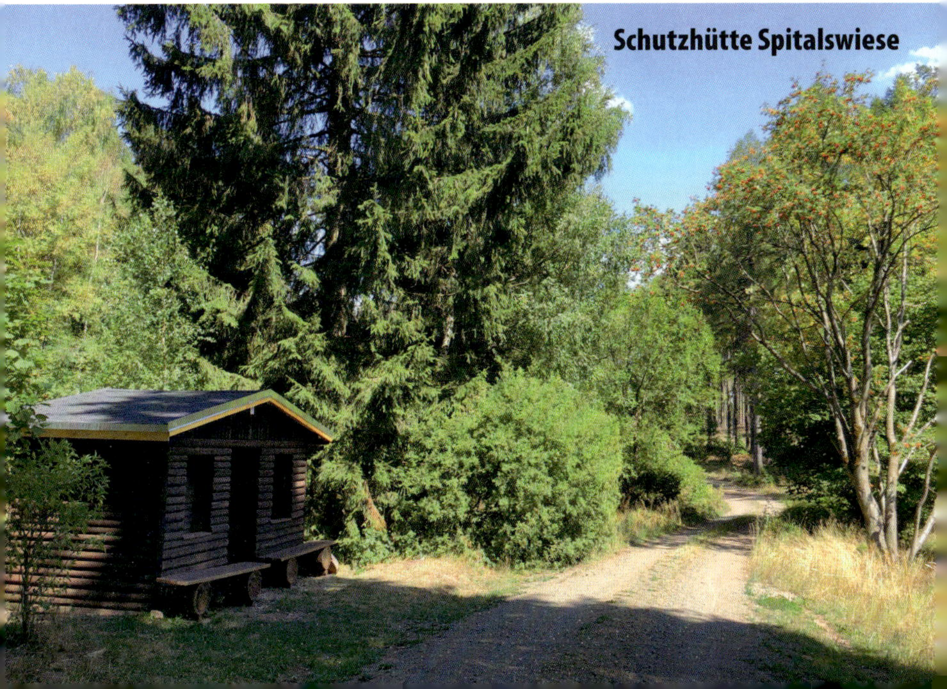
Schutzhütte Spitalswiese

folgen wir der Markierung des **Naturpark-Wegs (grüner Schrägbalken** auf weißem Quadrat). Auf einem abenteuerlichen Waldpfad wandern wir durch ein Kerbtal zum **Studentenbrunnen ⑫.** An diesem idyllischen Platz inmitten eines wilden Naturraums legen wir eine kleine Pause ein. Weiter geht es auf dem Naturpark-Weg rechts am Brunnen vorbei. Ungefähr 400 Meter laufen wir rechts an der Spitter entlang, an einem Teich vorbei. Dort stoßen wir auf den vom Hinweg bekannten Asphaltweg, der uns zurück zum Parkplatz bringt.

Doch was wäre eine Erfrischungstour ohne eine abschließende Abkühlung? Das **Waldschwimmbad Aquarius ⑬** liegt direkt am Weg. Also, nichts wie rein ins Wasser und genüsslich den Tag ausklingen lassen!

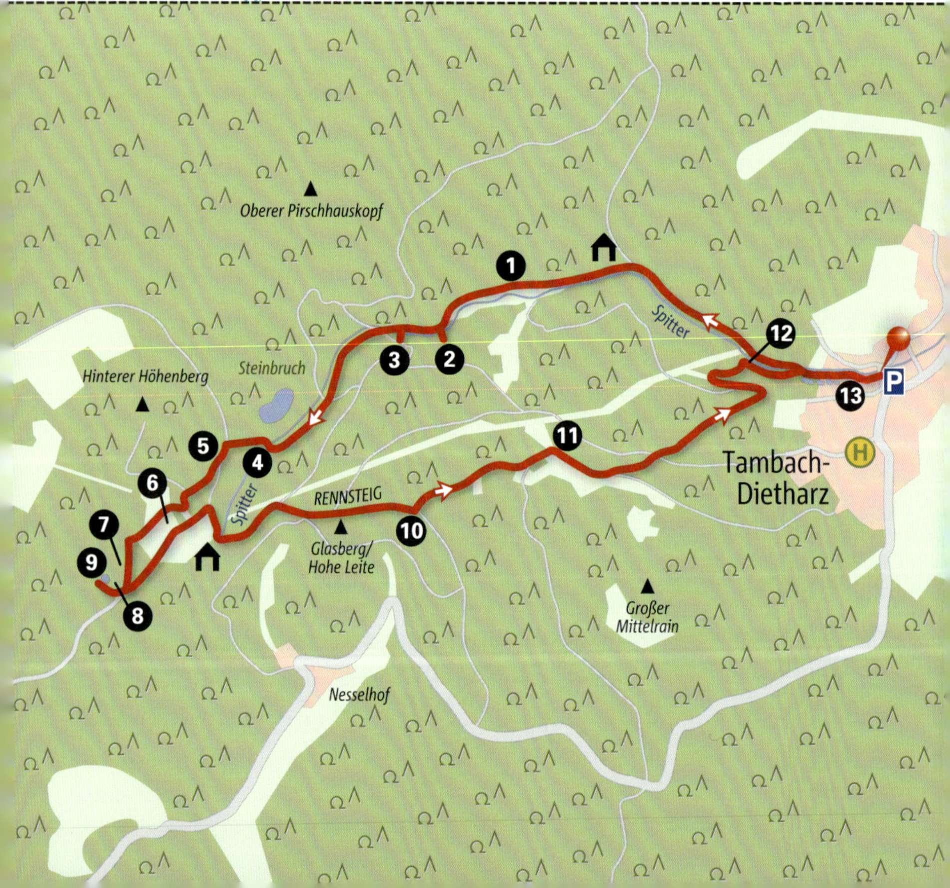

Alles auf einen Blick

WIE & WANN:
Waldwege und Pfade, breite geschotterte Wege auf dem Rennsteig und Lutherweg, Asphaltweg vom Parkplatz bis zum Naturschutzgebiet Spittertal. Beste Wanderzeit April bis Oktober.

HIN & WEG:
Auto: Parkplatz am Schützenplatz, Schützenstraße, 99897 Tambach-Dietharz (GPS: 50.79292, 10.60740)
ÖPNV: Ab Gotha Hbf Bus 851 (Richtung Schmalkalden Busbf) bis Tambach-Dietharz, Hauptstraße; zu Fuß über die Hauptstraße ortseinwärts und Schützenstraße zum Ausgangspunkt

ESSEN & ENTSPANNEN:
Steinbruchstübchen ❼ Ebertswiese 7, 98593 Floh-Seligenthal, Tel. (01 51) 55 71 57 96 (nur an Wochenenden geöffnet)
Kurtis Baude ❽ Am Bergsee 1, 98593 Floh-Seligenthal

ENTDECKEN & ERLEBEN:
Schnapsbuche ❶ **Alter Plattenbruch** ❷
Quelle an der Nägelstedter Girn ❸
Naturdenkmal Spitterfall ❹
Löwen-Born ❺ **Ebertswiese** ❻
Bergsee ❾
Lutherweg ❿
Schutzhütte an der Spitalswiese ⓫
Studentenbrunnen ⓬
Waldschwimmbad Aquarius ⓭ Spitterstraße 23, 99897 Tambach-Dietharz, Tel. (03 62 52) 3 44 28

Entspannung ✱✱✱✱✱
Genuss ✱✱✱✱✱
Romantik ✱✱✱✱✱

Die GPS-Daten zu jeder Tour gibt es auf
www.droste-verlag.de

Konzeption/Satz: Droste Verlag, Düsseldorf
Einbandgestaltung: Britta Rungwerth, Düsseldorf, unter Verwendung von Bildern von © Fotolia.com: Andrey Kuzmin, undrey, dabost, niroworld; © www.stock.adobe.com: Henry Czauderna
Fotos: Daniela Trauthwein
Textlektorat: Bernhard Edlmann, Raubling
Karten: Angelika Solibieda, Karlsruhe
Druck und Bindung: LUC GmbH, Greven

FSC www.fsc.org MIX Papier aus verantwortungsvollen Quellen FSC® C011279

ISBN 978-3-7700-2319-6
www.droste-verlag.de